宗教現象学入門

人間学への視線から

Toshimaro Hanazono
華園聰麿

平凡社

宗教現象学入門✣目次

宗教現象学入門——人間学への視線から

序章　宗教現象学をめぐる動向

「宗教学」の学問的な理念や課題ならびに方法などの基本的な要件を一義的に把握することはすでに困難になっているが、宗教学の研究範囲を限定し、それに従事してきた研究者を選択して研究内容を比較してみると、そこに或る共通した関心ないし研究方向が認められる。すなわちいわゆる比較宗教学もしくはより一般的には宗教現象学と称されてきた、「宗教」の一般的理解を目指す分野に限定し、たとえばフリードリヒ・マックス・ミュラー、ルードルフ・オットー、ヘラルドゥス・ファン・デル・レーウ、ミルチャ・エリアーデおよびグスターフ・メンシングといった研究者を取り上げて、宗教の本質論あるいは類型論という立場で追究された「宗教」ないし「宗教的生」の特質に関する研究内容を比較してみると、宗教を通じて「人間」もしくは「人間であること」あるいは「人間として生きること」の特徴や意義を明らかにしようとする問題意識ないし問題方向が指摘できるように思われる。これを宗教の「人間学的理解」という用語で概括して、その具体的内容を前記の研究者の研究業績に即して浮き彫りにすることが本書の意図である。そのための予備的な作業として、これらの研究者に関わる限りでの「宗教現象学」の過去ほぼ半世紀にわたる動向を粗描することを試みることにする。現在では宗教の比較研究およびそれに基づく一般的理解がますます困難になりつつあるという認識が支配的になっているが、それは同時に宗教学そのものの存在意義および学的な有効性を問い直す強い圧力ともなっている。

イギリスの宗教学者エリック・J・シャープはその著『比較宗教学史』(Sharpe 1975)で「宗教現象学」の歴史と諸成果を批判的に考察し、この研究方法が内包する困難な問題を鋭く剔抉している。とりわけ多くの疑問が集中しているのは、哲学的現象学を参考にして導入された「形相的直観」を宗教に関する具体的な史資料に適用する際に、研究者の「主観性」がどれほど「エポケー」されているか、言い換えれば学問的な中立性と客観性が原則的にどれほど保証されているかという点であり、これに関して説得力のある理論的考察が見出し難いところに根本的な問題があるというのがシャープの結論をなしている。そして考察を締め括るに当たり、「賢明な勧告および醒めた意見」の代表としてアメリカ合衆国のウィラード・G・オクストビィの次のような宗教現象学批判を引いている。それによれば、形相的直観という方法は、宗教および宗教現象の理解に際して、可能な限り特定の宗教的信条や信仰あるいは神学的な立場から自由になり、研究成果に客観性を保証するために導入されたが、それにはその方法によって得られる理解の客観的および普遍的な妥当性について同意を得る手続きが伴っていない。そのために「宗教の現象学的説明は実際にはきわめて個人的な評価(appreciation)なのであって、自然科学よりもあるいは社会科学と比べてさえ文芸批評(literal criticism)あるいは芸術批評の或る形式と似ている。一つのアプローチとして現象学は特徴づけられるけれども、それが現象を提示するために使われると、現象学者と同じ数の現象学があるように思われる」(*Ibid*., p. 294)。オクストビィが念頭に置いているのは、「宗教現象学」という研究分野を世に広める契機となった、オランダの宗教学者ファン・デル・レーウの大著『宗教現象学』(Leeuw 1933[1955])において具体化された研究方法と二〇世紀後半の世界の宗教学界に大きな影響を与えた、ルーマニア生まれのアメリカ合衆国の学者エリアーデの宗教学であるが、この二人の学説を含めて、宗教現象学に対するこのような深刻な批判についての見解は以下の論述に委ねることにする。問題の所在は、宗教現象学を標榜する研究者たちの間でこの研究分野に関する方法論的な論議が繰り返されたものの(1)、一致した見解が形成されなかったことにあり、多くの場合両人の学説の無批判的な受容と受け売りに終始し、そのために両者の学説が教条化されるという傾向さえ見られたことである。ただしここで注目したいのは、このような批判が現われた背景に一世を風靡した宗教現象学の凋落が反映しているということである。そのことにまず言及しておきたい。もとよりいまはそうした批判を詳しく検討する場ではないので、事実に重点を置いて記述することにする。

一九七〇年にスウェーデンのストックホルムで開催された宗教学者の国際的組織「国際宗教学宗教史学会」(略称IAHR)の学術大会の開会の挨拶の中で、会長を務めていたオランダのゲオ・ウィデングレンは当時の学界の動向に触れて現象学への偏向を指摘し、それに相対的に関連づけて歴史学的研究の後退に懸念を示した。彼はその大会の部門構成に言及して、一九〇〇年にパリで行われた際の部門構成が八部門であったが、現在ではさらに二部門増えて合計一〇部門となり、第九部門には「宗教現象学、宗教社会学、宗教言語」が、また第一〇部門として「宗教心理学」が設定されていることを述べた後で、主として個別宗教の研究の発表を中心とする第一部門から第八部門までの参加者の数がほとんど増えないか、あるいは減少の傾向を示しているのに引き換え、現象学の部門への参加者が増加していることへの危惧の念を表明し、次のように言葉を続けている。「打ち明けて言えば、現象学のこのような圧倒的な優勢を私は或る種の懸念をもって眺めている。私はそこに何よりも現代に特有の特徴を見る。それは、周知のように、前世紀ならびに第一次大戦に至るまでの時期とは際立って対照的に――きわめて反歴史的（antihistorical）だということである。それ以来ずっとあらゆる歴史的研究および事実の歴史的解釈に対してますます募る敵意がある〔……〕」（Bleeker, Widengren & Sharpe (ed.) 1975: 20)。みずからもその一員である古代史の専門家たちのＩＡＨＲ離れに強い危機感を募らせていた組織の代表者としての発言であることを割り引いても、やはり根本には学問の方法に関してウィデングレンが現象学に対して疑問と批判を抱いていたことに由来する発言であった。彼は一九六八年に発表した論文の中で、宗教現象学の立場に立つ人々として、ファン・デル・レーウ、ナータン・ゼーダーブローム、オットー、フリートリヒ・ハイラー、クルト・ゴルダンマーおよびクラース・ユーコ・ブレーカーの名を挙げて、そこには「キリスト教的な自覚が学問的研究を支配していた」（Widengren 1974: 257-271）という問題のほかにも、現象学固有の方法的欠陥として「現象学的な比較のために個別的な宗教の全体構造から切り離される或る一定の現象が、その全体構造の部分としてのみその現象に帰属している現実的な意義の一部を失ってしまう」（*Ibid.*, S. 259）という危険性を指摘している。のちに触れるように、宗教の比較研究に源を発する宗教現象学が「宗教現象」を比較・分類するに際して、個別の現象をその歴史的あるいは社会的ならびに文化的な脈絡から切り離し、一般化してしまうことを独断的手法として指弾したものであり、こうした批判に対しては歴史を研究対象とする研究者の多くが共感を示している。

ウィデングレンのこの発言に呼応するかのように、その後直ちに宗教現象学に対する疑問や批判が噴出し、再検討が要求されるようになった。クルト・ルードルフは『神学評論誌』に載せたウィデングレンの著書のドイツ語版『宗教現象学』（Widengren 1969）に関する書評の中で、改めてこの学問の位置づけを試みている。ルードルフは宗教現象学を「宗教学の最愛の、しかし最も世話の焼ける子供である比較宗教学もしくは体系的宗教学」と見なし、「ドイツ歴史学派によってはじめて展開された「比較方法」の高い要求を満たすとともに、文献学によって導かれた狭い意味での宗教史研究をも満足させる」という難題を抱えているとの認識を示した上で、ファン・デル・レーウの宗教現象学がその点において果たした一定の影響を強調しながら、それにも翳りが見られるようになり、批判的な対決が現れるようになったと述べている。そして肝心のウィデングレンの著書については、ドイツ語のタイトルには問題なしとしないが、歴史的研究と体系的考察との統合を目指す新しい有効な方法として一定の評価を与えている（Rudolph 1971: 243）。ルードルフがファン・デル・レーウに対する批判的研究と見たのは、後者が生前に教鞭をとっていたオランダのフロニンヘン大学の若手研究者テオ・P・ファン・バーレンとH・J・ドレイフェルスの批判で、宗教研究を厳密な社会科学的方法に基づけようと試みるに当たって、神学的および哲学的なニュアンスを完全に払拭することを要求するものである(2)。必ずしも一律に言うことはできないが、ヨーロッパの研究および教育の機関では「宗教学」が哲学と神学に、いわば挟撃される立場に置かれているという事情があるようで、宗教現象学もそうした状況のもとでみずからのスタンスに対してつねに敏感であらざるを得ず、それが事態を複雑にしているようにも思われる。

このような機運をいっそう促進したと見なされるのは、一九七三年にフィンランドのツルクにおいて「方法論研究」(Studies in Methodology)というテーマを掲げて開催されたIAHRの地域学術大会である(Honko (ed.) 1979)。もとよりそこでは現象学だけが問題にされたわけではなく、たとえば民族学におけるいわゆる「未開」(primitive)もしくは「自然」(natural)の概念の位置づけに関する反省を踏まえた再検討や宗教史における進化主義の後退に伴う新たな歴史理論を模索したり、また、従来の宗教学に対して基本的なカテゴリーや方法を提供してきた隣接諸科学との関係および方法論の領域における変化に対応することも開催の動機であった。因みに目下の問題に関連のある論議を挙げると、フィンランドの宗教史学者ハラルズ・ビエザイスが類型論と現象学の方法の関係を主題としながら、現象学の現状と困難とを詳しく紹介した後で、問題の解決を歴史的研究に基づく類型論に求めるべきであるという主旨の発表を行ったのに対して、ブレーカーを始め、ハンス・ヨアヒム・クリムカイト、レインハード・パマーおよびシャープがそれぞれ論評を加え、最後にR・J・ツウィ・ワーブロフスキの司会のもとで質疑応答を行っている(*Ibid.*, p. 143)。さらに注目されるのは、この部門において生態学および人類学の観点からの宗教研究も取り上げられたことで、スウェーデンのオーチェ・フルトクランツが「宗教の生態学」の学問的意義を論じる中で、「宗教の現象学」の目的を規定して、「普遍的表象」(universal representation)もしくは「地域的表象」(regional representation)をもつ諸タイプを比較によって確定することとし、生態学の研究はそのための材料を提供するものとして位置づけている。ただしその成果の信頼度は「研究者が専門としている限られた地域」、つまり「文化もしくは文化圏」への研究者の自己限定の度合いに依存するとしている（*Ibid.*, p. 229）。いわゆる「地域現象学」の構想として提唱されたもので、宗教現象の具体的な扱いとしては、客観性と価値中立性を堅持しながら、「比較による形態論的・類型論的な観点から宗教的な諸観念や諸儀礼および神話伝承を分類し、体系的に研究する〔……〕部門」であり、原則として宗教現象学は「比較宗教」という旧い用語と同一である、という理解が示されている。[3]

一九八五年にオランダの宗教人類学者J・ファン・バールとW・E・A・ファン・ベックが共同編纂した宗教人類学入門とでも称すべき『コミュニケーションのためのシンボル　宗教の人類学的研究入門』は「宗教現象学」という一章を割いて、オットー、ファン・デル・レーウおよびエリアーデを取り上げ、これらの学者の宗教理解がいかに近代の哲学者たちが創唱した「自然的宗教」(natural religion) の思想に支配されており、神学者たちに歓迎されてきたか、を力説している (Baal & Beck 1985: 200)。一見すると問題領域が異なるように見えながら、ツルクでの学術大会で顕在化した「宗教現象学の将来」(King 1983: 96)[4] への展望の一環でもあることに注意しておく必要があるであろう。彼らは叙上の宗教現象学者たちが暗黙のうちに予備理解としてもっている「宗教」の観念を問題にしているのである。

冒頭に引いたシャープの著書もこのような動向の中で公刊されたものであり、彼自身も宗教現象学に対してかなり手厳しい批判を展開している。彼によれば、ファン・デル・レーウ以来「宗教現象学」の名はかつての「比較宗教」の地位を占めるほど広い人気を博しているが、いまだに定義に一義性がなく、またその使用にも一貫性が見られず、「この用語を使用したり、みずからの研究にこの方法を適用していると主張している学者でさえも、その正確な定義について必ずしも確信をもっているわけでもなく」、あまつさえ「宗教の共感的研究」(sympathetic study of religion)といった程度の意味しかもたないという印象を受けることがあり、要するに、「宗教現象学」は「幾筋もの別々の糸で織り合わされている」ものと見なされるべきであるという(Sharpe 1975: 221)。

以上は一九七〇年代を中心に展開された「宗教現象学」に対する批判的な動向の概観である。一つの学問に対する積極的な評価が単一の視点に限定されないように、宗教現象学に対する消極的な評価もまた多様な視点からなされている。その中でも中核をなしていると思われるものを敢えて取り出してみると、これまで見てきた歴史学的な立場からのもののほかに、神学との関係および哲学とのそれに集約される。神学との関係はさらに三つに分けられる。一つは宗教現象学者は、たとえばファン・デル・レーウやブレーカーがそうであるように、或る認識論的な見方に立っていて、これによれば人間存在の究極的もしくは至上の意味を啓示するのが宗教であり、人間存在の秘密は、それが異次元に属するがゆえに、深く測ることができないとしていて、これは神学的な考え方と呼応するものだという指摘がなされている(Drijvers 1970: 64)。二つには、研究者の「宗教」の概念についての「予備理解」が研究結果に及ぼす影響を重視するものである。たとえばオットーが宗教の本質概念として、宗教体験の直観的理解から獲得した「聖」(heilig)の概念の背後には、「明らかにユダヤ＝キリスト教的な神の観念が潜んでいる」とルードルフは指摘している(Rudolph 1985: 46)。三つには、大学における宗教学の立場に関わるもので、ブレーカーは「オランダでは宗教史および宗教現象学の教授は神学部のメンバーであるために、神学者や哲学者に対してみずからの学問を守らなければならなかった」(Bleeker 1959: 97) と述べ、宗教学が両学部に挟撃される微妙な立場にあることを暗に認めている。この点に関する詳しい情報については、彼の「現象学の方法」(Bleeker 1959) や「宗教史の方法と神学の方法の比較」(Bleeker 1971) などの論文が参考になる。

宗教研究における「宗教」についての研究者の予備理解の意義をめぐる問題は、宗教研究の方法論そのもののそれとして論じられるべきものであり、周知のように古くはドイツの宗教心理学者ゲオルク・ウォッバーミンが「宗教心理学的循環」と称する、全体論と個別論との循環的補完関係を提唱したことが想い起こされるし (Wobbermin 1913: 405, 437)、その後イタリアのウーゴ・ビアンキも同様の方法を「宗教史学における弁証法」と銘打って積極的に主張している (Bianchi 1987: 400; 1964: Einleitung)。彼によれば、その弁証法とは「宗教の概念が比較のための必要条件であると同時に比較の結果でもある」(Bianchi 1987: 401) という事態を表すもので、要するに研究者の予備理解としての「宗教」の概念が経験的な研究の前進によって、帰納的にいっそう十全なものに仕上げられていく循環的な過程である。この方法は「現象学者が主観的な、経験的な感受性によってあらかじめ把握される宗教の還元されない性格を強調することに対抗」するために有効だとビアンキは言っている (Bianchi 1987: 400)。

この提案はすでに第三の問題、すなわち宗教現象学と宗教史の関係にも関わるものである。イギリスのアージュラ・キングはこの両者の関係は恒久的なディレンマであって、「歴史は単数の「宗教」をば知らず、複数の諸宗教を知るのみであるが、しかし複数のもとで諸宗教を眺めるためには、「宗教」という統一概念を要求する」（King 1983: 74）と、やはり解釈学的循環の必然性にこだわっている。さらに宗教史との関係については、これまで指摘した問題のほかにも、宗教現象学が比較のために具体的な諸現象をその歴史的連関から切り離し、全く関係のない別の連関にむりやりはめ込もうとすることに対する批判をも生み出している。それは現象の現実性を削り落とすだけではなく、研究結果の客観性を疑わせるものでもあるとされている（Sharpe 1975: 244-245）。

哲学と宗教現象学との関係にも差し当たり二つの問題が指摘される。一つは、ファン・バールたちが言及したように、宗教現象学の立場に立つ人々が念頭に置いている「宗教」の概念が、いわゆる「自然的宗教」の思想の延長線上にあるという問題であり、これは宗教哲学と宗教現象学との関係のそれである。二つには、哲学的現象学、とりわけエトムント・フッサールのそれとの関係が、実証学であるべきとされる宗教学に対して異質な要素を持ち込むことになる、という問題として提起されている。これは宗教現象学の立場を堅持するブレーカーにも見られる警戒心で、彼はファン・デル・レーウと自分を比較して、自分は「エポケーおよび本質直観の原理を比喩的な意味で用いて」おり、ファン・デル・レーウほどには哲学的現象学の影響を受けてはいないと釈明している（Bleeker 1959: 103-104）。

以上は、一九七〇年代以後に顕著になった「宗教現象学」をめぐる宗教学的な論議の粗描であるが、実証学としての宗教学への要求が強まるにしたがって、宗教現象学に対する期待は薄らぐ一方になっているというのが実態であろう。とりわけ「比較宗教学」の路線を歩む研究は、もはやかつてのようなグローバルな視点から諸宗教および諸々の宗教現象を一元的且つ包括的に扱うことができない、という構想上の、また方法上の壁に突き当たっている。しかしながら時代史や地域史の問題として宗教および宗教現象を扱うのではなく、宗教学として研究する場合には、やはりキングやビアンキおよびそのほかの研究者が主張するように、具体的な手続きはさまざまであれ、「比較」のための何らかの循環的な理解の仕組を工夫していかなければならないであろう。その際の眼目となるのは「理解」あるいは「解釈」という作業であり、そこに現象学的な手法が結びつけられる可能性が残されているとも考えられる。たとえば一時ファン・デル・レーウの宗教現象学批判の急先鋒の一人として「新様式の宗教現象学」を打ち出したジャック・ワールデンブルクは、のちにはそれを「応用解釈学」(die angewandte Hermeneutik)に衣替えしたが、いぜんとして「志向」(intention)の理解にこだわっており、それについて自問自答している。「われわれのものとは異なる文化や社会において、そこで宗教的な意味をもつものは何か、宗教的解釈あるいは宗教的想像を生み出したものは何か、をわれわれはどのようにして確認することができるのか。さらに言えばそのような異種の文化や社会において先立ってなされている宗教的解釈を、どのようにしてそのような意味が機能している脈絡から出発して「読む」ことができるのか」(Waardenburg 1993: 100)。彼が当面しているのはイスラームおよびイスラーム社会であるが、彼が用いる「宗教的」という用語自体がすでに問題的になっていることが読み取られるであろう。そのような立場から彼は「イスラームのアッピールないし呼びかけ」という意味をもつ「ダーワ」(da'wa)の概念について、開祖が用いたそれから二〇世紀初頭に至るまで辿ったその理解の歴史を俯瞰しながら、解釈の変遷を貫く枠組を確認している。それによればダーワの意味には発展があって、そこには「社会的危機、政治的な権力闘争、経済的問題およびそのほかの極端な要因が、その発端と形成に際してきわめて重要な役割を演じて」おり、預言者が神の名において「真の宗教」、すなわちイスラームを信ぜよ、と人々に呼びかけた「宗教」としてのダーワが、やがて「法」の意味を獲得して、たとえば非ムスリムが事前にダーワを受け入れることを拒む場合のジハードのみが合法的だとされるようになり、さらにダーワそのものが「権威をもつ伝統」となったという。その結果ダーワを聞いたあるいは受け取った全ての人にその「意味」が普及・浸透し、全イスラーム社会はダーワを通じて一体性を保持し、ウンマそのものを意味するに至った。このような経緯からワールデンブルクは、ダーワという概念に西洋社会の「宗教」という概念がもっているのと同じような包括性を見ようとするのである（*Ibid.*, SS. 112–113）。このような説の当否と成果についての批評はここでの課題ではなく、差し当たり彼が宗教現象学の新しい方向性を模索していることを知れば十分である。シャープが言うように、宗教現象学にはいまだ一義的な定義がないということは短所であるに違いないが、しかし別の角度から見れば、それだけにまたそれぞれの宗教現象学には独自の可能性が開かれているとも考えられる。要はそれぞれの研究者がみずからの立場と方法について明確な自覚をもつことが重要であって、その点では当のシャープが、宗教学者一般に対してみずからの「旗を掲げる」（nails his colours to the mast）（Sharpe 1975: 292）ことを求めたのは正当である。

宗教を文化事象あるいは社会事象として捉え、その「意味」を理解し、さらに異なる文化や社会のものと比較するというワールデンブルクの試みは、実は「宗教」を人間の具体的な「生」の脈絡のもとで理解することを目指すものであり、広い意味での「人間学」の枠組の中に入れることのできるものである。もとより彼の直接の関心はイスラーム社会の「人間」の理解に注がれてはいるが、それが研究者自身の「人間」の理解に通底しているという前提に立っていることは言うまでもない。イスラーム社会に生まれ育った者でなければ、イスラームに関する全ては理解されないという偏狭な立場をば採らない。彼のそのような立場をさらに掘り下げていけば、宗教の比較に携わってきた宗教現象学の立場と方法とも繋がっていくように思われる。ここに「宗教現象学」を再吟味しようとする本書の意図があり、学説を振り返ってそのことを確かめることにする。

第一章　宗教現象学における人間学的理解——序説

第一節　はじめに——問題の所在と考察の方向性

諸学問分野における研究の専門化およびそれに伴う問題領域や方法の細分化への傾向ならびに学際的研究の活発化とそれに付随する学問の境界の流動化への傾向は、「宗教学」と称されてきた学問の分野においても等しく認められる。このような傾向が強まるにつれて、宗教に関する研究の状況においても、関連学科との連携を進めて、いわば extensive な研究を促進しようとする方向と、宗教の研究そのものに独自のもしくは固有の視点や方法を求めようとする、いわば intensive な方向とに分かれてきたように思われる。学説史を振り返ってみると前者に関しては、社会学と経済学との連携を宗教研究に導入したマックス・ウェーバーの研究や社会学と心理学との連携を理論的な枠組としたエミール・デュルケムの研究のあたりから、この傾向が目立ってきたと言える。その後宗教研究にとって意義をもつ同じ傾向としては、主としてアメリカ合衆国で一つの運動ともなった「文化とパーソナリティ」学派における文化人類学と精神分析学ないし精神医学との連携や近年の社会史学派に見られる歴史学と民俗学との共同作業なども挙げられてよいであろう。(1)

これに対して宗教学を狭義に定義して、その独自な学問的領域を確立することを主張した研究者もいた。みずからは「宗教学」そのものの学問論を表立って展開することがなかったが、ルードルフ・オットーは「宗教」として扱われるべき事象の独自性を強調して、宗教を、たとえば社会感情や思春期の感情などに還元しようとする人にとっては「宗教学」(Religionskunde)を学ぶことは困難だと突き放した(Otto 1917[1936]: 8)。それとは名指してはいないが、これにはいわゆる集合表象に宗教性を認める宗教社会学者や思春期の回心現象を研究した宗教心理学者に対する批判が込められていることは明らかである。(2) 彼は「宗教を宗教から理解する」という原則に固執し、(3)「宗教はそれ自身とともに始まる」(Religion fängt mit sich selber an)という命題を繰り返し述べて(*Ibid.*, S. 160; Otto 1932: 1, 53)、宗教史の研究に関しても独自の視点と方法を要求し、みずからの並行論(Parallelismus)を展開した(*Ibid.*, 282)。

終生"Relionswissenschaft"という呼称にこだわり、これを英語で"the history of religions"と表記するに際して、それを最広義に解して「本来の歴史学だけではなく、諸宗教の比較や宗教形態学および宗教現象学をも含める」(Eliade 1960: 1, n. 1)と規定したミルチャ・エリアーデもまた、「宗教学」の固有の問題領域と方法に関して重要な見解を示し、多くの研究者に影響を与えた。

さらにそれぞれの学問的業績を厳密に比較すれば無視できない違いはあるものの、「宗教現象学」

を標榜して体系的な宗教研究を目指してきた学者の中にも、オットーやエリアーデと同様の学問的指向を見ることができる。たとえばヘラルドゥス・ファン・デル・レーウやグスターフ・メンシングならびにフリートリヒ・ハイラーといった人たちにそれを認めることができる。(4)

ここでは「宗教学」のアイデンティティを前提した上で、それを共有していると見なされる宗教学説の中に、宗教研究の焦点ないし宗教を理解するための主要な枠組として「人間」もしくは「宗教と人間」に着目した、あるいはその考察を中心課題とした学説を取り上げて、宗教学という学問の研究の特色を浮き彫りにすることが目的である。

この目的のために、差し当たり「宗教学」のアイデンティティをいわゆる「宗教現象学」に結びつけて考察を進めてゆくことにする。その理由ないし根拠を挙げれば、一つには、「宗教現象学」は、研究結果においては必ずしも一致を見ないものの、その原理として類型論（Typologie）という形式を採るのが支配的で、この試みは「宗教の比較」ないし「比較宗教」という学問的方法に由来している。言い換えれば、「宗教学」（the science of religion）という呼び名で、宗教研究の新しい理念と課題および方法を提唱したフリードリヒ・マックス・ミュラーの意図を宗教現象学が継承していると見られることである。因みに、「比較」（comparison）という方法が諸宗教の優劣を判定するものだという誤解を招きかねないという配慮から、宗教に関する新規の比較方法の可能性を秘めたものとして「宗教現象学」という名称が用いられるようになったという見方もある（Kristensen 1960: 1 ff.）。(5) 二つには、宗教現象学が試みる類型論が、たとえば聖の概念、神やそれに類する諸観念、宗教的行為や儀礼・祭儀、宇宙観や世界観、霊魂観や人間観などを分類項目として立てている例が多く見られ、これは、言わば宗教を人間の活動あるいは生活と結びつけて理解するという観点に立脚していて、それ自体がすでに「人間」に定位していると言うことができるということにある。要するに「宗教現象学」は、顕在的にであれ潜在的にであれ、「宗教」を通して「人間」を見ようとしていると言うことができるのであって、この点を「人間学的理解」という表現で表してみたいというのが試行的意図である。

次に当然のことながら、「人間学」という用語についても定義ないし規定を与えておかなければならない。ただしこれに関してもここでの主眼は人間学そのものの構築や展開にあるのではなく、いわゆる人間学がみずからの根本課題としてきた、「人間とは何か」という問い、あるいは人間の自己認識に関する反省の学というその使命に結びつく側面ないし契機を考察することが当面の目的であるので、「人間学」の定義あるいは規定も暫定的なものにとどめ、差し当たりはイギリスの哲学者デーヴィッド・ヒュームの次のような見方を参考にする。「あらゆる学問(science)は人間の本性(human nature)と、程度の差はあれ、結びついている。〔……〕数学、自然哲学および自然的宗教(natural religion)でさえも、或る点では人間の学(the science of Man)に依存している。それらはいずれも人間の認識範囲(cognizance)のもとにあり、人間の力もしくは能力によって判断されるからである」(Hume 1889[1955]: xix)。[6] したがって特定の人間学の立場を構築して、その概念もしくはカテゴリーを設定し、それを用いて「宗教」を理解したり、説明するという方向をば採らない。[7] むしろ宗教学も人間の学、さらに言えば人間の自己認識の学であるという観点に立って、言うなれば

「宗教学的人間学」とでも言うべきものを追究したいのである。因みに人間を「表象生物」と捉えるアルノルト・ゲーレンが、人間の「世界」理解の方法を、「人間は自らの生活圏を不定限に拡がっている大きな全体の「一部」として解しており、自らの世界についての方位づけと解釈とをすべてこの全体に関係づけている。すなわち、知覚に上る世界を打ち破って、至るところに知覚に上らぬものを「内挿」する」ことと説明し、内挿する際の表象は「鬼神でもあろうし、デモクリトスの考えたアトムでもあろうし、神々でもあろうし、その他何でもよい」(ゲーレン 一九七〇:三三―三四)と言うとき、鬼神や神々をあたかも記号のごとくに見なすにとどまり、そこに「宗教」としての特性あるいはそれらとの宗教的な関わりを認めないならば、それは宗教学的理解とは認定し難い。

要はここでは宗教あるいは宗教現象を通じて、人間の本質的な特性を把握しようとする試みを総体的に表す標題として「宗教学的人間学」という表現を用いるのである。このような意図と観点からすると、本書で「宗教現象学」という名称で括られる範囲も内容も、予想されるよりもかなり広いものとならざるを得ないであろう。すなわち宗教学の歴史をどのように捉えるか、ということと関連して、どこから始めるかがまずもって限定されなければならないであろう。その一つの目安は、宗教学、厳密には比較宗教学の草創期の代表的研究者の見解である。それに従えば哲学者ヘーゲルにまず最初の試みを見出すことができるであろう。たとえばミュラーはこう述べている。「ヘーゲルは人間精神の心理学的成長ではなくして、理念の発展(development)における論理的必然性という観点から、あるべきであるところのものを宗教の歴史の中に見ようとした」と(Müller 1889[1975]: vi)。これはヘーゲルの宗教研究とみずからのそれとの違いを指摘した文脈での言い方である。その要点は、「理念」に替えて自分はみずからが企画した『東方聖書』(*The Sacred Books of the East*, 1879–1919, London)に記録されている「諸事実」を拠所として、ちょうど地球の地質学上の年代記を解読するような仕方で、諸事実の中に宗教の歴史の原因・理由および結果を発見しようとするものだ、というのであるが(*Ibid.*)、実は宗教の歴史を人間精神の論理的発展と見るか、人間の心理的成長の過程と見るか、の相違はあっても、宗教の歴史の中に「人間」を見ようとしている点では両者は同じ立場に立っているのである。つまり宗教研究の根本動機から見ると、ミュラーはヘーゲルの後継者と言っても過言ではないのである。

同じことを証言していると思われるもう一人のオランダの宗教学者、ピエール・ダニエル・シャントピー・ド・ラ・ソーセイは、ミュラーほどには表立ってそのことを指摘してはいないが、宗教学に目標と対象を与えた最初の人物としてヘーゲルの名を挙げ、とくに宗教を形而上学、心理学および歴史学のそれぞれの方面から体系的に研究することを提唱した点を、みずからの宗教研究の枠組とするとともに(Sausaye 1891: 4)、「宗教の外なる形態は内なるプロセスからのみ説明される」として、このような観点からの宗教の研究を「現象学」(phenomenology)と呼んでいることが注目される(*Ibid.*, p. 67)。ここにはヘーゲルがみずからの哲学の主題を「精神の現象学」(Phänomenologie des Geistes)と命名したことが念頭に置かれていると想定して差し支えないであろう。そしてまたソーセイの「現象学」の理解がのちにファン・デル・レーウの「宗教の現象学」(Phänomenologie der Religion)の理念に関連することも見逃すことができない。これについては章を改めて述べることにしたい。

もとよりヘーゲルの宗教研究は哲学に属していて、今日の宗教学の理念や方法とは大きな隔たりがあるが、目下の考察の手始めとして、ひとまず彼を「宗教現象学」の祖と見なして、とくにその人間学的な側面を粗描し、さらにミュラーの宗教学へと繋げてゆくことにする。

第二節 ヘーゲルおよびミュラーの宗教研究における人間学的側面

ゲオルク・ヴィルヘルム・フリートリヒ・ヘーゲル（Georg Wilhelm Friedrich Hegel、一七七〇―一八三一）による宗教の研究、正確には『宗教哲学講義』（Hegel 1969）は、哲学史家ユーバーヴェッヒによれば、当時の最新の情報に基づいたものというが、その構想は呪術を始めとして中国の宗教、インドの宗教、仏教、パルシー教、シリアの宗教、エジプトの宗教、ユダヤ教、ギリシャの宗教、ローマの宗教およびキリスト教を、それぞれの宗教の特色をほとんど直観的に描きながら、たとえば中国の宗教を「規則の宗教」、インドの宗教を「想像の宗教」、仏教を「自己における存在の宗教」、パルシー教を「善ないし光の宗教」、シリアの宗教を「苦痛の宗教」、エジプトの宗教を「謎の宗教」、ユダヤ教を「崇高性の宗教」、ギリシャの宗教を「美の宗教」、ローマの宗教を「合目的性の宗教」、そしてキリスト教を「絶対的宗教」として特徴づけるものであった。因みにこのような直観的な捉え方はのちにファン・デル・レーウやメンシングにも示唆を与えたが（Leeuw 1933[1955] Fünftel Teil, Gestalten; Mensching 1949 Erster Teil, Typologie der Religionen）、ヘーゲルの場合には、言うまでもなく精神の即自態（自然宗教）から対自態（精神的個別性の宗教）へ、そして最終的に即自且つ対自態（絶対的宗教）に至る類型的展開を示す形で配列されたものである。

ところでヘーゲルによれば、人間は宗教において意識（Bewußtsein）の最高段階に昇り、他のものとの一切の関係から解放された、ひたすらに充足せるもの、無制約的なもの、自由なるものおよび自己自身にとって究極目的であるものの領域へと高まっていくという（Hegel 1969: 12）。つまり精神（Geist）としての人間は一切の有限性から解放されるとともに、無制約的なものに対して自由の関係を結ぶ。そしてその関係のもとでは、言い換えれば宗教の究極的境地においては、人間の特定の利益や目的のための行為はなされず、ただもっぱら絶対的目的のために、すなわち神の栄光を顕在化するためにのみ振る舞うべきであるとされる（*Ibid.*）。この過程は精神の経験、すなわち精神の精神に対する関係もしくは精神の「現象学」として描かれ、宗教における精神の経験は、精神が真理のもとにおける精神を知ることとして捉えられる。そして宗教において、精神が高められた精神を関係の対象とするとき、その対象は「神」として規定される。つまり精神は神という表象のもとで自己を対象化する。したがってそこにおける精神の自己認識は、神との交わりという形式を採ることになる。この形式をヘーゲルは「儀礼」（Kultus）と名づける（*Ibid.*, S. 254）。その結果として儀礼を媒介とする神と人間との交わりが、具体的に規定された宗教の現象を形成する、言い換えれば、「宗教」という一般的概念が、精神の経験のそれぞれの段階に即して特殊化されたものを形成することになるのであるが、このことを主体と客体から見れば、一方では「精神の現象学」であるとともに、他方では「神的なるものの現象学」でもある。そしてさらにヘーゲルにおいては、宗教とは神との交わりにおける精神の自己認識ないし自己理解であると同時に、その交わりを通じての神の表象でもあるとすれば、二つの現象学はまさに「宗教の現象学」でもあることになる。ファン・デル・レーウの大著『宗教現象学』がヘーゲルのこのような構想を独自に展開したものではないか、という問題意識が実は本書の第三章における考察を導くことになる。[8] ともあれこのようにヘーゲルは世界の諸宗教を精神の現象学として捉え直し、精神の発展の序列を示す形に配列したのであった。言い換えればヘーゲルにとって、諸宗教は精神の経験、すなわち人間の自己認識あるいは自己理解の発展の象徴的段階を表すものにほかならなかったのである。

次にミュラー(Friedrich Max Müller、一八二三―一九〇〇)の宗教学について考察するが、まず彼の宗教学を「宗教現象学」という枠組に入れる理由を示さなければならない。その理由として、積極的なものと消極的なものとを合わせて、差し当たり三点を指摘することができる。まず第一には、先に述べたようにここで取り上げる宗教現象学はいわゆる比較宗教学の伝統を受け継ぐものであるという限定からすると、ミュラーをこれに入れることは当然のこととなる。これを消極的に裏づける第二の点は、ナータン・ゼーダーブロームが編集した『ティーレ―ゼーダーブロームの宗教史概論』(Söderblom 1931)の「序論」に掲載された参考文献の中で、宗教史概説および個別宗教史論に並べて「宗教の現象学」(Phänomenologie der Religion)という項目が設けられていて、そこにはF・B・ジェヴォンスの『比較宗教研究入門』(F. B. Jevons, *An Introduction to the Study of Comparative Religion*, 1908)やカール・ベートの『比較宗教史入門』(K. Beth, *Einführung in die vergleichende Religionsgeschichte*, 1920)あるいはハインリヒ・フリックの『比較宗教学』(H. Frick, *Vergleichende*

Religionswissenschaft, 1928）といった比較宗教学および比較宗教史に関する文献とともに、ミュラーの『宗教の起源と成長　ヒッバート講義』（F. M. Müller, *The Origin and Growth of Religion, Hibbert Lectures*, 1878）が挙げられていることである。ゼーダーブローム等が「宗教の現象学」という名称を用いた理由やそれをどのような研究と理解していたのかは直接には説明されていない。しかし先に触れたように、この当時においてオランダの学界ではすでにその名称が一定の承認を得ていて、それが「比較宗教学」という名称に取って代わるものとして使われ出している。ファン・デル・レーウが『宗教現象学』を世に問うたのはこの本が出版されて間もなくのことであったし、同じ参考文献の中にファン・デル・レーウの既刊の『宗教現象学入門』（G. van der Leeuw, *Einführung in die Phänomenologie der Religion*, 1926）が見られることがこのような動向を示唆している。

第三の理由は、ミュラーがみずからの比較研究のために立てた「宗教」の定義と結びついている。彼はその概念の定義に際して、一つは「われわれがユダヤ教とかキリスト教あるいはヒンドゥ教などと言う場合に思い浮かべるもの、すなわち伝統によってあるいは聖典によって伝えられた、そしてユダヤ教徒やキリスト教徒などの信仰を構成する一切のものを含む教理体系」を指すとするほかに、もう一つには「人間を動物から区別するのは宗教だ、と言う場合に〔……〕われわれが念頭に置くもの」をも指すと見なして、「感覚や理性から独立して、〔……〕無限なるものをさまざまの名称のもとで、またさまざまな装いのもとで把握することを可能にする一つの精神的能力ないし素質（a mental faculty or disposition）」（Müller 1873[1909]: 13）を「宗教」の概念に包摂し、これに基づいて宗教一般の歴史的起源と成長（growth）を研究した。この着想は、すでにヘーゲルについて述べたことを想起すれば、その延長線上に位置していることは明らかであろう。先にミュラーをヘーゲルの後継者に見立てたのはこのような理由に拠っている。繰り返して言えば人間の内的本質と見なされる宗教的能力ないし素質、すなわち「無限なるものの知覚」（the perception of the Infinite）の「成長」を宗教の歴史的発展と見る立場は、個別の宗教現象を「宗教」の表出として一元的に捉えようとするものである。この構想は、論理主義の代わりに生物学主義的な立場を採ってはいるものの、明らかにヘーゲルに由来している。それればかりではなく、やがて見るようにこの構想は、オットーの「聖なるもの」の概念を採用するその後の宗教現象学的研究を視野に収めるならば、その先駆的な着想でもあると言うこともできるのである。広く言えば「本質」と「現象」の二元論の立場がそこに通底していると言ってよい。

またミュラーの宗教学を「人間学」の枠組に取り入れる理由を、彼が「宗教」を人間の固有の精神的能力ないし素質と見なした点に求めることにはおそらく異論はないであろう。因みに彼が「人間」を定義して次のように述べていることをも傍証として挙げておく。「ギリシャ語で人間を表すアントローポス（*ἄνθρωπος*）に対して古代の人々が与えた語源解釈（彼らはそれを *ὁ ἄνω ἀθρῶν*、上を見上げる者、から導き出した）が本当かどうかともかく、人間を人間たらしめているのは、ひとり人間のみが顔を天に向けることができるということであるのは確かである」（*Ibid.*, p. 14）。

宗教を定義するに際してのミュラーの基本的な姿勢は、（一）宗教を特殊啓示（special revelation）、とりわけユダヤ＝キリスト教的宗教における超自然的啓示に基づいて定義する立場を避けること、（二）宗教を経験（experience）として捉える立場を確立すること、に要約される（Müller 1889[1975]:

51, 114）。（一）に関して補うならば、独断論的な立場を排除する一方で、啓示によらずに人間の悟性（human understanding）による神の認識を弁証する自然神学（Natural Theology）の立場を踏まえて、比較神学（Comparative Theology）の可能性を追究するものであった。彼は比較神学のことを「諸宗教の学」（the Science of Religions）と呼んでおり（*Ibid.*, p. 53）、比較神学の根底に自然神学を置こうとしたように、「諸宗教の学」を支えるものとして「宗教の学（宗教学）」（the Science of Religion）を考えていたのではなかろうか。ミュラーが宗教学が対象とする「宗教」を「自然的宗教」（Natural Religion）と呼んでいるのも、それを示唆しているであろう。（二）に関してはミュラーの次の言葉が注目される。すなわち「宗教が、語の通常の意味における、また余他一切の経験の本質的性質を分有する経験であることが立証されない限り、宗教はわれわれのあらゆる知識の拠所たる堅固な基盤を欠くことになろう。もしも宗教がわれわれの意識の一つの正当な要求として位置づけられるべきであるとすれば、宗教は感覚的経験とともに始まらなければならない。この基盤が欠けるならば、自然的宗教も超自然的宗教もあり得ないであろう。なぜならば超自然的なものとは非自然的（un-natural）なものではなくして、自然的なものの上に重ね合わされるものだからである」（*Ibid.*, pp. 114-115）。ここにもまた超自然的宗教もしくは啓示された宗教（the revealed religion）を自然的宗教へと還元しようとする視点、言い換えればそのように還元される限りにおいて超自然的宗教を研究する学問が「宗教学」であるという視点が打ち出されているのである。ミュラーによってこのように規定された宗教学的な「宗教」は、いわば「単なる経験の限界内における宗教」と言われるべきもので、このような宗教の理解と研究は以後の宗教学にとって規範的なものとなったと評してよいであろう。

以上のような学問的視点に立ってミュラーは「宗教」を「無限なるものの知覚」と定義するのであるが、この定義は、日常の感覚的経験の背後に、それを越える何ものかを経験することもしくは有限なるものの背後に、そしてそれと一緒に無限なるものを知覚することを意味すると言う（*Ibid*., p. 123）。もう少し詳しく補えば、われわれの認識は対象を知覚し、概念化することによってそれを周囲世界から切り取り、限界づけることによって成り立つが、その場合に「その限界（limit）はいつでもわれわれの方に向かって引かれるものと、われわれを越えていくものの方に向かって引かれる二つの面を備えている」（*Ibid*.）。つまり有限なるものの知覚はつねに無限なるものの知覚を、したがって「何か越えているもの」（something beyond）の知覚を一緒に与える。たとえば地平線の知覚は同時にまたその彼方にあるものをも一緒に示している。また一本の巨木を見る場合、目に見え、手で触れることのできる部分のほかに、見届けることのできないその梢によって何かそれを越えたものが、また巨大な根を通して土中にある果てしない根の拡がりが、つまり触知できないもの（the intangible）が知覚される。同じような経験は、頂上を雲の中に隠している山を見上げたり、流れて止まぬ大河のほとりに佇むときにも生ずるし、ましてや大地、雲、太陽、月、天空などを眺めるときには、そのような印象はなおいっそう強まるであろう、とミュラーは言う（*Ibid*., p. 149）。この場合にその無限なるものが何らかの実体的なものとして知覚されるのか、言い換えれば存在論的な裏づけをもつのか、それとも単なる印象もしくは想像の所産に過ぎないのか、という問題が必然的に持ち上がるであろう。しかしながらこの点に関して彼は立ち入った考察を加えてはいない。むしろミュラーの関心は、この知覚を源泉としてどのような宗教的観念が宗教史の中で産み出されたか、という点に向けられている（*Ibid*., p. 156）。これは言うまでもなく宗教史の問題に属するが、人間学の観点から見ても触れておくべき点があるので、簡潔に言及しておきたい。

ミュラーは「無限なるものの知覚」の歴史的現象を自然的宗教の「段階」（phases）と見なして、それを三つに区分しそれぞれを「自然学的宗教」（physical religion）、「人間学的宗教」（anthropological religion）および「心理学的宗教」（psychological religion）と命名する（Müller 1892[1975]: 5）。すなわち「無限なるもの」がそれとして知覚される段階として、「自然」から「人間」へ、そして「自己」（self）への展開が認められると想定するのである。

「自然学的宗教」とは「自然の中の無限なるものと呼ばれるものあるいはわれわれの宇宙的経験のもとで有限で現象的なもの全ての根底にあるものが名前を与えられ、個別化され、人格化されていき、最後には一切の名称を超えるものとして把握されるに至った」（Müller 1893[1975]: 89）諸段階を総称するもので、要するに自然の神格化の発展のプロセスに即して捉えられる宗教を指している。その特徴を描くためにミュラーはインド最古の宗教文献『リグ・ヴェーダ』を選び、火の神アグニの観念の発生と変遷を辿ることを通じて自然学的宗教における神格化の一般原理を確立しようとした。その要点は（一）火がなぜ神格化されたのか、（二）そもそも神格化はどのようにして成立したのか、という問いに答えることであった。

ミュラーによれば、サンスクリット語の agni は、ラテン語の ignis やリトアニア語の ugni などの祖語に当たる古い語であり、その語根 AG は to drive を意味するという。そこからアグニは火などの「素早く動く」(quickly moving) 様子を表す語であったと推測する。また古代の人々は現象の背後にその作用者 (agent) を想定するという一般的な傾向をもっていたとして、ミュラーはアグニはまた「素早く動くもの」一般をも指し示していたと考える。したがってアグニは自然の一元素としての「火」そのものを表していたのではなく、「動いた者や物そのもの」(who or what that mover was) を指していたのであり、特定の属性を有する主体 (subject) と見なすべきだと考えている (Müller 1881[1975]: 126–127)。しかしこれではアグニはせいぜい自然の中で動く何ものかでしかない。それが「神」となったのは別の契機によると考えざるを得ないとミュラーは問題を前進させ、それを解決する手がかりをサンスクリット語で「神」を表す deva の語根の DIV に求めた。彼の推測によれば、この語は「明るいあるいは輝く」(bright) を意味し、dive「空」や divasa「日」はその派生語に当たると見なされる。つまり『ヴェーダ』の詩人たちは明るい性質をもつ一切の自然現象から「明るさ」の観念を抽象し、これを共通の性質を表す観念として独立させるとともに、光、とりわけ目覚めさせ、あたりを輝かせ、照らし出し、暖かくする光に不思議さを感じ、そこに奇跡を見た (*Ibid*., pp. 140, 142)。そして明るい現象の背後に「明るい作用者」あるいは「力強い作用者」もしくは「親切な作用者」を認め、これらに共通する作用者を「神」(deva) と名づけたとする (*Ibid*., p. 136)。

このような言語学の立場からインドの「神」観念の成立や特色あるいは特定の火の神の誕生を推測するミュラーの方法がどれほど妥当性と説得力をもつのかはここでの問題ではない。またインド学の立場からの評価については専門研究者の判断に委ねるのが適切である。むしろ差し当たり注目したいのは、ミュラーが、古代のインドの人々が明るく輝く自然の諸現象の背後に共通の作用者を想定して、それに言語表現を与えた結果として「神」の観念と名称が成立したと考えた点で、そこにこそ人間学的な意義を認めたいのである。つまり彼は、人間はまず最初にみずからの外部に「無限なるもの」を知覚した、という命題を打ち出したのであり、人間の宗教的な経験はまず自然との関係において成立したというその見解が重要なのである。これを単に「自然崇拝」として類型化する以前に、宗教における人間の自己認識が「外なる他者」としての自然、さらに言えば特異な印象を与える自然によって引き起こされたという点に着目したところにミュラーの人間学的な視線を認めたいのである。

次にミュラーによれば、人間は自然現象の経験と観察から出発して、自然を超えた諸々の力の認識に到達し、最後に一つの力、一なる神および天地創造の神の認識をもって神の観念の形成の歴史を終了したという（Müller 1892[1975]: 77）。ヤハウェ、アッラー、ジュピター、ディアウス、ゼウスといった神々はいずれもそうした頂点を示すものだと彼は見ている。しかし宗教の歴史は神の観念の形成に尽きるものではなく、まただ観念としてのみ捉えられる神は神の全てではないという観点に立って、ミュラーは自然学的宗教においてはひとり神だけが高まっていくだけで、結局は神と人間との関係は分断されてしまい、エピキュリアンが言うような、存在はするが、人事に一切関与しない神が生まれると考え、これでは人間の精神を満足せしめないので、真の宗教とはいまだ言われ得ないとする（*Ibid.*, p. 182）。ミュラーによれば、「真の宗教は神の信仰以上のものを要求する。それは人間に対する信仰、それに神と人との親密な関係、そして終局的には来世への信仰をも要求する」（*Ibid.*）という。ここで彼が「真の宗教」というのは、多分に一九世紀のドイツ観念論哲学に影響された「全人」的な人間の本質規定に基づく宗教にふさわしいものという意味と解され、彼にとってはそれは人間の内面に目を向けさせる宗教を指している。「宗教」の全体像を求めて、「いまやわれわれは、いずれの宗教においても神の必然的な対極をなすもの（counterpart)、つまり人間の霊（human soul）あるいは人間における無限なるものを表す任意の名称、そしてそれゆえにまた人間における不死の要素についても、自然に関して行ったと同じことをしなければならない」（*Ibid.*）という新たな課題を掲げて、ミュラーは「人間学的宗教」という名称のもとに、人間の霊性に基づく宗教に目を転ずるのである。

この宗教は人間もしくは人類のうちに無限なるものあるいは神的なものを発見しようとする試みとして特徴づけられているが、それは身体とは異なるものの最初の発見から、キリスト教の真の基調である、人間の神の子（divine sonship）の信仰にまで至る歴史をもつ、というのがミュラーの構想である。言い換えれば霊魂崇拝としてのアニミズムから死者崇拝、祖先崇拝、そして人間の神性の信仰へと展開する歴史である。しかもこの歴史、すなわち人間における霊性の発見とその展開は、神の観念の発見と展開と同じように、恩寵の賜物（a gratuitous gift）ではなくして、「額に汗して」（in the sweat of his face）獲得されたものだ、と彼が言うとき（*Ibid.*）、明らかに人間学の視点に立ち、宗教の歴史を——ヒュームの言い方を借りれば——「自然史」（natural history）として理解しようとしていると言うことができる。それは人間の能力、さらに言えば宗教的能力である「無限なるものの知覚」の展開として捉えようとする姿勢である。そのような人間学的宗教の概要は以下の通りである。

ミュラーの想定によれば、人間はみずからの内なる「無限なるもの」をまずはじめに「霊魂」(soul) に見出したという。そのプロセスは全くの消去法 (a mere process of subtraction) に拠っていて、物事を感じ、考え、語り、行動する身体をもつ人間がいたが、それが突然棍棒で殴られ、体力が弱まり、そして死んで、腐敗し、最後に土と化した、と想定する (*Ibid.*, p. 281)。ところが身体の中にあって感じたり、考えたりする作用者 (agent) も、身体のこのような変化とともに土になったという証拠は見つけられない。そこで自然の帰結として、その作用者は身体から離れ去っていき、どこかで何らかの仕方で生き続けている、と信ずるようになる (*Ibid.*)。次いで死者に対する感情反応が生まれ、これが各種の死者儀礼を作り出す。生前に尊敬されていた人物は愛着の対象となり、憎まれていた人は恐怖の対象とされる (*Ibid.*, pp. 282–283)。前者は祖先祭祀へと発展し、後者は死者を宥和する儀礼 (propitiation) へと導いていく。祖先崇拝は、死者の霊魂の所在と状態に関して想像と思弁を促し、天上界や楽園あるいは地下世界や地獄といったイメージを描き、さらに因果応報の思想ならびに死後の幸不幸に関する説明神話を作り出す (*Ibid.*, p. 309)。

しかしミュラーによれば、霊魂をめぐる信仰はこれに尽きず、人間の内なる神的なものの崇拝にまで高まるという。古代のギリシャやローマの人々、それに古代のインドの人々も、祖先の霊に対してそれぞれ特別の名を与え、ほとんど神と同一視するまでになった。人間学的宗教の頂点は人間の神格化であったとミュラーは見ている。

ミュラーが構想する人類の宗教史はこれで終るのではない。「自然的宗教」は人間の外に「無限なるもの」を知覚すること、すなわち自然学的宗教から始まり、それを人間の内に見出すこと、すなわち人間学的宗教へと成長し、そして最後にこの両者の合一で完成する、というのが彼の宗教のいわば「理念史」である。この最後の段階の最初の具体的な事例として彼が指摘するのは、イエス・キリストの「神の子」の自覚である。イエスが神を「わが父」と呼び、それのみならず全人類の「父」と呼んだとき、そこには神と人との関係における根本的な変化が起こった、とミュラーは理解する。それによればユダヤ教の伝統においては人間に対して神の子であることを要求することは神に対する冒瀆以外の何ものでもなかった。また古代のギリシャの人々にとっては、神の子であることは、たとえばヘラクレスの子のように、神話的な奇跡の出来事を意味していた（*Ibid.*, p. 380）。これに対してイエスが言った「神の子」は人間の自覚を表していた、とミュラーは解釈する。言い換えればそれは人間の本性の現れであると見る。たとえば羊飼いに育てられた人物が、自分が或る王の子であることを知るや否や、その人の王子となる。これと全く同じように、「神の子」の自覚は、その自覚に先立って、神が自分の「父」であることの発見がなければならない。奇跡が羊飼いの少年を王子に変えるのではない。それはもっぱら「知る」ことによって起こる。かくて「知ることはここでは在ることであり、在ることは知ることである」（To know is here to be, to be is to know）（*Ibid.*, p. 381）。つまりキリストをキリストたらしめたのは、まさしく「自己認識」（self-knowledge）であると言うのであるが、これはむしろミュラー自身の信条を表明したものであろう。いずれにしても人間精神に根ざす自然的宗教における人間の内なる「無限なるもの」の発見は、このように人間の本性へと導いていかなければならない、というのが彼の主張と言えるであろう。このことを比較宗教の主題とした著書が『神智学ないし心理学的宗教』（Müller 1893[1975]）である。その具体的な諸形態としてインドのウパニシャッド、ヴェーダーンタ、イスラーム・スーフィズムおよびキリスト教の神秘主義などが考察されており、要は外なる神性と内なる神性ないし霊性との合一を根幹とする宗教であり、「神秘主義」と称されているタイプが、ミュラーにあっては「心理学的宗教」と考えられている。

ミュラーの宗教学の中に人間学的な問題意識が認められることを考察することが差し当たっての課題であるので、この点からこれまでの論述を整理し、問題点を指摘して締め括りとしたい。まずはじめに彼が「自然的宗教」という概念を立てて、その歴史的な成長を人類の宗教史に見立て、それを「自然学的宗教」、「人間学的宗教」および「心理学的宗教」という三つの段階で捉えようとしたのは、やはりヘーゲルの影響によるものであることを認めないわけにはいかない。ヘーゲルの「自然宗教」、「精神的宗教」および「絶対的宗教」という三段階説がまず連想されるし、さらにその展開の内容から見ても、「無限なるもの」が自然の中に知覚される段階から人間の内に知覚される段階へ、そして両者の合一の段階に至る過程も、ヘーゲルの「精神」の「現象」のそれに対応していると見なしてもあながち無理ではないであろう。ここには人間の精神もしくは精神的能力が発展するあるいは自己展開するという人間学的な共通の見方がある。これは彼らの思想を生み出した歴史的および社会的な環境とも深い関連をもち、一九世紀の思想、とくに人間観の問題と絡めて改めて考察されて然るべきだと思われる。

このようにミュラーの宗教学がヘーゲルの影響下にあったと推察されるとしても、人間における「宗教」の意義もしくは位置に関しては、両者が一致した見解をもっているとは言えないであろう。

ヘーゲルにとって宗教は、繰り返して言えば精神の現象の一つの形式あるいは形態を意味するに過ぎないばかりか、彼の哲学至上主義からすれば宗教は最高の位置を占めるものとは見なされていない。これに引き換えミュラーは「宗教」に人間の最高の能力の発揮を見ようとしていた。「宗教は神聖な主題である。最も完全な形のものにせよ、最も不完全な形のものにせよ、宗教はわれわれの最高の尊敬を要求する権利をもっている」(Müller 1873[1909]: 4)と彼は断言しているのである。彼はまた宗教的な共同体を人類の最高の国家と夢見ていた節もある。すなわち『ドイツの工房からの切り屑』(Müller 1867[1914])には、みずからの専門分野であった言語学の比較研究を引き合いに出しながら、宗教学の研究方法について述べた次のような言葉を見ることができるのである。「[……]「宗教学」(the Science of Religion)についても同じことが言える。適切な分業によって不足している材料が収集され、出版され、翻訳された暁でも、人類の諸宗教を貫いている目的が発見されるまでは、また世界の果てまでも広い基盤をもつ真の「神の国」(Civitas Dei)が建設されるまでは、研究者はきっと安らぎを得ないだろう。宗教学は、人間が仕上げていくべく運命づけられた学問の最後のものであるかもしれない。しかしそれが仕上げられたときには、世界の様相を一変させるとともに、キリスト教自体にも新しい生命を与えることになるであろう」(*Ibid.*, I, p. xix)。ミュラーが描く学問体系においては「宗教学」こそがその頂点を占めるべきものとされていたのである。

それではミュラーが「宗教」を本質的に特徴づけるものと見なした「無限なるものの知覚」という定義には全く問題がないのであろうか。言い換えれば「無限なるもの」がなぜほかならぬ「宗教性」をもつと言えるのか。彼によると「無限なるもの」は「有限なるもの」の認識に必然的に伴っているという。たとえば水平線の認識は、その彼方にあるものを同時に指し示しているという。しかしながらその「彼方にあるもの」は実は認識の限界を示すものであって、たとえば目に見えないとか、手で触れることができないという事柄を示すに過ぎない。これはあくまでも自然的認識の範囲内の事柄であって、与えられた条件のもとでは認識できない事柄を示すだけである。仮に船に乗って水平線に向かって進んでいけば、「彼方にあるもの」を認識することができるかもしれない。つまりミュラーの言う「無限なるもの」は自然的認識にとっての限界概念であって、それ自体が固有の性質、当面の関心事から言えば、「宗教的」な性質をもつものではないと言わざるを得ない。「無限なるものの知覚」だけで「宗教性」を根拠づけることはできないであろう。イギリスの宣教師R・H・コドリントンがメラネシアの人々が信じている「マナ」(mana)についてミュラーに送った手紙が公表され、一八七八年に彼によってそれが「無限なるものを表すメラネシアの呼び方」として紹介された。ファン・デル・レーウは、コドリントン自身はミュラーとは別の理解をもっていたとして次の言葉をみずからの著書に引いている。「それは力もしくは作用(Einwirkung)であり、自然的なものではなく、或る意味では超自然的である」(Leeuw 1933[1955]: S. 4. ドイツ語表記で引用)。ミュラーがいわゆる「事象そのもの」への姿勢を欠いていたこと、マナのもつ宗教的な特徴、すなわち「超自然性」を見逃していたことを難じたものであるが、まさに「事象そのもの」に着目して、そこから固有に「宗教的なもの」を種別化しようとしたのはオットーであった。ファン・デル・レーウによるミュラー批判を契機として、オットーの宗教学とその人間学的な側面を次章で考察することにしたい。

第二章　オットーの宗教学における人間学的理解

第一節　オットーの宗教学の現象学的評価

ルードルフ・オットー（Rudolf Otto、一八六九―一九三七）はみずから表立って「現象学者」を名乗ることはなかった。それのみか先に触れたように（第一章注3参照）、彼が「現象学的」（fänomenologisch）という語を使う場合には、むしろ宗教研究の消極的な立場を示してさえいる。すなわち彼は宗教研究の立場を、宗教を「現象」（Fänomen）と見なし、ただそれとしてのみもしくは外側から研究するもの、さらに言えば宗教を「それ自身は宗教的ではないカテゴリーでもって考察する」方法と、「宗教自身をそれに即して考察する方法で、宗教自身に関して宗教自身に由来するカテゴリーを適用する」ものとに区分し、前者を「現象学的」もしくは「宗教学的」（religionskundlich）な方法と呼び、後者を「神学的」（theologisch）な方法と名づけている（Otto 1932: 58）。オットーが「現象学的」な方法として念頭に置いていたのは、ドイツの敬虔主義のヘルンフート派に属していた一八世紀の思想家ニコラウス・ルートヴィヒ・フォン・ツィンツェンドルフ（N. L. von Zinzendorf）が「宗教の存在様式についての自然思想」（“Naturelle Gedanken vom Religions-Wesen”）という論文で扱った宗教論で、教義学や神学に携わるのではなくして、「宗教の存在様式」についての理論、すなわち宗教、その根本本質、その諸現象（Äußerungen）、素地（Anstalten）および歴史のもとでの宗教に関する理論を推し進めるものであり、「われわれなら「宗教の現象学」（Fänomenologie der Religion）とでも言うような」ものを指している（*Ibid.*, S. 5）。これによる限り、それは宗教に関する一般的な記述的な考察であり、のちの或るスタイルの「宗教現象学」の手法と重なり合うようなものと言うことができる。

しかしながらオットーの意思とは関わりなく、彼が「神学的」と名づけたものをいわゆる「現象学的方法」と解釈し、宗教現象学の先駆者の一人としての功績を強調する宗教学者が少なくない。これにはおそらくドイツの哲学者マックス・シェーラーの影響が大きかったと推測される。すなわち彼がオットーの「聖なるもの」の概念に関して次のような評価を与えたことである。「オットーは〔……〕聖なるものの本質規定（Wesensbestimmung）のために現象学的な出発をした」（Scheler 1954: 141）、「オットーはその著書『聖なるもの』において、彼によって「合理的」という言い方で括られる神的なものの属性のほかに、「非合理的」余剰として聖なるものに具わっているものの多様な契機を区別している。オットーはこの契機に特別のラテン語の呼び名を付けて、それと類似の、しかし宗教以外の価値から際立たせようとした。〔……〕私はオットーの宗教的認識論〔……〕には付いていけないが、彼の書物の純粋に記述的な部分における試み、すなわち聖なるもの——それはあらゆる宗教およびどの宗教の対象をも規定しているものである——の価値の様相（Wertmodalität）の最も重要な性質を、現象学の本質論のやり方で示そうとした最初の真面目な試みをば歓迎したい」（*Ibid.*, S. 166）。さらにシェーラーは、オットーが「聖なるもの」という宗教的なカテゴリーは特殊なもの（sui generis）で、厳密な意味では定義することができず、ただそれに類似するものや対照的なものを示唆することができるだけであり、最終的にはそれぞれの人がみずからの「霊から」（aus dem Geiste）目覚めさせるほかないものである（Otto 1917[1936]: 7）と述べた点に注目して、それは「現象学的な本質直観」（die phänomenologische Wesensschau）へと導くやり方だと高く評価した。シェーラーの理解によれば、「指し示すべき（「証明すべき」）現象を類似のものや対照的なもの〔と〕、さまざまな程度の感得を用いて（in fühlbar abgestufter Weise）〔比較しつつ〕、次々に皮を剥いでいくこの（多分に否定的な）方法と、その結果現象の中身を抉り出すこと（Herausschalung）、そして最終的に抉り出された現象を精神の眼の前に晒すこと（Hinsetzen）、これこそが現象学的本質直観へと通じる道である」（〔 〕は引用者の補足）という（*Ibid.*, S. 167）。ドイツの宗教学者ヨアヒム・ワッハはオットーに対するシェーラーのこのような評価を肯定的に理解している（Wach 1958: 24）。ついでながらそのワッハはオットーの影響を受けた研究者の一人であるが、オットーの宗教研究の特色について次のような指摘をしている。オットーがフォイエルバッハやフロイトあるいはマルキストたちに共通する心理学主義的な宗教研究を攻撃したのは、同じ頃にフッサールが『論理学研究』において、またオーストリアの「価値哲学者」も、さらにのちにシェーラーもカント批判を通じて行ったことと軌を一にしており、何よりもオットーは「聖なるもの」の客観的な価値もしくは宗教の意味（meaning）を追究しようとした（Wach 1951: 217, 220）。このような評価は、シェーラーの価値論と結びつけてオットーの「聖なるもの」を理解しようとするもので（Wach 1958: 24）、必ずしも後者の意図に沿ったものとは見なし難いが、ワッハにとってオットーはシェーラー、J・ヘリングおよびファン・デル・レーウと並ぶ宗教現象学の開拓者であった（*Ibid.*）。

第一章においてフリードリヒ・マックス・ミュラーの宗教学を「宗教現象学」の枠組に入れる際に参考にした『ティーレ―ゼーダーブロームの宗教史概論』でもオットーの『聖なるもの』を同じく「宗教の現象学」の参考書として載せており、ファン・デル・レーウがみずからの著書において宗教現象学の展開を述べた箇所に、ほかの研究者の間にオットーの名前を加えているのも、たぶん同じような理解に基づいたものであろう（Leeuw 1933[1955]: 792）。ただしオットーが宗教の「内なるもの」へと目を向けたことにも注意を促している（Leeuw 1938: 71）。またゲオ・ウィデングレンが、オットーが「宗教的現象のもとで本質的なものを求める」際に、ラテン語による表現を好んで用いたと述べているのも（Widengren 1974: 260）、おそらくは哲学的現象学の用語を念頭に置いているものと思われ、無視することができない。

改めて断るまでもなく、ここでオットーを宗教現象学者として理解しようとするのは、宗教学の学説史における「宗教現象学」の範囲内でのことであって、オットーの宗教学の方法が現象学の名に値するか否かを決定したり、その長所短所を批判的に論じることが目的ではない。方法論を厳密に問題にする立場からは、オットーに対して批判的な見方も出されている。たとえばシェーラーは、先に見たようにオットーの「聖なるもの」についての記述的部分を現象学的であると評価する反面、

「聖なるもの」を宗教的な対象の規定と見るのではなく、ア・プリオリな感情（Gefühl）の能力と見なして、カントの流れを汲む認識論的主観主義の立場でそれを根拠づけようとしたとしてオットーを批判した。

この点に関して留意したいのは、両者が共通の問題意識を抱きながらも、その解決の仕方に相違があったということである。シェーラーは、表向きは現象学の立場から、しかしその裏では当時の彼自身のカトリシズムの立場から、宗教哲学の根本問題を「神的なるものの本質存在論」（Wesens-ontologie des Göttlichen）と捉えていた。彼は現象学の立場から、宗教的な「事象」とは「宗教的作用」（religiöser Akt）におけるノエマとノエシスの本質連関において成立するという見方に立ち、たとえば信じる、祈るなどの宗教的作用においてノエマとして、言い換えれば「宗教」に固有の志向的対象として「啓示する」ものを「神的なるもの」と了解し、その固有の本質的属性を「自立的存在」（ens a se）、「働き」（Wirksamkeit）および「聖なる」価値性質とした。そしてこのような「神的なるもの」、したがって「世界超越的なもの」によってのみ充足される場合にはじめて、信じるとか祈るあるいは懺悔するといった作用は「宗教的」になるとされている。要するにシェーラーにとって、現象学的宗教哲学は「神」の存在を確証するとともに、神の人格性を志向的意味として明らかにするものであった。シェーラーが構想した「自然的宗教」（die natürliche Religion）とはこのような「宗教的作用」とその志向的対象である「神的なるもの・聖なるもの」との本質連関に基づくものであった（Scheler 1954: 157 ff. 159）。

これに対してオットーの関心は、表向きは比較宗教学者として、その裏ではプロテスタント神学者の立場から、諸宗教の共通の基盤を「宗教的な感情」に求め、宗教を内面的な確信に基づけようとした。のちに述べるように、彼は「神」をみずからが命名した「ヌミノーゼの感情」（das Gefühl des Numinosen）という非合理的な経験において感じとられる「聖なるもの」として捉え直し、そこから非合理的な宗教的感情こそが「宗教」の根本要素だという確信を得た。彼が述懐するところによれば、このような着眼を得たのはすでに主著の『聖なるもの』よりもずっと以前のマルティン・ルターに関する最初の著作においてであったという（Otto 1917[1936]: 123, Anmerkung 1）。彼が一九一二年に日本に立ち寄った際に行った講演「東と西の宗教の展開における並行」において、「共通の宗教的感情」（common religious feeling）に言及することができたのはその結果であり（The Asiastic Society of Japan 1912: 154）[1]、それはやがて主著となった『聖なるもの』で詳しく扱われ、諸宗教の比較のための基礎と見なされて、多くの研究者に歓迎され且つ利用された。オットーはシェーラーとは異なり、自然的宗教における「神的なるもの」の啓示を措定して、直接的に神を神として認識することを断念し、宗教的感情という内なる証言を拠所にしてあるいは回路として「神」の存在の証としようとした。しかし彼が主著において、「ヌミノーゼなもの自体はまさしく非合理的である、言い換えれば概念においては解明されないものであるから、それを体験する心情の中にそれが呼び起こす特殊な感情反応（Gefühls-reaktion）を通じてのみ示唆されるほかない」（*Ibid.*, S. 13）と述べるとき、実はオットーもまたシェーラーと同様に、ヌミノーゼの客観的存在を前提し、さらに言えばドイツの哲学者・神学者フリートリヒ・ダニエル・シュライエルマッハー（一七六八―一八三四）に対する批判を通して（*Ibid.*, 9, SS. 10-11, 23）、シェーラーの言う「神的なるもの」の啓示と同じように、「ヌミノーゼなものは、人間の心情をかくかくしかじかの特定の感情でもって捉え、動かすようなものである」（*Ibid.*, S. 13）として、それからの働きかけを宗教的感情が生ずる根拠と捉えたのである。もちろんオットーはシェーラーのように、これを志向的な関係として捉える現象学的な立場を採らず、のちに述べるように認識論の立場からア・プリオリな認識の能力としての「感情」の特殊な働きに「聖なるもの・ヌミノーゼ」の存在を根拠づけようとした。しかしその一方で彼はまた「sensus numinis（ヌーメン感覚）」という概念によって、もっぱらヌミノーゼなものを感じとる原初的（primär）且つ原生的（roh）な感覚作用を想定していて、とくに『聖なるもの』以後の諸論文においてこの概念を多用している。もしもヌーメン感覚をもっぱらヌミノーゼを志向的対象とする「作用」（Akt）として理解する道が開かれるならば、この問題に関して新しい局面が見出されるかもしれない。第四節で改めて言及したい。

ついでに言えば二人はまた世界の平和に貢献する宗教の役割についても似たような思想を抱いていたように思われる。オットーは「宗教人類同盟」（das religiöse Menschheitsbund）を計画して、諸宗教の代表者の会合による地球規模の問題の解決をもくろんだ（Otto 1981: 230; Otto 1925: 2122–2123）[2]。一方シェーラーは第一次大戦後の世界平和のために「自然的宗教」という思想が必要だと主張した。著書『人間における永遠なるもの』の再版の序文において、彼が独自に理解したこの思想で強調したのは、神の自然的認識、つまり特殊宗教的な啓示に基づかない神の認識であり、これが諸宗教および諸宗派の理解と和解の基礎となるというのが彼の信念であった（Scheler 1954）。この点において彼はオットーに対してライヴァル意識をもっていたのではないか。

シェーラーとの比較にこだわり過ぎたが、人間学との関連から見るならば、自然的宗教論を「人間」の側から、もっと言えば「宗教的作用」およびその主体としての人間の側から詳しく考察すべきことを主張し、みずからもそれを約束しながら、結局は果たすことができずに急逝したシェーラーよりも、宗教的感情を人間のア・プリオリな能力と見なし、そこから「宗教」そのものの領域を確保し、また宗教の「歴史」を組織的に把握する「並行の法則」(das Gesetz der Parallelen)を導き出し(Otto 1923b: 243)[3]、また神秘主義やその他の宗教現象の比較をも試みたオットーに見るべきものがあると判断される。もっとも啓示に拠らない神の認識の可能性を認めた点ではシェーラーもまた、或る意味での人間学的な見方を抱いていたと言えるかもしれない。

最後にオットーの宗教学を積極的に人間学的に評価したファン・デル・レーウの言葉を引いておく。これはオットーの死を追悼したドイツの神学・教会雑誌の特集号に寄稿された論文、「ルードルフ・オットーと宗教史」に見られるもので、「オットーの宗教心理学的研究の意義は、ときには古い点もあるその方法にあるのではなく、宗教的実存の根底を露わにし、それを実存一般として理解させる、その感受性の強さにこそある。彼は宗教を「人間」の関心事としてわれわれに浮かび上がらせた。彼は正真正銘の人間学者であったが、時として彼に浴びせられた心理主義という批難ほど不当なものはない」(Leeuw 1938. 引用は Lanczkowski 1974: 80 による)と書き記されている。

第二節　宗教的経験の特質およびその可能的根拠

オットーの名を一躍世に高め、その業績を不朽のものにした観のある主著『聖なるもの　神的なものの観念における非合理的なもの、および合理的なものとそれとの関係について』（本書では一九三六年版を使用する）は、まさしくその書名が示すように、宗教の最も核心部分をなすものを「聖なるもの」（das Heilige）という概念によって提示し、この概念によってほかにない宗教の独自性を強調したものであった。宗教の研究者に普く知られているこの概念については改めて説明する必要はないであろうが、当面の論議に必要な点のみを確認しておきたい。オットーはこの著書において、シュライエルマッハーの宗教論に共鳴しながら、「宗教」を人間の精神の一つの「領域」（Gebiet）（*Ibid.*, S. 4）と見なし、その特徴を「或るものを「聖なる」（heilig）として認識するもしくは承認する独特の評価（Bewertung）」（*Ibid.*, S. 5）と理解する。ただしその評価の内実をなすものは合理的な、言い換えれば概念的な述語による表現の及ばぬ、それが拒まれている「非合理的なもの」（das Irrationale）であり、ただもっぱら「体験する心情」（ein erlebendes Gemüt）に呼び起こされる「感情の反応」（Gefühls-reaktion）によって示唆されるにとどまると見なす（*Ibid*, S. 13）。要するにオットーによれば「宗教」とは「或るもの」を非合理的なものとして体験することである。この非合理的なものを表す独特のカテゴリーを彼は「聖なる」と呼び、これをもって宗教に特有の非合理性を表そうとするのであるが、その際にさらに慎重な手続きを採る。まず「聖なる」という語がすでに哲学や倫理学ならびに神学において使用されている事実に鑑み、これらの用法から切り離し、とりわけ倫理的な要素、それのみならずそもそも合理的な要素そのものをそれから「差し引いた」(minus)「余剰」(Überschuß) のみを表すという限定を設ける。さらに「heilig」という語の本来の意味が、セム語の qadosch (原著の表記) やギリシャ語の hagios (同上)、ラテン語の sanctus および sacer と同様に、道徳的なものとは関係のないことを指摘した上で、これらの語がもっぱら示唆している内実を表現するために、さらに神性とか神霊などといった意味のラテン語の numen から新しく「numinos」という語を作り出し、これをもって「聖なる」という語が本来表そうとする事柄をより鮮明に且つ専一的に浮き上がらせようとした (*Ibid.*, SS. 5-6)。こうして「聖なるもの」の非合理的な余剰を本質的に示す概念として「ヌミノーゼ」(das Numinose)(4) という語がオットーの中心用語となるばかりではなく、広く宗教学者の間で使用されるようになるのであるが、この用語規定に関して注意したいのは、「余剰」という言い方は「合理的なもの」一般の側からのアプローチから出てくるものであって、ヌミノーゼそのものはむしろつねに合理的な要素の彼方にあるものとして想定されているのではないか、あるいはヌミノーゼの概念が包括する外延はいつでも合理的な述語のそれよりも大きいのではないか、ということである。この点はヌミノーゼの存在論に関わることであるが、オットーはヌミノーゼとして体験されるものが「私の外にある対象」(ein Objekt *außer mir*) (*Ibid.*, S. 11) だと見なしており、のちに触れるようにこの本が版を重ねる度ごとに、さらに他の論文においても、ヌミノーゼの客観的実在性を強調しているのである。(5) それは直接には、先にシェーラーによる批判に見られたように、認識論的主観主義の限界、そしてそれと上述のヌミノーゼの感情の客観性との理論的な齟齬を克服しようとする努力ではあったが、これを「神的なもの」の存在論もしくは存在証明の脈絡においてではなく、「神的なもの」と関わる人間の在り方に即して見るという可能性もあると考えられる。とりわけ人間学的な関心に引き寄せて理解しようとする場合には、のちの第三節で改めて考察するように、たとえば「畏怖」（Scheu）の体験において顕在化する人間の根源的な不安を通じて、ヌミノーゼが合理的なものからの「余剰」として認識され、判断される以前に、mysterium tremendum（戦慄すべき秘義）、すなわち恐るべきもの（das Schauervolle）として接近を拒否し、圧倒的に優越していて（übermächtig）、エネルギッシュなもの（das Energische）、そして度量を超えた途方もなく大きなもの（das Ungeheuere）として直接的に体験され、その反射として人間に被造物感（Kreaturgefühl）、言い換えれば自己の空しさあるいは無価値の感情を呼び起こすという経験（*Ibid.*, SS. 10, 24-28, 53）が重要な意味をもってくる。ここには宗教における人間の自己理解の問題が伏在しており、延いては人間存在の根本的な位層および位相に関わる問題としても展開され得ると思われ、改めて考察することにしたい。

オットーは「聖なるもの・ヌミノーゼ」というカテゴリーを用いて宗教的な「評価」（Bewertung）の特徴を表そうとしたが、差し当たり彼がこの評価を人間に固有の独自な能力に基づくと考えた点を手がかりにして、人間学的な問題への通路を開いていくことにする。すでに指摘したように、宗教的な評価はほかのいかなるものからも導き出されず、またそれには還元できない宗教独自のものとされるが、それは「或るものを聖なる」と認識もしくは承認することであり、これはもっぱら「感情」(Gefühl) によってのみ可能になるとされた。オットーにとって「宗教」を理解し、論じる際のキー・ワードがこの「感情」という概念である。言語による把握も表現も行き届かぬヌミノーゼはただひたすら「感情反応」に映ってくるものとして、あるいはその限りにおいて本来的に理解されるというのがオットーの見方である。したがってここで用いられる「感情」という術語は「単なる主観的な気分」(eine bloße subjektive Befindlichkeit) ではなくして、「或るおぼろげな表象内容 (ein dunkler Vorstellungsinhalt) を有する」(Otto 1932: 2) とされている。つまり感情はヌミノーゼのおぼろげな表象内容を把握する認識の能力と考えられている。別のところでは、それは「理性そのものの作用 (Akt) であり、「悟性」(Verstand) による認識の仕方、言い換えれば概念や定義、論理的分析や理論〔……〕などの形をとる反省的・弁証法的認識とは区別される」(*Ibid*., S. 327) と規定されている。このような意味での「感情」の概念に関するオットーの説明や哲学的な裏づけ、とりわけイマヌエル・カントとヤーコプ・フリートリヒ・フリースの認識論の立場に依拠したそれは、厳密な哲学的な観点から多くの、しかも厳しい批判が浴びせられてきた。

しかし目下の主たる関心はオットーの認識論的な立場そのものの是非や当否を論議することではなくして、彼が「宗教」を「聖なるもの・ヌミノーゼ」の経験と捉え、これを成り立たせるア・プリオリな条件として「感情」を重要視し、そのようなものとしての感情の、いわば権利問題をカント＝フリースの立場に基づいて追究したことに着目して、それによってオットーが宗教を人間の精神生活の内にどのように根拠づけようとしたか、またそれによって彼は人間の人間性をどのように理解しようとしたか、を究明することである。したがってここでは差し当たり、オットーが宗教に関して「ア・プリオリ」なものを主張したことが中心の問題となる。

オットーが宗教独自のカテゴリーである「聖なるもの」を「霊から」(aus dem Geiste) 目覚めさせられるものと見なしたこと、そしてシェーラーがこれをみずからの現象学に引きつけ、それに高い評価を与えたことは先に触れたが、オットーがみずからの研究方法を「神学的」と称し、その特徴を宗教を宗教から理解することとしたのも、実はこのような「聖なるもの」の所在の理解に基づくものであった。その際「内から」の理解は、それを可能にする何らかの内在的な根拠を前提としなければならない。「内から」と言い得るためには、「霊」のもとにあらかじめ「宗教的なもの」が、つまり「聖なるもの」が具わっていると見なければならない。そのことをオットーはプラトンの言葉を借りて「聖なるものの想起」(Anamnesis des Heiligen selber)(Otto 1917[1936]: 172) と表現する。そしてこの見方はまた彼が再三にわたり「宗教はそれ自身とともに始まる」と言う場合の根拠でもあり、さらに付け加えれば、彼が宗教の歴史に見られる諸現象の並行性 (Parallelismus) を認める際の理論的な基盤でもある。それは一体どのような根拠に基づいて主張されているのか。

オットーにとって「宗教」の核心部分は「聖なるもの」の体験であり、その固有の体験内実は非合理的なヌミノーゼなものの感情である。したがって彼が宗教を宗教から理解すると言うとき、それは宗教をこの感情から理解するということにほかならない。そこでこの「感情」をどのように捉えるかが人間における「宗教」の根拠を解明する際の最も重要な問題になる。このような問題意識は主著に先立って出版された『カントとフリースの宗教哲学およびその神学への応用』(Otto 1909) の中で、彼の「宗教研究」のプログラムの一環としてすでに提示されていた。それによれば宗教に関する学問は、(一) 純粋に宗教的なものを宗教意識の観察と分析によって明らかにする宗教心理学的方法、(二) その結果を宗教の歴史的な諸現象を比較することによって補強し、併せて宗教の歴史的な展開の法則を探る宗教史的方法、そして (三) このような宗教意識およびその歴史的な諸現象が人間性に必然的に根拠をもつことを論証する宗教哲学的方法から成ると計画されていた (Otto 1909[1921]: V, VII)。オットーによればこのプログラムは、シュライエルマッハーの宗教論における自己観察の方法によって宗教的意識の独自性を明らかにし、カントの理性批判の哲学によって「宗教および宗教的確信もしくは宗教的体験がどのように理性的精神のもとで発生する (entspringen) のか、その精神のどのような能力と素質からそれが出てくる (hervorgehen) のか」を探究するという手続きを採るという。そしてこの段階では「宗教的意識」(das religiöse Bewußtsein) とされていたものが、主著の『聖なるもの』では「宗教的感情」、つまりヌミノーゼの感情とされたわけであるから、この感情が人間精神のいかなる能力と素質から出てくるのかが、オットーの宗教哲学の根本問題となるとともに、人間学的な関心にとっても重要な問題になる。

すでに述べたようにオットーは非合理的なヌミノーゼの感情は一切の自然的感情とは質を異にしていることを強調したが、さらにこの感情がその内実が異質であるのみならず、その源泉もまた同じく余他一切の感情のそれとは異なると考え、それについて次のように述べている。「ヌミノーゼの感情[……]は他の感情からは派生せず、それから「進化」もせず、質的に特殊な独自の感情 (ein qualitativ eigenartiges originales Gefühl) であり、いわば根源感情 (Urgefühl) である。ただし「根源的」とは時間的な意味ではなく、原理的な意味である」(Otto 1917[1936]: 59–60)。オットーはこの「原理的な意味」での「根源」（Ur）を、カントの用語である「ア・プリオリ」の概念によって理解しようとする。「ヌミノーゼの諸要素およびそれに応答する感情は、〔……〕合理的な、完全な純粋理念や純粋感情と全く同様なのであって、カントが「純粋」概念や尊敬という「純粋」感情に対して示している特徴は、それらにも最も厳密に適用される」（*Ibid.*, S. 137）というところにそれが現れている。ここで言われている「特徴」が、言うまでもなく「ア・プリオリ」ということなのであるが、このオットーはこの語の説明が見られるカントの『純粋理性批判』の冒頭の有名な箇所を引いて、この説明は、感覚の印象によってわれわれが受け取るものと、この感覚的印象にただ促されて、高次の認識能力がそれに付け加えるものとを区別したものだと解釈し、ヌミノーゼの感情はまさしくこの場合の高次の能力と同じ類のものと見なすのである。オットーはそのことを次のように言い表している。「この感情は「魂の底」（Seelengrund）、すなわち魂そのものの最も深い認識の根底から破り出てくる。しかも疑いなく日常世界的あるいは感性的な出来事や経験による刺激や誘発に先立って、それなしに出てくるのではなく、それらの中で、またそれらの間で出てくるのである。しかもそれらからではなくして、ただそれらを通じて現れるのである」（*Ibid.*, S. 138）。さらにオットーは「魂の底」という概念に対しても認識論的な意味を与えて、それを「心情（Gemüt）そのものの中に感覚的経験から独立した表象ならびに感情の形成の隠れた自立的な源泉——すなわち最も深い意味での「純粋理性」」（*Ibid.*, S. 139）と定義するのである。しかも彼はこのようなカントの認識論に依存しながらも、みずからが考える「純粋理性」は、カントが言う純粋理論理性や純粋実践理性に比べて「より高いものあるいはより深いものとして区別されなければならない」（*Ibid.*）とさえ言うのである。このようなオットーの理解が、厳密な意味での認識論の観点から見て妥当であるかどうかをめぐっては議論があり、批判もある。とりわけオットーが「ア・プリオリ」の概念を心理学主義的あるいは生物学主義的に解釈し、カント以前の理解に戻したという点に批判が集中した。(6) これは、カントの認識論を心理学的あるいは人性論的（anthropologisch）に受け継ごうとしたフリースの哲学にオットーが依拠したことに由来するもので、これについてはのちに触れることにして、ここでは彼が哲学的理性よりももっと高次の且つ深遠な働きをする、言わば「宗教的理性」を考えていたことを指摘するにとどめたい。たとえばオットーがみずから用いる「感情」の概念を明確にするために補足の労をとり続ける中で、「超世界的なものの感情」と言う場合の感情を、「主観的な状態などではなくして、理性そのものの作用、すなわち悟性による認識の仕方から区別される認識の方法である」（Otto 1932: 327）と説明し、その例として「真理感情」（Wahrheitsgefühl）を挙げている（*Ibid.*）。

叙上のようにオットーが理解する「ア・プリオリ」の概念は、一切の経験に先立つという意味をもつ限りカントのそれと結びつくものの、それがまた人間が「素質」（Anlage）として具備する或る種の「能力」、すなわち「感情」もしくは「高次の理性」に添えられる限りではカントから離れていくことになる。そしてこれがまた目的論の観点から論じられるに至って、ますます両者の距離は大きくなっていく。しかしそこにオットーの宗教哲学の欠陥を指摘するのではなく、かえってその点にこそ彼の人間学的な側面が明らかになることに注目することが目下の課題である。

ところで先に「宗教はそれ自身とともに始まる」というオットーの言葉を挙げたが、これは単に宗教の歴史そのものについての命題であるにとどまらず、宗教が人間の精神の歴史に属するという前提のもとで言い出されたものでもある。彼の見るところでは、宗教を含む人間の精神世界の歴史を理解するためには目的論の視点が不可欠であるという。彼はそれを次のような言葉で述べている。「精神的なものにおいては、説明の根拠となる第一のものは、その素質、力および法則を具えた精神そのものであり、それは前提されなければならないのであって、そのものとしては説明され得ない。精神がどのようにして「作られる」か、は説明されないことである。〔……〕人類の歴史は人間とともに始まるのである。人類の歴史を人間から理解するためには、人間を前提する。その際に素質と能力から見てわれわれ自身と十分に相応する存在者としての人間を前提する」(Otto 1917[1936]: 139)。つまりオットーによれば、人間ははじめから人間として理解されなければならず、宗教もまたはじめから宗教として理解されなければならないというのである。ピテカントロプスははじめから「人間」そのものであり、そのもとで「宗教」も始まったのだ、というのがオットーの人間学的確信なのである(Otto 1932: 274)。「死せる物質のもとで意識をもつ生命がはじめて閃き出したということこそが、すでにして明らかにできない単純な事実である」(Otto 1917[1936]: 139)と見る彼は、そのようにして閃き出した人間の精神の世界はすでに「一定の適性をもった多様性」(eine qalifizierte Mannigfaltigkeit)であって、それは胚種(Keim)にも比すべき天分(Veranlagtheit)と理解されるべきであるという(*Ibid.*)。このようにしてオットーは「天分・素質」を宗教に結びつけて次のように述べるのである。「われわれはこの源泉を、刺激によって目覚め、活発になっていく人間の精神の隠れた素質と名づける。或るものにとっての素質は、それが高まった形になると、あらゆるものにとっての才能(Talent)となる。或るものにとっての「天分」(Veranlagung)としての素質はまた同時に、目的論的に決定されたものでもあり、体験や経験あるいは振る舞いを方向づけるア・プリオリでもある――つまり或るものへとア・プリオリに定位されていることである。宗教にとってもこの種の「天分」もしくは宗教への先行決定（Vorbestimmtheit）が存在していて、それが自発的に本能的な予感や欲求となり、休むことなき手探りや憧れとなり、言い換えれば宗教的な衝迫（Trieb）となり、そうしてそれはそれ自身について明確になり、みずからの目的を見出すときにはじめて、安らぐに至るということは、人間およびその性格の研究に真面目に携わっている人なら決して否定することができないであろう」（*Ibid.*, S. 140）。

また次のような記述もある。「人間の精神が、人間という類が歴史の中に登場する際に一緒に持ち込んだ素質は、人類にとって天分となり、一部は外部からの刺激により、一部は内部からの自己圧力によって衝迫、すなわち宗教的衝迫となった。そうしてそれは手探りの動きの中で、空想的な表象を求め、また形成しつつ、いつも前向きに理念を産出しながら、それ自身を明らかにしようとし、またそれ自身の発生源であったおぼろげな理念の根底（die dunkle Ideen-grundlage）の開展（Auswicklung）によって明らかにされていくのである。そしてこのような動きや表象の欲求や理念の産出や自己開展が、歴史における宗教の発展に対して経糸を与えるのである」（*Ibid.*, SS. 141–142）。オットーは人類の宗教の歴史を神の観念の形成に一元化して見るので、その「経糸」をこのように求めるのであるが、このような歴史観の問題については別に論じておいた。(7)

さらに彼はこのような「素質」の概念に対して認識論的な意義を与えるために、主著の改訂に際して以下のような補注を付けている。「「素質」とは、認識を獲得するための素地があること（veranlagt sein）であり、われわれの場合にはこの認識は何よりもまず「感情による認識」（gefühlsmäßige Erkenntnis）であり、「おぼろげで（dunkel）、明示されない認識」であり、したがって認識の獲得とは、そのような認識を最初に感情によって所有することをいう。この意味での「素質」は、みずからを明示していく認識の出発点もしくは「源泉」あるいは「理念の根底」ということになる。〔……〕この理念の根底も、それが感覚知覚から獲得されるものではなく、獲得され得るものでもなく、「感覚知覚的なもの」には全く還元されないという点で、ひとつの（感情による）ア・プリオリな認識である」（*Ibid.*, SS. 220–221）。

オットーのこのような考え方は、言うまでもなく宗教を自律的に発展するものと見なす立場に基づいているが、彼は同じことを道徳に関しても主張している。たとえば道徳的な「当為」（Sollen）の意識を、たびたび繰り返される「強制」の経験が慣習となり、そこから普遍的な「義務」としての「……すべし」が生まれたという説明を例として挙げて、これはあたかも長く置いたままの牛乳が酸味を帯びるような「変化」を見ているだけであって、当為が「完全に別の種類の根源的な表象内容」であることを見落としているという（*Ibid.*, SS. 58–59）。オットーにとっては道徳も宗教も「予定形成」（Praeformatio）という形の発展を遂げるものであって、「自己発展するものの特性は、胚芽の中にあらかじめ形成されている」（*Ibid.*, S. 223. Epigenesis の項の説明）という見方である。ここにはダーウィン流の進化主義に対するオットーの批判が込められている。[8]

このようなア・プリオリ主義に基づいて彼は宗教に固有のヌミノーゼの感情もまた同じ種類のもので、「「一つの心的な根源的構成分子（ein seelisches Urelement）」であって、あくまでもそれみずからの特性のもとで捉えられることを要求し、他のいかなる要素からも「説明される」ことのできないものである」(*Ibid.*, S. 151) と主張する。そしてこの感情も他の心の根源的構成分子と同じように、それは「人間の精神生活の発達の中で、時宜を得て現われる」が、そのためには「身体器官の発達、敏感さと自発性の能力、他の心的能力、一般の感情生活、内外のものに対する感受性と体験能力」といった条件が整う必要があるものの、しかしこれらはあくまでも「条件」であって、ヌミノーゼの感情の原因でも根源でもない、と彼は言う (*Ibid.*)。つまりカントのア・プリオリの定義に則って、ヌミノーゼの感情も他の感情に対する感受性や体験能力に先立っては現れず、これらとともに現れるが、しかしこれらから現れるわけではないと見るのである。オットーによればこの感情が生ずる契機となる類似の感情は、それ以上のものではないために、発展の途上において退けられるようになり、代わってヌミノーゼの感情そのものがみずからにふさわしい理念を求め、形成していくという。「聖なるもの」というカテゴリーはこのようなヌミノーゼの感情の自己目的的な展開の中で、非合理的な諸契機とそれを解釈するための記号的あるいは図式的な合理的契機、つまり合理的な概念とが結合して成立する複合したカテゴリーであり、その結合の程度は宗教の歴史における発達の度合いを表し (*Ibid.*, SS. 1-2)、最も高度な結合は必然的なものとなって、一方が示唆されると他方も連想されるほどのものになる、というのがオットーが描く人類の普遍的な宗教の歴史なのである。そしてこの観点からキリスト教はもとより、いわゆる有神論的宗教において神を表示する諸理念、たとえば精神、理性、意志、目的設定の意思、全能、本質的単一性、意識性 (*Ibid.*, S. 1) などは、ヌミノーゼの感情がその発展の中で求めた究極の解釈記号 (Deutungszeichen) と見なされている。因みに言えば、神の観念における非合理的な契機と合理的なそれとのこのような調和を宗教の健全さの尺度と見るオットーの立場（*Ibid.*, SS. 2, 170）は、神秘主義の理解においても貫かれており、ここに彼の人間理解の基調があるように思われる。彼は宗教における非合理的な諸要素ならびにそれと結びつく感情を重視するけれども、しかしそれに対する過度の偏重や狂信（Fanatismus）や神秘狂（Mystizismus）をば認めないのである（*Ibid.*, S. 170）。

以上のようにオットーは「ヌミノーゼの感情」として規定される宗教的経験の可能的根拠を「感情」という能力に見ようとするので、この概念がとりわけ重要なものなる。これについて節を改めて考察することにしたい。

第三節 「感情」の概念とその問題点

オットーが「感情」に対してこのような重要な意義を与えたのは、先述のようにカント哲学の独自な継承と展開を試みたフリースの哲学にみずからの理論的な拠所を求めた結果であるので、この点についてまず概略言及しておく必要があるであろう(9)。オットーにとってのフリースの哲学の特色あるいは魅力は、人間の認識を「知」（Wissen）と「信」（Glauben）および「予感」（Ahnen）に区分した上で、それらの体系的な関係を論じた点である。もちろんこの区分はカントの悟性と理性および判断力のそれに基づいているが、フリースはこれを認識の重層構造として捉え直した。その要所はカテゴリー論にあり、カテゴリーが空間と時間の制約のもとで、感覚知覚に適用されて成り立つ「自然的認識」、つまり「知」もしくは悟性的認識、次にカテゴリーが空間・時間の制約なしに直接に「物自体」(Ding an sich)に適用されて成り立つ「理念的認識」、つまり「信」もしくは理性的・形而上学的認識――これは感覚知覚による裏づけがないために「信」と見なされる――、そしてこの両者を媒介して、時間・空間の直観形式のもとで成立する有限なる悟性的認識の背後に永遠なる理念的認識を「感じる」「美的・宗教的経験」、つまり「予感」もしくは感情的認識の三層構造に人間の認識の統一性を認めようとする。フリースはこれによって、カントにおける「現象」(Erscheinung)は「物自体」のそれとして客観的な実在性を獲得すると論定する。すなわち「現象」とは悟性による物自体の制約された認識にほかならず、物自体は形而上学的理念であるが、それは感情の「予感」の働きに拠って、あたかも霧を通して風景が見えるように「感じられる」実在とされるのである。この場合に鍵になるのは、カテゴリーが直観形式の制約なしに適用されると見ることで、フリースはこれを「直接的・無媒介的認識」(die unmittelbare Erkenntnis)と名づけ、たとえば「二点間の最短距離は直線である」という幾何学の命題も、経験的証明を俟たずに得られるア・プリオリな真理であり、しかも日常の生活の中で理性がこの認識をすでに用いているという「人性論的」(anthropologisch)な事実を指摘する。フリースにとって「ア・プリオリ」とは、人間の自己省察(Selbstbesinnung)によって自覚化される隠れた真理感情(Wahrheitsgefühl)の働きであり、この自己省察の体系的な方法を彼が「哲学的人性論」(die philosophische Anthropologie)と名づけて、カントのア・プリオリ論に心理学的な解釈を施したことは周知の哲学史の事実である。

オットーがフリースに関心を抱いたのはみずからの神学研究の過程で、シュライエルマッハーの宗教論に惹かれ、[10]「感情」や「直観」（Anschauung）といった概念を方法論に取り込む試みを行っていた段階でのことであったが、やがて「聖なるもの」の概念によって「宗教」そのものの本質的な特質に関する考察を進める中で、改めて先駆者たちの概念や方法を見直す作業を行わざるを得なくなった。その際にフリースのカテゴリー論をヌミノーゼの非合理的な部分を合理的な概念によって図式化することに応用し、合理的な概念を図式（Schema）としてあるいは自然的な感情経験を手引きにして、非合理的で超世界的な（überweltlich）ヌミノーゼを直接に受け取る「感情」が働くという構想を練り上げていくこととなり、そこにフリースの「予感」およびシュライエルマッハーの「直観」の概念が結びつけられることになった。そのあたりの事情についてオットーは後者を引き合いに出して次のように書いている。「シュライエルマッハーはこういう表現には反対しているものの、それ〔直観〕自体は「認識」と呼ばれてよい。もちろん直覚的・感情的な種類の認識としてのもので、反省的な種類のものではない。しかしその内容は、時間的なものの中でもしくはそれに即して、透けて見える永遠なるものが把握され、また経験的なものの中でもしくはそれに即して、事物の超経験的な根拠と意味が把握されるということである。つまりこの直観は、秘密を孕み・予感に満ちたものを気分で分からせること（Anmutung）である。シュライエルマッハー自身がときに直観と感情という彼の主要概念に代えて「予感」（Ahnung）という表現を用いている」（Otto 1917[1936]: 176）。

このような構想のもとでオットーはヌミノーゼの感情を「それ自体疑いなくまずもって、直接に私の外部にある或る客体に関わる感情要素」（*Ibid.*, S. 11）として、それが客体（Objekt）に関わるものという見方を打ち出した。それのみならず、ほかの著書でも繰り返してこのことを強調している。たとえば『西と東の神秘主義』の末尾には「感情」という補注がつけられており（Otto 1920: 383 ff.）、その説明の主旨は、感情は客体と結びついている（Objekt-bezogen）という感情の特性を指摘することである。これもまたシュライエルマッハーの「宇宙の直観と感情」という宗教の定義に寄せてなされたもので、宇宙が客体と見立てられている（*Ibid.*, S. 384）。言うまでもなくこの解釈は、ヌミノーゼの感情は「ヌミノーゼ」という客体に関わっている感情であることを裏づけるためのものである。言い換えれば「聖なるもの・ヌミノーゼ」はただ感情によってのみ把握され得るが、そのようにして把握される当のものは客観的実在性を有するということを主張するためのものであり、見方によっては神の存在の証明という意義を与えられたものと言うことができる。しかし人間学の問題としては、神の実在性の証明、すなわち神学固有の問題ではなくして、「感情」が人間の精神的作用として、広い意味での認識あるいは経験ないし理解にどれだけ妥当で確かな寄与をなし得るか、ということこそが重要でなければならない。この点からすると論文集『超世界的なるものの感情』に付けられた、ゲーテの用語とその理解を考察した「感情」に関する比較的長い補注（Otto 1932: SS. 327-333）のほうが、差し当たり吟味に値すると思われる。

オットーはその補注の冒頭で、「ヌミノーゼの感情」における「感情」は「語の古い、伝統的な語法」に従うものではあるが、しかし今日でも「真理感情」を話題にする際には、そのような意味の感情のことが念頭に置かれていると述べて、宗教的感情を感情一般から理解することができるという見方を示している。その際に彼が主張するのは、先にも触れたように感情を「主観的な状態」

（subjektive Zuständlichkeit）とは見なさず、「理性そのものの一つの作用、認識の一つの仕方」（*Ibid.*, S. 327）と理解することである。この種の認識は悟性によるものとは異なり、反省的・弁証法的な認識ではなく、概念や定義あるいは分析および理論化などによるものではない。しかしわれわれの認識はほとんどまず感情に則った（gefühlsmäßig）認識という形で始まり、それが悟性に則ったものにうまく移行させられなくとも、きわめて確実な確信や確証になり得るとオットーは言う（*Ibid.*）。人間の気質や性格から見て「確かな感情」を賦与された人と「明晰な悟性」に恵まれた人がいるが、「確かさ」（Sicherheit）という点で前者が後者に劣ると考えることはできない。「確かさ」とは「正しいこと」（das Richtige）の把握と結びついているのであって、判断力の述語、したがってまた知性（Intellekt）の述語でもあり、感情の確かな人が、場合によっては悟性的な人よりもずっと鋭敏で、敏感で、深い、且つ判断のできる知性を有することがある、というのがオットーの確信なのである（*Ibid.*, SS. 327–328）。

このような感情論を彼はさらにゲーテを参照して深め且つ確認していくのであるが、『聖なるもの』の冒頭部分ですでにゲーテの『ファウスト』から引用していた「感情こそが全て。名前は響きか煙である」という科白を解釈して次のように述べている。「ここで念頭に置かれているのは、最も現実的なものそのもの（das Allerrealste selber）の経験である。その経験はわれわれが行う命名、つまり概念への言い換えにとっては大き過ぎるし、全く別のものであり過ぎる。その経験は、それが引き起こす諸々の情緒、圧倒的な心情の激動が示唆されることによってのみ特徴づけられる（われわれが神的なるものの非合理的なものに対して用いたのと同じ手法だ！）。しかしその感情そのものは情緒（Emotion）ではなくして、この経験をもっていることであり、それはみずからを認識させるものを認識することであり、次いでこの認識に基づいて情緒が起こるのである」（*Ibid.*, SS. 320-330）。要するに「感情」は現実的なものの概念によらない認識とその結果としての情緒と見なされている。

次にオットーはこのような意味での「感情」には、「客体の価値を把握する」という意味で使われる際の「感得」（Fühlen）の働きも結びついていると言う（*Ibid.*, S. 330）。その例証として彼は再び『ファウスト』の中のワーグナーに語ったファウストの言葉、「あなたがそれを感じないならば、追い求めることもしないだろう」を挙げ、これに基づいて「感情」の定義は「直観的な、同時に最も強い価値づけに貫かれた、概念以前の把握」（intuitives, zugleich mit stärksten Wertungen durchdrungenes vorbegriffliches Erfassen）（*Ibid.*）であるとする。

さらにこのような感情が天才的に（genial）働く場合には、それが発見（Erfinden）あるいは発見的な洞察（entdeckende Einsicht）となり、ゲーテが言う「勘」（Aperçu）にもなるということをオットーはゲーテからの次の引用によって示している。「より高い意味でわれわれが発明や発見と名づけるものは全て重要な営みであり、根源的な（original）真理感情の活動である。この真理感情は静かに長い間のうちに仕上げられるが、思いもかけず稲妻のごとくに有効な認識へと至ることがある。それは内から外へと発展する一つの啓示である」（*Ibid.*）。それのみならずオットーは感情の突発的出現を指摘したこの言葉を、「ヌーメン感覚」（sensus numinis）の直観的な覚醒や自発的な宗教的直観の出現を表す比類ない表現として絶賛さえしている（*Ibid*）。なお「ヌーメン感覚」についてはのちに第五節で話題にしたい。

価値の把握を意味する「感得」にはもう一つ英語で言う to realize という意味も付属しているとオットーは考えて、そのことを次のように述べている。「誰でも自分が受け入れて、鵜呑みにして全く疑わず、本当はまだ自分自身の真理とはなっていないにもかかわらず、全く信頼しきっている真理を長い間抱き続けていると、時間の恩恵にあずかって、とうとう終いには自分自身に「感じられる」ようになる、言い換えれば自分自身でそれを悟るまでになる、ということがあるものである。ここには二つの事柄がある。一つは、単なる思い込みに過ぎず、議論を経ないものが――しばしば突然もしくは「勘が働いたように」(aperçu-mäßig)――洞察となることであり、二つには、それが心情と意志を強制する力となることである」(*Ibid.*)。要するに或る知識や認識が本当に自分のものになり、突発的に勘のように働くことがあるという心理学的事実を、最初は偶然の契機によって目覚めさせられるヌミノーゼの感情が、時の経過の中で次第に図式化されていき、その感情がもともと要求する理念を形成していくというオットーの「発展」の構想が結びつけられているのである。

ゲーテにおける「感情」の意味の特色としてオットーが最後に指摘するのは、ゲーテが感情という語に添える「深い」(tief)という形容詞の意味である。オットーによればそれは「感情がもつ、たとえば快適さとか暖かさといった構成要素として理解されるのではなく、認識の確実性あるいは真正性(Echtheit)として理解されている」(*Ibid.*, S. 332)という。その例としてゲーテの「人は深く感じる。これは何ら恣意的なものではない。ここにはゆっくりと動く永遠なる全ての法則が働いている」という言葉を引いて、そのような感情による認識こそが、フリースが理解した「予感」

(Ahndung) であり、それは「暗黙のうちに知っていながら、言葉にする術を知らないものに感づく (ahnen)、あるいはやはりフリースが言うように予感する (ahnden) ことである」(*Ibid.*) と見る。

オットーは「ヌミノーゼの感情」の特徴あるいは特質を明らかにするためにこのような補完的な考察を重ねたのであるが、上述の補足でも見られるようにこの感情をあくまでも「認識」(Erkennen) の働きとして理解し、それがア・プリオリで、しかも悟性的・反省的なものではなく、直観的な性質のものであることを確信させようと努めている。その点において彼はいぜんとしてカント＝フリースの認識論の埒外に出ることを意図してはいないと言わなければならない。しかしそれにもかかわらずヌミノーゼの客観的実在性を強調し[11]、そのために感情の客体連関性を主張し、「客体の感情」(Objekt-gefühl) (*Ibid.*, S. 8) とか「関係の感情」(Bezungs-gefühl) という表現まで用いるとき (*Ibid.*, S. 7)、認識論の立場との齟齬は覆い難いものとなる。フリースの認識論に立つ限り、「関係」とはあくまでも「知」と「信」を結ぶ「予感」の機能に属する、認識に内在的な性格のものであって、現象と物自体 (理念) との関係にとどまらざるを得ないものである。その解釈に基づいて物自体を超時間的な「永遠なるもの」と捉え、これに「ヌミノーゼ」を重ねようとするところにオットーの哲学的な意図があったと思われるが、やはりそこには無理があると言わざるを得ない。シェーラーが同意できないとした理由もそこにあり、また石津照璽が「オントロギーがない」(石津 一九六八a：二二三、三一四、三八六) という批判を繰り返す理由もそこにある。ただ石津は「この点はオットーにも主体の外なる客観的な神的実在との連関がある」(石津 一九八〇：一七九) として、「この点ではさらにフリースにおける存在学の問題性からも考えうることではある」という方向を示唆し、「この点ではさらにフリースの立場との関係が吟味されるべきである」(同書、一六五頁)と見るが、しかし如上の点からすればフリースのカント主義との関連に解決を期待することはできない。むしろ「ヌミノーゼの感情」を志向的対象と志向的作用との本質連関のもとに設定し直し、志向的作用としての「感情」の作用本質を追究する作業過程において、「予感」の概念に含意されている感知能力を再吟味するということが石津の見込みには沿うことになるであろう。これに関連して第五節において、フリースの「予感」も念頭に置かれているオットーの「ヌーメン感覚」(sensus numinis)の概念について言及する。

オットーがヌミノーゼの感情の客体連関性を言うのは、ヌミノーゼの感情を「魂の底」から目覚めさせられるものと措定して、そのア・プリオリ性を「素質」(Anlage)の概念を適用することによって確保した上で、これが外部からの刺激により、言い換えれば「私の外にある客体」(ein Objekt *außer mir*)(Otto 1917[1936]: 11)が与える類似の感覚知覚によって呼び起こされて発動し、その客体を「神的なるもの」と認識して、それに相応する「理念」を形成していく、という「宗教」の発展史あるいは展開史の構想に由来すると推察される。オットーにとっては人間のどのような本質的資質から「神」もしくは「神的なるもの」の観念が発現するのか、ということが神学的および宗教学的な根本的関心事であった。彼にとって「神」の観念は「予定形成」(Praeformtio)として理解されるべきものであって、これが彼の「宗教学」の譲ることのできない橋頭堡であったと思われる。しかしこれに固執するならば、すなわち「ヌミノーゼの感情」と言われる場合の「感情」を、フリース哲学におけるそれのように「感情」一般としてではなく、言い換えれば悟性と理性を媒介する第三の認識能力としてではなく、つまり「宗教」に固有の経験的事実として確保することができないとすれば、オットー自身がシュライエルマッハーの「依存感」には質的差異が伴っていないし、ヌミノーゼの感情の客体連関性を見落としていると難じたまさにその批判がみずからに跳ね返ってくることになるであろう。しかしながらこのようなオットーの神学的な関心から目を転じて、人間学の視点から改めて「ヌミノーゼの感情」の特質および人間の「生」（Leben）との関係に着目するとき、実はまたもやゲーテの言葉が見逃せないものとなる。

オットーが『超世界的なるものの感情』に付けた「感情」に関する説明を締め括っているのは、ゲーテが「恐れ戦く」（Schaudern）ことを人間の最良部分と見なした文である。すなわち「恐れ戦くことこそが人間たることとの最良の部分だ。世界が人間に対して感情の値打ちをどんなに高めるとしても、人間は不気味なもの（das Ungeheuere）に深く捉えられているのを感じるものだ」（*Ibid.*, S. 333）という『ファウスト』の文である。これに対するオットーの解釈はこうである。「身震いすること（Erschauern）が最良の部分だという理由は、それが予感されるだけで、概念においては解明されないものの、最も深く且つ最も有意義な意味内容の、ヌミノーゼな畏敬の価値感情によって貫かれた統覚（Apperzeption）である点にある。世界がその分裂と圧力によって人間に対して感情（つまり単なる世間的形式の分かりやすさや利口さと対比される深い体験）の「値を上げる」、言い換えれば感情を難しいものあるいは稀なものとするとしても――かの異質にして高いもの、表現されないもの、ただ感じられるだけのものがいつでも「不気味なもの」として人間に立ち現れてくるところでは、世界が生み出したかもしれない硬化と瘡蓋《かさぶた》を突き破ってそれが現れるので、人間は感動してそれを感じるのである」（*Ibid.*）。

ゲーテの言葉の意味のオットーによるこの解釈が妥当かどうかは目下の問題ではない。むしろゲーテが「恐れ戦くこと」を「人間であることの最良の部分」と見た点にこそオットーの共感があったことを確認することが重要である。それはオットーの言葉で言い表せば、「ヌミノーゼの感情こそ人間であること（Menschentum）の最良の部分である」ということになるであろう。ゲーテの「Schaudern」の語を「Erschauern」と言い換えたとき、同時にオットーはこのことを確信したはずである。なぜならば彼は「身震いする」ことを、宗教に固有の「ヌミノーゼの感情」の特質を最初に表す要素（Element）、すなわち「tremendum」、「戦慄すべきもの」（das Schaervolle）と見なしたからである。この要素は人間に対して「圧倒的に」（übermächtig）「優越する」（überlegen）「エネルギッシュな」「全く他のもの」（das ganz Andere）の様相（Wie）を反映するものとされている。ゲーテがあらゆる度量を超え、尺度に合わないものを「不気味だ」（ungeheuer）と表現したのは（Otto 1917[1936]: 54）、オットーにとってはまさしく宗教的な表現によらない宗教的なものの表現であったであろう。この両者に通じるものは、人間にとって「恐れ戦き・身震いする」ことをもって、すなわち「畏怖」（Scheu）の感情をもって対応するほかないようなものが存在する、それに比べると人間はいかに小さいものか、という認識あるいは自覚であろう。これがゲーテの文学や思想の出発点であったのかどうかはここで論じるべき問題ではない。しかしオットーにとっては、それは紛れもなく彼の宗教の理解およびそれを通じた人間の理解の出発点であったと言うことはできるであろう。そのことを次節で詳しく考察してみたい。

第四節　「畏怖」の人間学的理解

1　『聖なるもの』における「畏怖」の概念

オットーは、「恐れ戦くことこそ人間たることの最良の部分なのだ」というゲーテの『ファウスト』の科白を、主著『聖なるもの』の扉に載せ、また第七章「不気味なもの」（Ungeheuer）でもこれを引き、さらに論文集『超世界的なるものの感情』の結語として「感情」について論じた小文においても引き合いに出して、みずから主張する宗教的なヌミノーゼの「畏怖」（Scheu）をこれに重ね合わせ、畏怖のもつ人間学的な意義を重要視している。この概念のもつ意義を考察することが本節の課題なのであるが、とりわけオットーが宗教的な畏怖を人間の「人間性」（Menschentum）と結びつけようとしていること、それにこの感情が人間をその存在の根底において不安にすると考えている点が留意される。ここではこの点を考察し、彼の人間理解の一端を明らかにすることを目的とする。とくにそのような問題関心がすでに主著に先立って発表された、ドイツの心理学者・哲学者ヴィルヘルム・マックス・ヴントの神話および宗教の起源に関する研究を批判した論文において胚胎しており、そこでは宗教の理解におけるみずからの情緒主義の立場が表明され、宗教的な畏怖が恐怖（Furcht）から区別されるとともに、人間の生（Leben）におけるその始源性が示唆されていたことに注目する。また畏怖の感情が歴史的および個別宗教的に変容していくにもかかわらず、その原初的な契機とされる「不気味さ」あるいは「気味悪さ」が持続していくと見なされている点に、この契機が宗教的感情の基層ないし根源として位置づけられていることが確認される。そこからさらに踏み込んで、この契機が被造物感を回路として露わにするであろう「無」に関わる人間の存在の根本的機制にまで射程が伸びないか、模索してみたい。

『聖なるもの』においてオットーはヌミノーゼの感情の最も原初的な「原生な」(roh)段階を表す感情の特徴を「デーモン的」(dämonisch)な畏怖と見なし、それが「気味の悪いもの」(Unheimliches)に対する感情として最初に発動するとした上で、次のようなことを指摘する。「この「畏怖」ならびにその「原生」形態から、すなわちかつてあるときに、最初の発動に際して破り出てきた、そして太古の人々の心の中に未知のものとして、新しく現れた「気味の悪いもの」という感情からこそ、あらゆる宗教史の発展が始まったのである。それが破り出たことをもって人間性(Menschentum)の新しいエポックが始まったのである」(Otto 1917[1936]: 16)。同じ見方は、アニミズム論者が主張するように、「霊魂」の観念は「死者」をめぐる経験と想像から生まれるのではなく、この「気味の悪いもの」の感情に源泉があるとする箇所(第一七章)にも見られる。すなわち「死者が〔……〕、「気味が悪い」として扱われるようになったときには、確実にある画期的な要素――最初の道具の発明や火の発見よりも画期的な要素――があったに違いない」(*Ibid.*, S. 146)と言われている。そしてオットーによればその原初の段階における「怖がる」(Grauen)ことは、「自然の日常的な恐怖(Furcht)ではなくして、たとえ最初はまだ「気味の悪いもの」という原生の形のものであっても、それ自身は神秘的なものをはじめて感じて興奮したこと、あるいはそれを嗅ぎつけたことであり、ありふれた日常的な領域には存在せず、自然のものには当てはまらないカテゴリーによる最初の評価だからである。そしてそういうことが可能であるような人物とは、「自然の」素質とははっきりと異なる独特の心情の素質が目覚めている人であって、その素質は〔……〕、人間の精神の全く独自な、新しい体験や価値評価の機能を指し示すのである」(*Ibid.*, S. 17)という。オットーにとってはこの宗教的素質が最初に目覚めた無名の人物こそが、「人間性」のもとで現れた最初の「人間」なのである。ヴントは「宗教的な畏怖」を「共同で働く太初の集団的ないし民衆的空想」から導き出したとして、これに反対するオットーは最初のヌミノーゼの感情を人間の独特な「素質」(Anlage)に具わるものと見なし、その根源性と普遍性を理論的に基礎づけることを企図して、『聖なるもの』の後半部分、とくに第一六章および第一九章において「ア・プリオリ」の概念をカントの認識論から導入して哲学的な理由づけを試みたことは先の第三節で言及した通りである。なお「気味の悪いもの」に対する畏怖の感情によってこの素質が最初に目覚めさせられた「人物」が、創唱宗教の創始者とは別の形で宗教史の「創唱」(Stiftung)に関わった、とオットーは見るのであるが(*Ibid.*, S. 146)、言うまでもなくこれは「宗教はそれ自身とともに始まる」という彼の根本命題に由来する。このようにオットーが「宗教」をいわゆる人間の「人間化」(hominization)と関連づけていたことをまず確認しておきたい。

しかしここで注目したいのは、オットーが、この畏怖の感情の原初的発動が実は歴史の最初の段階においてのみ起こっただけではなく、その後も「ヌミノーゼの感情がとうの昔により高く、純粋な表現に到達している場合でも、その原初的な興奮が絶えず素朴に心から破り出て、新しく体験されることもある」とも述べていることである。たとえばそれは「身体中に寒気が走った」とか「背中に鳥肌が立った」と表現されるような畏怖の感情において繰り返し体験されるという(*Ibid*., S. 18)。それのみならず「より高い段階に進んだヌミノーゼなものの感情は単なるデーモンの畏怖の感情とは随分違う。しかしその段階になっても、その感情はみずからの出自と親縁関係を否定しない。〔……〕そしてこの要素は最も高い段階、つまり純粋な神の信仰の段階に至っても消え去ることはなく、また本質的に消える必要もない。〔……〕その段階にあっても、「怖い」は、かの心の最も深い部分での震撼と沈黙という限りなく高貴にされた形式のもとに再現され、魂の最深の根にまで入り込んでいるのである」と言い、キリスト教の典礼における「聖なるかな、聖なるかな、聖なるかな」という唱句のもとでも「心情を全き力で捉えて離さない」と述べている(*Ibid*., S. 19)。あるいはまた『旧約聖書』が描く「怒るヤハウェ」の「燃える」イメージもヌーメンそのもの、すなわちヌミノーゼなものの原初の現れを表しているとオットーは見る(*Ibid*., S. 21)。このような観点に立ってオットーは、この「畏怖」が経糸として宗教史に対して一貫性を与えており、それぞれの発展の段階においてこの畏怖の対象を図式化して現れた「聖なるもの」の諸表象がその緯糸をなしている、という構図を描くのであるが、ここではむしろ、この畏怖がいつでもヌミノーゼなものの感情の初発の感覚として、すなわち sensus numinis(ヌーメン感覚)として、そして宗教的感情の異質性そのものの源泉として絶えず再生産されるという解釈を試みてみたい。

オットーがヌミノーゼの感情の現われについて、「最初」の段階とか「原生な」感情などと表現する場合の、「最初」(erst)および「原生な」(roh)という語は、歴史的な視点のもとで用いられているのであるが、しかしその段階あるいはそのような感情における「気味の悪い」という様相が、のちの段階になっても、また感情の変容においても消えることはなく、別の様相の陰に隠れて気づかれなくなることがある、と言われていることからすると、それはまた時と場所に関わりなく生起するヌミノーゼの体験そのものの「最初」の位層および「原生な」感情の調子あるいは性質とも解釈される。言い換えれば宗教的体験の基層あるいは直接的な次元ないし初次的な発現という構造論的な意味合いをも示唆しているとも理解されるのである。因みにオットーは論文集『超世界的なるものの感情』に収められた「ヌーメン感覚の最初の発声と最初の用語」（"Urlaute und Urtermini des sensus numinis"）という論文において、「感情、それも心情の緊張状態としてのそれは発声において爆発する。ヌミノーゼの感情も、それが最初に破り出たときには、発声を、それもまずはじめは発声だけを見出し、言葉（Wort）をば見出さなかったということは自明である」（*Ibid.*, S. 203）と述べて、ヌミノーゼの感情の歴史的な最初の段階および原生な調子は、言葉にはならず、言葉以前の発声によって表されたと見ている。そしていまとなってはそのような最初の発声を復元することは不可能であるが、たとえばドイツの人々がいまでも怖いものに遭遇したときに、「うわっ・ひやっ」（Hu）と発声する際には、それは「恐怖」（Schrecken）一般を表すのではなく、「微かな〔身体が萎えるような〕怖さ（Grauen）を伴う恐怖、したがってヌミノーゼの恐怖の発声であろう」（*Ibid.*）と言い、この感覚を手がかりにして諸宗教の事例を探るという試みをしている。たとえば共通アラビア語の「hus」は、「シーッ」という制止や口止めを求める発声であるが、これに対応するヘブライ語の「has」は、『旧約聖書』ではいつでもヌミノーゼを示唆する箇所でのみ使われているとし、これを、おそらくは彼が実見したであろうと思われる、イスラームの修道僧の叫びと結びつけて次のように解釈している。「恍惚となったイスラームの修道僧が円舞を行うときには、「アッラーは偉大なり」（Allah akbar）というような叫びを発する。この叫びは「Allah hu」に変わっていって、終いにはただ長く引き伸ばされて「Hu」という呻き声で終る。この「Hu」は三人称――「彼」、つまりアッラーを表すアラビア語の代名詞として合理的に説明されている。〔……〕この「Hu」はむしろ完全に、恍惚としたヌミノーゼの感情を表す、直接に破り出てくる自発的な爆発の初発の音声（Elementar-Laut）という印象を与える」（*Ibid.*, SS. 203-204）。このほかにもサンスクリット語の同様の間投詞ないし感嘆詞による立証が企てられるのであるが、いずれにしてもオットーが使う「Urlaut」の「Ur」が、歴史的な意味のみならず、ヌミノーゼの感情の、言わば構造的な基礎部分あるいは直接的な次元をも意味する可能性を示唆しているように思われる。言い換えればヌミノーゼの感情の初次的（primär）な現れは、一切の言語化あるいは表象的な分節化に先立つ全身的な身体的・生理的反応という様相をもつということである。オットーはヌーメン感覚をそのような直接的な初発の感覚作用として理解していた。ただしその反応はおそらく「全く他のもの」という質的な違和感と結びつくものであるところから、必然的に「驚き」あるいは「仰天」（stupor）を伴うことも想定されていた。『聖なるもの』において「全く他のもの」の図式としての「神秘」が「形式」と言われ、「戦慄」（tremendum）が「内容」とされているのは（Otto 1917[1936]: 42）、初発のヌーメン感覚の認識論的な構造を言い表したもので、その体験そのものに即して言えば、「神秘」とは「うわっ」という発声をもってしか受け止められない「何ものか」を指し示し、「戦慄」はそれに伴う独特の緊張、すなわち身体の震えを引き起こす未経験の緊張であることを示唆していると理解される。要するにオットーは宗教的感情の言語化以前の特質、つまり「怖い」(Grauen)という感じがあらゆる宗教的感情の「宗教性」を規定していると理解しているのである。

2 ヴント批判に見える「畏怖」の意義と特性——対象の無規定性

このようにオットーが念頭に置いている「畏怖」の感情は、人類の宗教の歴史的発端という巨視的な意味合いと、人間の宗教的な目覚めおよびそれによる人間性の新しいエポックの開始という微視的な意味合いを与えられている。彼が畏怖のこのような意味合いについて述べたのは、『聖なるもの』が最初ではなかった。とくに前者、すなわち宗教史の発端としてのそれを主張したのは、一九一〇年に雑誌『神学展望』(*Theologische Rundschau*)に発表した、ヴントの大著『民族心理学』(*Völkerpsychologie*)の「神話と宗教」(II 1, 2, 3)に関する論評「ヴントの民族心理学における神話と宗教」("Mythus und Religion in Wundts Völkerpsychologie")においてであった[13]。この論文でとくに注目されるのは、オットーが、ヴントは「デーモン」(Dämon)の観念を古代ギリシャの神話や叙事詩を手がかりに定義していると見なした上で、みずからの説としてそれが「緩い、浮動する表象であり、本来それが何であるかを言えない」ようなものなので、むしろ「ヌーメン」(numen)という呼び名こそがふさわしいという提案をしていることである(*Ibid.*, S. 301)。『聖なるもの』においても、ギリシャの人々が「ダイモーン」と呼んだものは、「ヌーメンのまだ束縛され抑圧された低い段階であって、「神」はそこから徐々により高次の顕現へと成長していく」(Otto 1917[1936]: 93)

とオットーは解釈している。そしてこのヴント論文においては、このヌーメンの根は、ヴントが神観念の根と見なした霊魂（Seele）の観念にあるのではなく、それが「洞窟や岩窟、すなわち世界中で、あらゆる人に「畏怖」を引き起こすものあるいはそれが生まれる場所の神秘に満ちた怖さの中で、仄かに姿を現す（dämmern）」（"Mythus und Religion in Wundts Völkerpsychologie," S. 301）というところにあるという見解を述べ、『聖なるもの』と直結する次のような見方を提示しているのである。「始源に関しては、われわれは至るところで或る独特な感情、すなわち「宗教的畏怖」の感情へと立ち戻らされる。それはさまざまな形で刺激され、きわめてグロテスクで風変わりな種々の印象や感情の仲間になることができる超自然的なものの仄暗い、錯綜した感情である」（*Ibid.*, S. 302）。この書評を書いた時期はいまだ「ヌーメン感覚」（sensus numinis）という着想がオットーにはなかったが、その萌芽をここに読み取ることができるであろう。因みに『聖なるもの』の巻末に付された用語解説によれば、「ヌーメン」は「まだ正確な表象をもたない超自然的な存在者」とされている。つまりこの用語はいまだいかなる表象的分節化も施されない原初的な感情内容を指すのであるが、おそらくそれが感じられる対象物、たとえば洞窟や岩窟あるいはその類のものの即物的・自然的な性質や様相ではなくして、それらの「超自然的」と感じられる部分あるいはそれらの対象物が知覚的に示すものの「余剰」（Überschuß）（Otto 1917[1936]: 5）として感じられるものをこそ表すと理解されるのである。

改めて断るまでもなくオットーは「神的なるもの・聖なるもの」の観念から一切の合理的および倫理的な要素を「差し引いた」（minus）（*Ibid.*, S. 6）「余剰」の部分を「ヌミノーゼ」と名づけたのであるが、叙上のヌーメンは、この「余剰」がいまだ何一つ加えられたり差し引かれることのない、「原生な」、未加工のままのものとして感じられる、その当の「もの」を指し示している。いわば生のままのヌミノーゼであり、さらに言えば剝き出しのヌミノーゼそのものとして感じられる「もの」である。因みに言えばおそらくエリアーデが、「聖なる樹木、聖なる石は石および樹木として崇められるのではない。それらは正確には、ヒエロファニーであるから、すなわちそれらがもはや石や樹木ではなく、聖なるもの、全く他のものである何ものかを示すから崇拝されるのである」(Eliade 1959a: 12. 傍点は原文イタリック) と言った際にも、同様の事柄を思い描いていたと想像される。エリアーデにおいてはこの命題が、「聖なるものは自己自身を顕示する」(the sacred manifests itself) (*Ibid.*, pp. 10, 11) および「聖なるものはわれわれにみずからを示す」(*something sacred shows itself to us*) (*Ibid.*, p. 11) という前提に立っている限り、擬似神学的だという批判を免れないであろうが、オットーは「畏怖」ないし「ヌーメン感覚」という人間学的な契機を設定することによってあるいはそれを媒介することによって、ヌミノーゼなものを無条件で客観視しようとする神学的なニュアンスを稀薄にしたと言えよう。この点は見逃されるべきではない。

オットーのヴント論文においてもう一つ注目される点は、宗教的な「畏怖」の特性を次のように見ていたことである。「[……]「畏怖」(Scheu) は最も低い段階におけるこの〔超自然的なものの独特の〕感情である。しかし日常的な意味における「恐怖」(Furcht) とは典型的に異なる、全く独特な種類の怖がること (Grauen)、畏れること (Scheuen) である。むしろ始源にあるのは「わけが分からず (blind)」ギョッとすること (Entsetzen) であり、本来何に畏れ、何を畏れるのか全くはっきりしないままにギョッとすることである。自然な災禍への心配という通常の意味での、あるいは損害や消滅（Untergang）に対する恐怖が初めにあるのではない。そもそもの初めから（von allen Anfang）人間は――さらに言えば、全く言い難き仕方で――死や消滅以上の或る確かな言い難きもの、一切の「ただ身体を腐敗させるだけのもの」以上のものを「畏れる」のである」（"Mythus und Religion in Wundts Völkerpsychologie," S. 302）。これは直接には、ヴントによって霊魂の観念が成立するための契機と見なされた死や身体の消滅とは異なるものに神の観念および宗教の始源を見るべきだ、という主張を述べたものではあるが、そこには人間の「生」が、その始源において、恐怖とは質的に異なる「畏怖」の体験とともに始まるという意味合いも込められているように思われる。この文脈で敢えて読めば、畏怖はその対象や原因が明確ではなく、言い表すこともできないものであるのに対して、恐怖のほうは具体的な災禍を対象としており、仮に最終的な合理的理解は不可能だとしても、その意味について何らかの理解が可能である限りにおいては、死や消滅をも対象とする、と読むことができる。この区別が、キルケゴールやハイデッガーがそれぞれの立場において言及した「不安」（Angst）と恐怖の区別を連想させ、これと関連づけられる人間的現存在の存在可能性ならびにこの可能性へと関わる実存（Existenz）の考察へと目を向けさせるのは自然の成り行きであろうが、これは別に考察を要する事柄である。

以上のようにオットーは「気味の悪いもの」の感情をヌミノーゼの原初的な感情と見なし、それが人間の精神生活に画期をもたらしたと考えたと同時に、そのような歴史的な始源においてのみならず、たとえば『聖なるもの』の第一七章において「何と気味が悪いことか」とか「この場所は何と恐ろしいことか」という叫びの中にも現れている、と言うとき（Otto 1917[1936]: 153）、彼は人間の宗教的感情一般の原初の表出あるいは初次的な現れとしても理解しようとしていると見ることができる。その直前の箇所には、「この気味の悪いものへの戦慄ないし身震いは、むしろ刺激や誘因がそこまでは全く届かない心の深層から突然破り出てくるのであり、破り出てくる力もまた単なる外部からの刺激に勝り、その突発が、全く自発的ではないにせよ、ほとんどそうであるほどに強いのである」（*Ibid.*, S. 152）と言われていて、この感情がいかに人間の「心」の深層に具わる、人間に固有のものであるか、も強調されている。言い換えれば宗教的感情は人間を心の底から揺り動かすものだということでもあろう。ただしオットーは、第二節で触れたように、この原初的な感情の突発が、人間に自立的に素質として具わっている、あくまでもおぼろげで（dunkel）、概念としては決して開展することのない表象内容を揺り動かし、目覚めさせ、神的なものの「観念」の形成に向かって前進させる、という神観念の目的論的（teleologisch）な形成と発展と結びつけて理解するので、「気味の悪いもの」はいつでも「私の外部に」（außer mir）（*Ibid.*, S. 11）ある客体についての感情の「内容」として限定されている。すなわち「英語で "This place is *haunted*."〔ここには何かが出る〕と言うときには、すでに積極的な表現へ移行している。ここにはおぼろげな観念の根底がすでにもっとはっきりと露呈しており、ヌミノーゼな性格をもつ彼岸的な何ものかや或る存在者の性質もしくは作用するある実在の、まだ全く漠然として流動的な表象としてみずからを具象化し始めている」（*Ibid.*, S. 152）と言われる通りである。人間は魂を震撼させる、他のいかなるものとも比べようのないこの「気味の悪い」何ものかを「休むことなき手探り」（*Ibid.*, S. 140）によって明らかにしようとする。そして最終的にはそれを「神」（Gott）として表象し、その観念を合理的に意味づけることによって、宗教的衝動は充足を得る。これがオットーが描く宗教の人間学的な歴史像であることはすでに指摘しておいた。しかしこのような対象の表象化の発端と展開というオットーの歴史的な関心を度外視して、言い換えれば彼の認識論的な問題意識とは別に、この原初的な「畏怖」によってもたらされる「不安」にも似た気分の初次的な現れに着目するならば、それは、たとえば彼が或る雑誌の広告に見つけたアフリカの人の証言に窺われるかもしれない。太陽が激しく照りつけるサバンナを自動車で走っているときに、その原住民がこう言ったという。「あなたがこのような草原に独りで居り、太陽が灌木の上に眩しく輝いているときに、何かがあなたに語りかけてくるように思いませんか。それは耳で聞こえるようなものではないのです。それは、あなたがとても小さく、非常に小さくなっていき、そうして相手がとても大きくなっていくようなものなのです。そういうときには世の中のささいなことなど全く何でもないことになってしまいます」（傍点は原文イタリック）（*Ibid.*, SS. 26-27）。おそらくオットーはこの記事に、ヌミノーゼに遭遇した際の最も素朴な体験を読み取ろうとしたと思われる。すなわちそれは一切の神観念に先立つ、その源泉となるべき独特の、名状し難い「大きくなっていくような」「もの」の「感情」である。この場合の「大きい」という形容語は、ゲーテの「不気味」という表現の場合と同様に、度量を超えた、尺度に合わないもの、言い換えれば通常の合理的な比較による理解にとって「余剰」であるようなものを示唆していると解すべきであろう。しかしここで注目したいのは、そのような「もの」が「耳で聞こえるようなもの」でない「語り」をすることに対して、みずからの「小ささ」を感じるという点である。言い換えれば自明な肯定的な自己認識に代わって未知で消極的な自己認識を抱くようになるということである。価値観の転換に基づく、このようにみずからの存在が果てしなく小さく感じられるような感情をオットーは「被造物感」（Kreaturgefühl）と名づけ、実在感としてのヌミノーゼの感情が、それを感じた主観の内部に「反射」（Reflex）として引き起こす二次的な感情だと見なした（*Ibid.*, S. 11）。その感情の内容は、シュライエルマッハーが名づけた「依存感」（Abhängigkeitsgefühl）ではなく、「大いなるものそのものに直面したときの自己の空しさ（Nichtigkeit）の感情であり、それに直面して自分が〔無へと〕沈み込んでいく感情である」と言う（*Ibid.*, S. 23）。この「小ささ」とか「空しさ」は主観的な価値観を表しているが、それは、存在論的には、差し当たり自己がいつもの自己ではなくなってしまった、自己が自己のもとに「気楽に居ない」という在り方を示しているであろう。あるいは自己理解のための既存の一切の存在規定が自明性と意味を失い、新たに「無」としての自己に直面させられているという状況とも解釈される。「畏怖」という宗教的な気分状態（Befindlichkeit）において露呈されるヌミノーゼが、それに対する自己感情である「被造物感」という気分状態において露呈される自己の「無」の意味の了解へと誘う契機となると解釈されるとすれば、ここから新しい問題が開けてくるかもしれない。再度引き合いに出せば、かのアフリカの人が、「あなたがとても小さく、非常に小さくなっていき、〔……〕世の中のささいなことなど全く何でもないことになってしまう」ほどに、「相手がとても大きくなっていく」と感じられる、と証言した方向へと「生」を導くことである。「とても大きくなっていく」もののもとで、それに眼を見開かされつつ、つねにそれに関心を寄せながら「生きる」という方向性が「宗教」への基本的な方向ではなかろうか。おそらくこの言葉には、およそ「宗教」を理解する際に枢要だと思われる諸契機、すなわち超越への関心とこの関心を介して超越の側から呼び覚まされ、促される新しい自己意識ならびに生活世界に対する価値観と態度の変換、総じて言えば人格の根本的な転換の可能性という契機が内包されているであろう。

オットーは上に引いたアフリカの人の証言に、おそらくいかなるイメージのもとでであれ、「神的なるもの・聖なるもの」として分節化される以前の「何か」を読み取ろうとしたのであろう。それを彼が構想する歴史的展開の図式から切り離して、「ヌミノーゼ」そのものの特性に結びつけて理解しようとすれば、たぶん前述のように、「余剰」という語で彼が表現したかった事柄、すなわち一切の合理的表現や分節化を拒み、まさにいつでもヌミノーゼをヌミノーゼたらしめているものを示唆しているように思われる。彼によれば神的なるものはどのように表象化されても、あくまでも「ヌミノーゼ」であり、この契機を失うとともに、たとえば「お化け」がデーモンの「成れの果て」であるように、退化現象が起こるという（*Ibid*., S. 34）。そうだとすれば、ヌミノーゼがそれとして感じられている限り、いつでもそこにはまた「気味が悪い」あるいは「不気味な」という気分がつきまとい、死や消滅に対する恐怖とは異なる畏怖がそれから離れることがないことになる。オットーの場合には、この畏怖はいかなる言語化をも拒む或る実在、そしてその最も素朴な、「生な」(roh) 現れとしての「ヌーメン」に対するものなのであり、このようなヌーメンの最も直接的で且つ最も原初的な経験を成り立たせる人間の感覚機能が「ヌーメン感覚」(sensus numinis) と言われるものである。その意味においてこの概念は宗教経験の内容の基礎的な条件を意味するとともに、そもそも「宗教的」な経験が成り立つ根拠をも指し示すようにも思われる。オットーが当初フリースの感情の概念を援用してその根拠づけを試みたとき、ヌミノーゼの感情を実在感情、すなわち「客観的に与えられたヌミノーゼなものの感情」（*Ibid.*, S. 11）と見る場合の感情と主観的な認識の能力を意味する感情との齟齬を埋めることができなかった。オットーは「ヌーメン感覚」を人間固有の、しかも宗教経験に先立つ前宗教的経験として改めてみずからの宗教論の基盤に据えようとしていたと推察される。最後にこのことを考察することにしたい。

第五節　ヌーメン感覚の人間学的意味づけ

オットーは晩年のみずからの論文集『超世界的なるものの感情』に "sensus numinis" という副題を添え、さらに巻頭に短い論文「ヌーメン感覚の発見者としてのツィンツェンドルフ」（"Zinzendorf als Entdecker des sensus numinis"）を載せてこの概念の歴史と意義を考察し、また同書の「ヌーメン感覚の自発的な覚醒」（"Spontanes Erwachen des sensus numinis"）という別の小論においても幼少年期の宗教体験と関連づけて論じている。二つの論文の狙いは、オットーが宗教に特有のあるいは固有の感情と見なす「ヌミノーゼの感情」の、歴史的にも心理的にも最も初期の現れとしてヌーメン感覚を捉え、さらにそれを人間の宗教的生活の源泉、哲学的用語で言えば「ア・プリオリ」として学問的に解釈し、宗教的経験の可能的根拠と見なそうとするところにある。最初の論文はこの用語を使った先駆者ツィンツェンドルフ（一七〇〇―六〇）の文献を紹介しながら、そこにオットー自身の学的関心のさきがけを発見し、それがみずからの宗教哲学の土台をなすカント、フリースおよびシュライエルマッハーの用語に連なるものであることを確認しようとしたものである。またもう一つの論文は、専門書や定期刊行物および個人の自叙伝などに載せられた回顧的な記事を材料にして、それぞれの情報提供者や著者の幼少年期における、宗教的な経験を連想させる非日常的な体験をヌーメン感覚の覚醒として読み取ろうとしたものである。ただしこれらの論文について見逃されてならないのは、ヌーメン感覚のア・プリオリ性を論証することを意図しながらも、その方法がすでに哲学的・認識論的なものではなく、心理学者の示唆のもとに経験的事例を拠所として帰納的に立証する実証的な方法へと変化していることである。ここには「素質」という概念の理解をめぐって考慮すべき問題があるが、差し当たりはオットーの叙述に目を向けることにする。

ツィンツェンドルフは敬虔主義（Pietismus）のヘルンフート派に属する一八世紀の思想家で、オットーはみずからの宗教研究の立場から彼を近代の宗教に関する心理学的な諸考察の中でも、とくに「宗教的なもの」に着目した例外的な存在として高く評価する。すなわち「彼はヌミノーゼの感情を区別してはっきりと認識していたのみならず、まさに事柄に対してすでに正当な名称、つまりsensus numinis を与えてさえいた」（Otto 1932: 5）と言う。numen というラテン語はそれ以前からすでにキリスト教教義学においても用いられており、カルヴァンの著作にも見られるが（Otto 1917[1936]: 7, Anm. 1）、ツィンツェンドルフがこの語を使うようになったのは、そうした一般の風潮のほかに、彼の知人であり、敬虔主義の影響を受けながら、正統ルター派の立場を堅持していた神学者ブデュス（J. F. Buddeus）の感化によるものであろうとオットーは推測している（*Ibid.*）。ただしこの神学者においてはその語は古典語として、教義学的な有神論の枠組のもとで「deus」（神）という意味をいぜんとしてもっており、オットーによれば「この表示〔numen〕がもっている浮遊していて固定されていないもの、定義することのできないもの、ほかの何よりも重要なもの、ミステリー風のもの、それゆえにいっそう深い研究が求められるものが、彼においては何の役割をも演じておらず、sensus numinis について全く無知である」（Otto 1932: 5）という。

オットーが注目したツィンツェンドルフの文献は、一七四五年一二月九日に教団の会合で読まれた「宗教の存在形式に関する自然的思想」（"Naturelle Gedanken vom Religions-Wesen"）で、それはキリスト教の教義学や神学に関するものではなく、「宗教一般」を論じたもので、その根本本質、諸現象、素地（Anstalten）および歴史における宗教に関する理論を示しており、第一節で触れたようにオットーはこれを「宗教の現象学」と呼んで差し支えないものだと見積もっている。とりわけ彼が着目するのは、ツィンツェンドルフが宗教的な感情の根本契機もしくは本質契機を追究していることで、この点でシュライエルマッハーの『宗教論』の先触れをなすものとしてそれに高い評価を与えている。オットーによればツィンツェンドルフの文献については断片的な記録しかなく、詳細を知ることができないために、差し当たり索引を手がかりにして、「eulábeia = sensus numinis について」、「素朴な本性をなしている宗教の諸素地（Religions-Anstalten）について」、「創造主に向けての憧憬を、創造主を思惟することなしに、しかも病気の感覚あるいはそのほかの感覚の外で、高めること」といった項目を引き合いに出して、その意味を解釈するほかはないという。オットーはこのうちの「素朴な本性（die simple Natur）をなしている宗教の諸素地」という文言についてはカギ括弧を付けて「宗教的素質としての宗教的感情」という補足を加え、また「創造主を思惟することなしに」には脚注を付けて、「おぼろげな衝動（dunkler Drang）としての宗教的感情から突発すること（Aufbrechen）」という解釈を、さらに「病気の感覚あるいはそのほかの感覚の外で」の箇所には、「病気」という語の前にカギ括弧付きで「何らかの」という語を補い、「宗教的な不安の感情（Unruh-Gefühl）、「自然的な」苦しみからはっきりと区別された」という脚注を付けている。さらに括弧で補いながらツィンツェンドルフの次の文を掲げている。

全ての被造物は程度の差はあれ同じように思惟するものであるが、内面の畏怖（Scheu）および驚き（Entsetzen）をもっていて、これはたいてい孤独なときに表に出てきて、社交（Gesellschaft）のもとではなくなるのではなく［すなわちそもそも失われてしまうのではなく］、散らばる［すなわち潜在化する］のであって、事情によってはいっそうはっきりと現れることがある。そして人が［このように］みずからのもとで気づくもの［畏怖することと驚くこと］、［そしてまた］この上なく粗野な異教徒たちについての遠隔地からの誠実な［信頼のおける］報告者たちも見逃していないものが、正当にも sensus numinis と称されている。――いずれの被造物もさらに高きもの（etwas Superieurem）の感情をもっている。（*Ibid.*, S. 6）

この文からオットーが読み取ろうとすることを要約すればほぼ次のようになる。「sensus」という語はシュライエルマッハーの言う「感情」（Gefühl）に相当し、その内容は反省的思惟によっては把握されず、あくまでもおぼろげ（dunkel）であり、むしろ強烈な情緒のもとで捉えられるということ、そしてこの感覚（sensus）が自発的に、また最初に動き出して現れる場合には、何よりも独特に「拒否する種類」（die abdrängende Art）のものであり、畏怖であり驚きであるということ、ツィンツェンドルフがこの畏怖を自然的な恐怖（Furcht）からきちんと区別しており、それを「身震いがする」（schaurigt）という巧みな形容語で表現していること、このような情緒の動きが明白な「関係の感情」（Beziehungs-gefühl）であること、すなわち単なる心情の気分状態（Befindlichkeit）ではなくして、全くおぼろげではあっても表象の核（Vorstellungskern）、言い換えればおぼろげながら知られている「或るもの」を内包しており、それは何か与えられているもの、たとえばツィンツェンドルフによれば「孤独」によって刺激を受けて目覚めさせられ、予感（Ahnung）へと誘われるということ、である。それを裏づける彼の次の文も補足付きで挙げられている。「あらゆる被造物にはヌーメン感覚があり、これはときにきわめて深く横たわっている［すなわち全くおぼろげに囲まれている領域に］、しかし外からのごく僅かな接触（contacus）でさえもそれを主体に対して感じさせ（sensibel）、経験にとって（experienti）触れることのできるように（palpabel）する」（*Ibid*., SS. 6–7）。

オットーは、以上のことをカントの言い方で表せば、「ヌーメン感覚はア・プリオリなおぼろげな表象作用もしくは表象能力（ein dunkles Vorstellen oder Vorstellen-können a priori）で、感覚知覚によっては与えられないが、しかし感覚知覚的なものを通じて刺激され且つ目覚めさせられて、やがてそれを奮い起こす対象（Objekt）の特別の意味・解読（Sinn-deutung）へと導くことができるとともに、またこの対象に付着して、「神話的」な諸対象物の領域へとそれを導き入れることができる」（*Ibid.*）ということになると言う。さらにツィンツェンドルフがヌーメン感覚を表すのに、シュライエルマッハーとフリースが用いている「予感」（Ahnung）という語を当てていることをも指摘し、また「感じとる」（wittern）という表現で、「この上なく粗野な異教徒さえもの諸感情」の感じ方および「夕方に戸外に立つとき」におのずと（spontan）自分にやってくる刺激（Regungen）の受け止め方を言い表し、それを「eulábeia」という語でも表していることを記している（*Ibid.*, S. 8）[14]。この語についてツィンツェンドルフは「気づかれたヌーメンを感じとることを人々は、人間的被造物のもとでは敬虔な気持（Andacht）と呼んでいる」というように、教義学用語として用いているが、他方においては「eulábeia とは、教会の中に居るとき、[あるいはまた] 夕方に戸外で「そこに居るときに」、あるいは聖餐式に出かけるときに、身震いがする（schaurigt）ということである」とも説明しており、このほうが彼にとっては「宗教的」（religieus）ということの普遍的な意味を言い表しているのだ、とオットーは理解している（*Ibid.*）。これらの語や表現を通じてツィンツェンドルフが「宗教」を教義学や神学の立場からではなく、宗教そのものとして理解しようとしていることを確認することがオットーの関心事であり、とりわけヌーメン感覚が「夕方に独りで戸外に居るとき」におのずと働き出すというツィンツェンドルフの記述に強い共感を抱き、次に見る幼少年期におけるヌーメン感覚の発動の考察にも繋げており、オットーは特定の宗教経験以前の宗教的な経験の可能性を追究しようとしていたと思われる。

この論文の最後にオットーは、ツィンツェンドルフがヌーメン感覚を啓示を受け取る素地あるいは準備（Anstalt）をなしていると考えていることを指摘して、ヌーメン感覚のア・プリオリ性を再確認している。「神の予感と感情に対して、ごく小さい (klein) sensus numinis に対して、生きている時代のために配備される或る要請（Aufforderung）を受け取ったときにはじめて、人は「より高次の啓示信仰という意味で」信心深く（gläubig）なる」（*Ibid.*, S. 8. 傍点は原文隔字印刷）というツィンツェンドルフの文についてオットーは、本来的に宗教的に信心深くなり得る（Gläubigwerden-können）ということが、より普遍的な「宗教的素質」（die religiöse Veranlagung）があるかないかによって、人々の間に違いが出るということ、そして救済の信仰もしくは救済の経験としての宗教の土台をなすより高次の経験は、それぞれの時代に対してアレンジされている、つまりそれ特有の発展を遂げた宗教的感情を前提としてあるいはそれに即してはじめて可能になる、ということを言ったものであり、それは正しいと評価する（*Ibid.*, S. 9）。これを受けたオットーの解釈によれば、イスラエルの預言者たちの神の経験は、ヌーメン感覚の単なる度合い（Gradation）からは説明されないし、インドの高度な宗教における宇宙との一体性の経験もそうであり、永遠なる「仏心」（Buddha-Herzen）（仏性）の直覚（Erschauung）およびニルヴァーナとサムサーラとの一体性（涅槃即輪廻）のそれも単に「ヌミノーゼな感情」以上のものであって、そこにはそれぞれの経験を成り立たせるためにアレンジされた宗教的素質あるいは天分があったからにほかならないという（*Ibid.*）。ヌーメン感覚はそれ自体が「宗教的」経験とは言えないが、個別的および具体的な諸宗教における特定の「宗教」経験が成り立つためには不可欠な前提であり、またその前提と見なされる限りでは「宗教的」経験であって、その感覚によって感じ取られたものが、それぞれの時代の宗教的環境のもとでそれ特有の宗教的な観念や感情へと展開していくという限りにおいては、それはあくまでも「宗教的」素質（Anlage）と見なされるべきである、というのがオットーのア・プリオリ論だと考えられるのである。したがってヌーメン感覚の「宗教性」はあくまでも宗教経験との関連において担保されるのであって、場合によっては別の経験の契機となる可能性を排除しないと見るべきであろうし、人間学的にはそのように考えるのが穏当であろう。

もう一つの論文「ヌーメン感覚の自発的な覚醒」は、その書き出しに「宗教がかつて歴史の中に現れたことを理解するためには、人間および人間の心情生活を前提しなければならない」とあるように、人類の宗教史の始まりをめぐる問題に対するオットーの仮説に関連するものである。最古の直立人類と言われるピテカントロプスの心情生活（Gemütsleben）ないしメンタリティに戻るわけにはいかないとしても、またそれに迫るよすがとして「未開の人」（der primitive Mensch）の感情生活（Gefühlsleben）を参照する場合でも、それらがわれわれに理解可能であるとすれば、それはそれがわれわれと同じ心の動き（Seelenregungen）に従っている場合に限られるとして、その「同じ心の動き」を現生人類および現代人の幼少年期の心情生活もしくは感情生活に求めようとするのが、論文の趣旨である（*Ibid.*, S. 274）。直立原人と未開の人と現代の幼児や青少年の精神性をほぼ無条件に等式で結ぶことが可能かどうか、という疑問もさることながら、そもそも宗教史の発端という問題はこれまでの脈絡の外にあるので、ここでは論外とする。むしろこれまで考察してきたように、「ヌーメン感覚」を宗教的経験を成り立たせる宗教的素質として理論的に措定しようとするオットーの意図を確かめることが、差し当たっての問題関心である。

オットーが重視するのは、「現代においてもヌミノーゼな体験の自発的な、言い換えれば可能な限り伝統とか教育から独立したオリジナルな動きを突発させ、しかもその担い手たちによって、普通「宗教」についてもっているあるいは知っているものとは全く結びつけられないか、さもなくば宗教から区別されて全く自発的な原体験（Urerleben）として認識されるような」（*Ibid.*）心の動きである。こういう動きを幼少年期に自発的に現れる諸潜在能力（Fähigkeiten）として認めることができれば、それを「宗教的素質」（die religiöse Anlage）と見なすことができるであろうし、それによってまた「宗教的体験の自発的なもの、自立したものを具体的に例示することができるであろう」（*Ibid.*）というのが彼の目論見である。繰り返して言えば「今日でもなお人間の心情のほかの根本素質（Uranlagen）と同じように、心（Seele）から自発的に破り出ることができて、また今日でもなおそれが〔伝統や教育からは〕導き出されないこと（Unableitbarkeit）および独自であることにおいてコントロールされ得るような「素質」があるとすれば、それによってまた宗教的根源感情（Urgefühl）を歴史においても本来の且つ特別の源泉もしくは出発点として再認識し、また承認する一つの端緒が与えられる」（*Ibid.*, SS. 274-275）と想定するのがオットーの狙いなのである。

このような意図に基づいてオットーはまず親しい宗教学者ヤーコプ・W・ハウアーの著書『諸宗教　その生成、その意味と真理　第一巻　低い段階における宗教的経験』（J. W. Hauer, Die Religionen, Stuttgart, 1922）に記された或る少年の経験に関する記事を引用している。蒼空に明るく太陽が輝いている日差しのもとで、黄金色の畑で一二歳の少年が独りで落穂拾いをしている。時折遠くから草を刈る人の声や鞭を鳴らす音、そして時を告げる教会の鐘の音が聞こえてくるぐらいの静かな雰囲気であった。そのとき若者の心にこの上なく内密な切望（Sehnen）が起こり、それに耳を傾ける。待望であり、みずからの拡がりである。その微かな動きが次第に強力になり、ざわめく和音となり、巨大になっていくのを少年は感じる。この迫り来る謎に満ちた現前（Gegenwart）は、これまで神について聞いてきたことを含めたあらゆる事柄とは何一つ共通したものがなかったので、それを表す名辞が思いつかなかった。この或るもの（Etwas）を聖なる物語から知った「神」と結びつけることなど全く考えられなかった。神に関する既知の観念とこの体験の中で働いているものとは全く共通点をもたなかった。それがいまやわけの分からぬ実体の恐るべき洪水のように、抑えつけるように上から襲ってくる。不安に駆られて畝に置いてあった籠を摑むが、慌てていたので引っくり返してしまう。命がけで村をめがけて駆け出し、恐るべきもの（das Schauervolle）から身を隠すために家に戻り、閉じた扉の前で考え込む。そして変だと思う。自分の愚かさが恥ずかしくなってくる。その疑問でお終いにはならない。あの現前が彼を呼び、もはや放っておこうとはしないからである（*Ibid.*, SS. 275–276）。

著者から本当の体験談だと聞かされたオットーは、この話の中にみずからがヌミノーゼの感情を特徴づける諸契機と認められるものがあることを確認するとともに、そこで体験されたものが通常のカテゴリーのどれとも合致せず、まさに「奇跡」（Mirum）であることを指摘する。もう一つオットーが注目するのは、この少年の体験の自発性である。すなわち教育とは無縁であることと、何よりも「少年」の体験だということである（*Ibid.*）。

同じような少年期の体験談をオットーは或る定期刊行物の寄稿文から引用している。それはCh・

ハインリックスという人物の「私との出会い」という題の回顧録の一部で、海辺における体験がその内容をなしている。その人は寒く、湿り気で見通しの悪い海辺の渚に独りで居り、砂と石と木片で舟を作っていた。そのときに降りかかってきたのだ。暖かい巨大な火花のように、数ヶ月の間にがつがつと飲み込まれたイメージが稲妻のような速さで、小さな斑点のように、私の最内部へと降りてきた。ますます速く、ますます豊富に、ますます深く落ちてきた。全部——全部だ、忘れたものは何一つない。そして私の存在（Sein）の汲めども尽きぬ根源として、自然と私との切っても切れない絆としてあり続けている。一瞬の間私は自然の只中で、それ自身の一部としての自分を凝視していた。自然の中で私は自分と出会ったのだった。そのとき私の身体を貫いたのは、最も深いところから現れた感謝だった。これはわが生涯で最も美しい時であり、もはやそれほど美しいことはあり得ないであろう——ひとりの子供の賢い認識は今日まで当然保たれている（*Ibid*., S. 276）。

これについてオットーは第一例とは違うが、自発的な神秘的経験に数えてもよいという以外のコメントはしていない。次に説明や解釈抜きでイギリスの詩人アルフレッド・テニスンの回顧録の一節が引かれている。たった独りで居るときには、しばしば一種の虚弱な状態になった。声に出さずに自分の名前を繰り返し言うときにそういうようになったが、終いには突如として、まるで個人の意識の強さから抜け出るかのように、個人そのものが無限の存在（boundless being）へと溶けていき、消えていくように見えた。しかしこれは混乱した状態ではなくして、この上なく確かなことの中でも最も明確なものであり、しかも言葉を超えていた——そういう状態のもとでは死などはほとんど笑うべき不可能事だった——人格の喪失（そういうものだとしても）は消滅ではなく、唯一の真の生であるように見えた〔……〕(*Ibid*., S. 276)。なおこれには同じ論文集の別の箇所に挙げられたテニスンの回想を参照するようにとの指示が付けられていて、そこには禅の悟りと比較された同人の体験の記述がある。二人の友人と文学や哲学について議論した帰り道で、それを反芻しているうちに突如として、全く思いがけなく、燃え上がる多彩な色をした雲に自分が包まれているのを感じた。とっさに何か近くで燃えている火を考えたが、すぐにそうではなく、火は自分自身の中にあることを知った。すると喜びの感情が湧いてきた。それは限りない喜びで、言葉では言い表せない洞察の閃き(die Einleuchtung der Einsicht)を伴っていた。そのとき私は見た——ただ確信したというだけではなく、見たのだ、一切のものが死せる材質から成っているのではなくして、逆に生きた現前(Gegenwärtigkeit; a living Presence)であることを。世界の秩序とは、例外も偶然もなく万物が互いに最も良く働き合っているのだということを。それが見えたのはほんの数秒の間だけだった。しかしそのこと、そしてそれが示したものの現実性の感情は、それ以来二五年が過ぎたいまもずっと続いている(*Ibid*., S. 253)。

インドの思想家で詩人でもあったラビンドラナート・タゴールに関するみずからの著書の中でも、その幼少年期の体験とその神秘的直観を指摘したと記したのちに、オットーが取り上げるのは、イギリスの芸術評論家で社会思想家でもあったジョン・ラスキンが少年時代を回想した文で、これには純粋なヌミノーゼの経験がその全ての要素ともども窺われるという。

何ら特定の宗教的情操とは入り混じっていなかったけれども、取るに足りないような小さなものから最も広大なものに至るまでの全自然のもとでの尊厳さ（Sanctity）の絶え間ない知覚があった――本能的な畏怖（instinctive awe）、しかも喜び（delight）と結びついたそれ。われわれが時折身体を離れた魂を指し示すために想像するような言い表しようのないスリル〔この部分には「ツィンツェンドルフのところで「夕方に戸外に居るときに身震いがする」とあったことを参照してほしい」という脚注がある〕。私がこの知覚を純粋に感じることができたのは、たった独りで居たときだった。またそれがときにはその喜びと恐れでもって私の全身を震わせることもあった。いつだったか丘を降りてようやく山から流れる川の岸に辿り着いたとき、そこでは褐色の水が小石の間で渦巻いていたとか、日没を背景にした遠い土地の起伏をはじめて見たとか、山の苔で被われた最初の低い壁を見たというようなときにそうだった。私はその感情を少しも書き表すことができない。けれどもそれが私の欠陥だとは思わない、国語力の足りなさとも思わない。どんな感情も書き表せないと思っているから。空腹でない人に空腹感を言葉で説明するのは難しい。自然の中の喜びも私には一種の心の渇き（heart-hunger）、大いなる聖霊の現前によって満たされるもののように思われる。――こうした感情は私が一八か二〇歳になった頃までは全く元の強さで残っていた。そして反省の力、実践の力が増してくるにつれて、それに「この世の気がかり」が私に追いついて来る頃には、次第に消えていった〔……〕。（傍点は原文隔字印刷）

オットーはこの回想文について次のような点に注目している。（一）この体験が特定の宗教的情操とは関係がなかったということで、宗教教育の影響による「宗教一般」に関する既存の観念や感情が誘因ではなかったこと、（二）「書き表すことができない」というように、具体的な概念によっては表せないこと、（三）同時にそれが「感情」（feeling）で、しかも独特な、自立的で、ほかのものによっては取り替えられない、複写することもできないものであること、（四）美や崇高といった審美的な体験ではなく、「神聖性」という全く別の体験であったこと、（五）「本能的」（instinctive）というのは、反省からは生まれない、むしろ反省の力が増すにつれて次第に消えていく、純粋にア・プリオリに心の深層（Seelentiefe）から本能的に直接に、感情によって（gefühlsmäßig）呼び起こされるという意味であること、（六）「スリル」、「畏怖」は驚くべき且つ戦慄すべき秘義（mysterium mirum ac tremendum）に対する特徴的な感情で、しかも「全身の震え」（shivering from head to feet）のもとで現れていること、（七）「喜びと恐れでもって」とは、うっとりさせると同時にショッキングな戦きで、tremendum（戦慄）と stupendum（呆然）と fascinans（魅惑）の混合であること、（八）幽霊への怖さの場合のように、「彼が或る現前に気づいている」、つまり身体を離れた魂に気づいていること。しかし同時にかなり高い段階になると、「大いなる聖霊」が近くにあるとされているように、彼には或る精霊らしきもの（ein Geisterhafte）が、それも大きさと聖性を伴って、しかし同時にまた一切の言語化を拒否しつつ顕現している。（九）それは「一種の心の渇き」から、すなわち神秘主義の詩人ゾイゼやアウグスティヌスが語っている静寂な「神秘的衝動」、宗教的な不安の感情のもとでわれわれが求める不思議な価値への衝動から破り出て、みずからを露わにして知らしめるまでになるが、われわれはそれをおぼろげながらもすでに知っていなければ、それを求めることも、それに憧れることもできない。（一〇）審美的なものは何ひとつ、そして道徳的なものあるいは目的論的なものも全く混じっていないこと。その体験は純粋にヌミノーゼである。〔……〕とくに注意してほしいのは、「日没を背景にした遠い土地の起伏」で、地平線を背に盛り上がることによって、また太陽の沈みゆく光だけが強く呼び起こすことができる広さのもしくは果てしなさの感情によって印象深くされた広い空間（die weite Leere）である（*Ibid.*, S. 278）。ここでもオットーが重要視するのは、記憶されている経験が特定の宗教的な観念や感化とは無関係に起こっているということであり、とりわけ自然の風景や景色との出会いと結びついていることである。いかにヌーメン感覚が自発的に目覚めさせられるか、また特定の宗教経験に先立って発動するか、を彼は強調するのである。

最後にオットーが引き合いに出しているのはセオドア・パーカーの説教集の一部で、子供におけるヌミノーゼの素質に関する見解やヌミノーゼの特質を表す用語がすでに見られるところに注目している。それは次のように要約することができる。子供の宗教的な活動（die Bestätigung）は早期に始まるが、たいていは意識されない。早くに母親を亡くした幼児が、本能的に且つ意思によらずに母親の胸から自然の糧を求める口の動きをするのが見られる。これは幼児期における感情が無限の神を求めて手探りしていることを表している。たとえ口をいっぱいにし、どうにか空腹を防ぐだけの、神性をもつ粉ミルクで満足させられるだけだとしても。或る漠としていて、おぼろげに謎に満ちた或るもの（Etwas）、それも全てのものを越え、全てのものの周りにあり、全てのものの中にあって、捉えられず、それでもそれを逃れることもできず、事物の根底にある或るものについての知覚、思想と言うよりも感情をもっていた頃の記憶がないだろうか。もしあるとすれば、それはその一部が、もしかしたらあなたがたの一部が現れたのである。目には見えず、耳にも聞こえず、手で触れることもできない、しかしそれでも感じられ、不思議なくらいはっきりとそれを得ようとしたことをあなたがたは訝ったであろう。あなたがたはそれをときには愛し、ときには畏れたはずである。それに名前を与えようとは思わなかったであろうし、そう思ったとしても変わりやすいそのものを十分に表す名前など一つも思い浮かばなかったであろう。新しい場所に出会ったときにそれがまっさきに感じられたであろう。ところがそれはすぐに旅には付きものとしていつもの同伴者になってしまうのである（*Ibid.*, S. 279）。同じ経験は諸民族の歴史の大舞台でも起こった。それは遺跡に現れており、「その意識の事実はあなたがたも私も幼児期にもっていたのと同じである」（*Ibid.*）。まだ神性へと固定される以前の、漠として謎に満ちていて、しかも超人間的な或るもの、「神的なもの」（the Divine）――私ならヌーメンと名づけたいところだ――を未開の人々は何であるかを知らず、「それは自分ではない。では何か。外にあるものか」と問い、同じように感じられる外部の事物、たとえば爬虫類の動物、獣類、鳥あるいはときには昆虫など、また自然の一部、風、雷光、太陽、月、惑星や星辰などをそれとして受け取る。子供のように、自分の感情を外部に客観化するのである（*Ibid.*, S. 280）。

オットーのこの論文の着想は、直観的な模倣（Abbild）を生み出す才能のもとで現れて、その後はしばしば消えてしまうかあるいは限定されてしまう、青少年たちの造形的な直観能力に関する心理学者イェンシュ（Jänsch）の研究に負うところがあったようで、冒頭と結びに彼の名前が挙げられている。その研究によれば子供の精神（Geist）は一般に素質においてのほうが成人のそれよりもずっと豊かであり、成人にあってはしばしば素質の損失を被ることがあるという。オットーはこの研究事実を宗教の起源の解明にも当てはめて、「人間と神々との交流に関する古い神話は、ヌミノーゼの感情が文化の歴史の後代になってようやく現れる要素ではなくして、むしろ文化に先立っており、人類の始原の状態は、ダーウィン主義者たちが描きたくなるような野性的な半動物などであったのでは全くなく、潜勢力（Potenzen）、とりわけ感情のそれにおいて大人よりもより豊かだったという点でも幼少年期に匹敵するような、素質と潜勢力に恵まれた「幼少年期」であるという意味のもとで、もう一度その正しさが確認されることになるであろう」（*Ibid.*）と言う。この観点からオットーは、「文化の生産」（Kultur-erzeugung）というのは、ちょうど個人の生活史において知性化が果たすのと同じような役割をしばしば果たしてきた、言い換えれば根源的により豊かな感情の素質の能力を脱力化する（depotenzieren）役割を演じてきたと考えるのである。形象的に物を見る能力は決して発達した文化の産物ではなくして、氷河期の芸術家たちにも驚くべき高さで存在していたと考えざるを得ない（*Ibid.*）、とも彼は言う。

宗教史の始源の問題は措くとして、この論文においてオットーは幼少年期におけるヌーメン感覚の発動を確認し、それがのちに自己の新しい発見や周囲の自然の再認識へと導き、また具体的な宗教経験にも結びついていくことを論じている。その際にヌーメン感覚によって感じ取られるものが何ものかの「現前」（presence; Gegenwärtigkeit）であるということが決定的な要素をなしている。それはその経験以前には全く未知のもので、言葉にもならず、ただ呆然とするほかないようなものとして現前するという。それゆえにその経験には何か新しいものに対する畏れとともに喜びも伴っているという例もある。ここにヌーメンとヌーメン感覚との本質連関が成り立っている。しかしヌーメン感覚にとって現前するものは、必ずしも「神」や「神的なるもの」として予定されているわけではない。或る人にとってはそれはそれまで気づかなかった「自分自身」であったり、別の人にはそれまで経験したことのない「自然」の広大さや尊厳であったりする。神学者オットーはそこに神観念を産出する源泉を期待し且つ想定するのであるが、それはあくまでものちの宗教的経験および特定の宗教経験との関連のもとで「宗教的ア・プリオリ」として解釈されたものにほかならない。人間学的に解釈すれば、ヌーメン感覚の発動はむしろ存在の不思議もしくは生の不可解さの初歩的(elementar)もしくは初次的(primär)な体験と見なすこともできるであろう。

因みに『聖なるもの』が出版された直後からオットーのことを気にかけていたと思しき哲学者がいた。マルティン・ハイデッガーがフライブルクの大学でエトムント・フッサールの助手を務めていた頃の講義、すなわち一九一九年から二〇年にかけての冬学期の「現象学の根本問題」という題目の講義においてオットーの用語が使われているのである。その時期のハイデッガーは周知のように哲学を根本学(Urwissenschaft)あるいは根源学(Ursprungswissenschaft)として性格づけ、その対象領域の「Ur」および「Ursprng」を「生」(Leben)と見立て、事実的生の具体的現象学を超えて本質現象学へと肉薄しようとしていた。その根本問題は「生および諸々の世界のこのつねに流れ続ける充溢のもとで、どのようにして厳密な学を確立しようとするのか」(Heidegger 1993: 37-38)ということであった。このときハイデッガーは「生」は「事実的生」(das faktishe Leben)として自明でありながら、いずれの学的把握や理論にとっても、結局は「余剰」(Überschuß)であらざるを得ないということを認識し始めていたようである。「事実的生において存在する（Existenz）ということの意味は、現実に経験された、想起されたあるいは予期された諸々の有意義性（Bedeutsamkeiten）のもとにあるのであって、想起もしくは経験あるいは予期によってかくかくしかじかの一定の経験をすることは、或る完全な具体的な統一性のもとで起こることになるわけである」（*Ibid.*, S. 106）と事実的生の経験の特徴を捉えるハイデッガーが、「私が規定がない、無規定的だとして経験する「或るもの」もまた、私は或る一定の有意義性の無規定性のもとで経験している——部屋の中の「わけの分からぬ」（unerklärlich）物音（「どうもなにか様子が変だ」、「なんか気味が悪い」）（es ist etwas nicht geheuer）」（*Ibid.* 傍点は原文イタリック）と言うとき、彼は有意義性の連関のもとでの理解あるいは説明にとっての「余剰」に出会っている。たぶんここにはヌーメン感覚が働いているであろう。続けてハイデッガーが、「形式論理学的な或るもの（Etwas）一般がもつ意味のもとには、事実的に生き生きとした人格的な生の絶対的且つ徹底的な阻止（Unterbindung）が伏在しているのに引き換え、理論以前の或るものは生の、さらに言えばその見通しの利かない、しかしそれでも生き生きとした予期連関のこの上ない潜在的で完全な不気味さ（Unheimlichkeit）を、しかもその特別の世界様式とか経験様式がいささかなりとも目立つということもなく、帯びている——［戦慄すべき秘義のもとにある〈或るもの〉］（Das »Etwas« im mysterium tremendum）」（*Ibid.*, S. 107）と「生」そのものの本質的特徴を示唆した箇所は見逃すことができない。

その後ハイデッガーはオットーが居たマールブルクの大学に移り、神学部のルードルフ・ブルトマンと親しくなったと言われる。しかし間もなくそこを去って再びフライブルクに戻ったハイデッガーがその教授就任講演「形而上学とは何か」で取り上げたのは、やはり学にとっての「余剰」としての「無」(das Nichts) であった。世界と関わるときの学が、またその際の人間の姿勢が対象としているのはつねに「存在するもの」(das Seiende) であって、「そのほかは何ものでもない」(sonst nichts, weiter nichts, darüber hinaus nichts) ということだと彼は言う (Heidegger 1931: 9)。そのように学にとっては「余剰」とされる「無」は実は「在る」(Sein) そのものの本質に根源的に属している」(*Ibid.*, S. 19) とした上で、ハイデッガーは、それは「全体のもとでの在るもの〔存在者全体〕を超えている」(über das Seiende im Ganzen hinaus) こと (*Ibid.*) ——つまりあらゆる「在るもの」にとっての「余剰」であること——、「無は不安においてみずからを露わにする」こと (*Ibid.*, S. 17)、そして「人間が無そのものの前に連れ出されるのは」、「その最も固有の露呈の感覚 (Enthüllungssinn) に従って無を明らかにする」ところの「気分」(Stimmung) のもとに、「気分づけられて在ること」(Gestimmtsein) においてであること (*Ibid.*, S. 15. 傍点は原文隔字印刷)、この「気分」という「感情」(Gefühl) は「思惟や意志の態度に伴う一時的な現象ではなく、またそうした態度に導く原因となる衝迫でもなく、さらにはわれわれが何らかの仕方で折り合いをつける、単に手前に在る状態でもない」(*Ibid.*) こと、無は「本質的に拒否的」(abweisend) である」(*Ibid.*, S. 18) こと、といった特徴を指摘している。この「無」の特徴を単純にオットーの「ヌミノーゼ」の特質と関連づけ、あまつさえ比較しようとすることは無謀以外の何ものでもないであろうが、さりとて或る種の並行点を見過ごすわけにもいかない。オットーにとってもヌミノーゼは、一切の自然的な感情内容である「在るもの」を超えており、一切の合理的な表象内容である「在るもの」にとっては「余剰」であり、それらを「拒否する」（abdrängend）（Otto 1917[1936]: 21）ものであり、ただそれが感じられるのは最も固有の感覚、つまりヌーメン感覚によってである。さらに先に触れたように彼も「感情」を単なる「主観的な状態」（subjektive Zuständlichkeiten）とは見なさない（Otto 1932: 327）。またハイデッガーは、無の「無化」（das Nichten）、つまり無の生起は、不安の気分において誰にとってということもなく、また何に対してということもなく「気味が悪い」（unheimlich）という決まりのなさ、あるいはどっちつかずの状態（Gleichgültigkeit）のもとで、存在者全体が「滑り落ちる」（Entgleiten）ことを示すものであって、それは取りも直さず「無を背景にして——存在者をその全くの、それまで隠されてきたよそよそしさ（Befremdlichkeit）のもとで、全くの他のもの（das schlechthin Andere）として露わにする」（Heidegger 1931: 15）ことだと言うが、これは、日常性のもとでの「現存在」にとって、「無」が「全くの他のもの」としての「よそよそしさ」において露わになることの裏返しの了解と解釈されなくもない。因みに一九四三年の同書の第四版に追加された「後語」（"Nachwort"）には、「存在は存在者と同じように対象的に前に立てられたり、こちらに向けて立てられはしない。一切の存在者にとってのこの全くの他のものは非＝存在者である。しかしこの無は〔本質的に〕存在している（wesen）」（Heidegger 1976: 306）とある。

いずれにしても神学的な関心からではなくして、人間学的なそれからすれば、「畏怖」という宗教的な気分状態（Befindlichkeit）において露呈されるヌミノーゼは、それに対する自己感情である「被造物感」という気分状態において露呈される自己の「無」の意味の了解へと誘う契機となるのではないか。もとよりハイデッガーにおける「無」とオットーの被造物感において感じられる自己の「無」とは、その自覚の契機において異なっている。前者の場合には、日常性のもとに在る現存在が時間性のもとで「良心」（Gewissen）によって自己の本来的な「在り得る」（Seinkönnen）ことへ向けて呼び戻されることを契機とする（Heidegger 1960: 272）のに対して、オットーの場合には、既述のように「自己の外なる」ヌミノーゼの感情体験を契機とする。しかしながらこの違いは「無」の前に連れ出される回路のそれとして解釈することができないであろうか。すなわちオットーにとってもこの「無」の主観的感情は単なる自己否定に終るのではなく、ヌミノーゼを「魅惑するもの」と感じることを介して、「不思議な歓喜」（Otto 1917[1936]: 42）へと導き、「宗教的生活」（vita religiosa）（*Ibid.*, S. 44）を新たに開始させるための、言うなれば既存の存在秩序を「超えている」（über...hinaus）、その「余剰」であるような新しく「在り得る」実存の次元へ跳躍するための契機を意味している。自己の「無」の自覚は、それまでの一切の言語や概念の無効性のもとで、それらの使用の断念のもとで、ヌミノーゼをヌミノーゼとして受け入れる「空き地」（Lichtung）を準備するということである。因みに一九三〇年代の半ばにハイデッガーはしきりに「存在」（Seyn）への「飛び出し」（der Sprung）を試みていた。その契機として「驚愕」（Schrecken）と抑制（Verhaltenheit）および畏怖（Scheu）が挙げられているのであるが、これらは、「存在」が「存在」として、その「最初の始まりにおいて」（im ersten Anfang）「生起する」（sich ereignen）、別の言い方をすれば、人間の「現存在」（Dasein）に対して――遠退きつつ（entrückend）（言うなれば tremendum）且つ引き寄せつつ（berückend）（言うなれば fascinans）――「現＝存在する」（Da-sein）、あるいは「みずからを眼前に持ち出す」（sich vor die Augen bringen）ことによって人間に経験させる際の「根本気分」

(Grundstimmung) とされている (Heidegger 1994[2003]: 14, 20 ff.)。

結び

オットーは洞窟や岩窟などの前でヌーメン感覚が発動するときに「畏怖」の感情が起こると言い、またその感覚のア・プリオリ性を立証するために彼によって用いられた資料でも、証言者たちは幼少年期のその体験に際してやはり程度の差はあれ「畏怖」の感情が伴っていたことを語っている。それでは一体なぜ人間はヌーメンを怖がるのか。一切の合理的理解を拒むヌーメンのこの「余剰」の感覚は何をもたらすのか。わけが分からず (blind) ギョッとする (Entsetzen) という反応は、この「余剰」に対する直接の、初次的な動転あるいは放心であるのか。摑まえようとしても摑まえ切れないもの、いつでも理解をすり抜けていくもの、要するに、「意味」の了解が及ばないものあるいはそれを拒むものに対する無力感であるのか。そのような未知のものに対する手持ちの理解や認識の枠組の限界意識から生ずる心もとなさなのか。そうしたことから引き起こされる世界の無意味化あるいはカオスへの逆行に対する不安や畏怖であるのか。オットーがこのような問いに答えた箇所は見つからない。彼の主たる関心がヌーメンの経験が神の観念形成の源泉であることを突き止めることにあったために、そもそもこのような人間学的な疑問をば提起していない。この疑問は、ファン・デル・レーウが「生の不安」と、またエリアーデが「カオスへの不安」と結びつけて宗教を理解しようとしたことと関連づけて見る必要があるかもしれない。とりわけ前者が、犬に関する知識をもたない子供の不安、性に対して無知な少年の不安、荒野や森における孤独を襲う不安、多くの伝説や御伽噺で感じられる不安、暗闇の中での不安などを「初次的な恐れ」(primäre Furcht)と見なしていることが注目される(Leeuw 1933[1955]: 528)。彼はこれらの不安の現象をハイデッガーから借用した「世界・内・存在」としての人間存在に結びつけるのであるが、その際に次の文は注目に値する。「不安そのものは恣意的感情ではなくして、無制約的な可能性から目覚めさせられる原体験であり、それは単に与えられたものの彼方にあって、あらゆる宗教と生の根底にある。この不安は力＝人間関係の緊張を示唆するものである。〔……〕畏怖における宗教的契機は、一方においては畏怖が説明できないこと、還元できないこととともに与えられるが、他方では畏怖が生の全体に拡がるその無制限さ(あらゆることが可能だ、言い換えれば私は無の前に立っている)とともに与えられるのである」(*Ibid.*, S. 531)。如上の連関においてファン・デル・レーウからも目を離すことができない。以下の二つの章は彼およびエリアーデの宗教学の人間学的理解に当てられる。

しかしながら他方において、「全く他のもの」としてのヌーメンに直面して陥る「呆然」(stupor)(Otto 1917[1936]: 30)たる状態は、決して「びっくり仰天」させるという消極的な作用に終始するわけではなく、それはまた「正真正銘の「驚くべき」もの」、すなわち「宗教的な神秘」の存在をも感じさせ、「超自然的なもの」あるいは「超世界的なもの」へと誘い、果ては「彼岸」や「空」の世界あるいは神秘主義的な「無」の境位へと飛躍させる跳躍板でもある、とオットーは見ている(*Ibid.*, SS. 31-35)。言い換えればヌーメン感覚は、新しい「意味」の世界がそこから開けてくる端緒としての「超越」の次元に対する指向を含んでいるということでもある。改めてオットーがヌミノーゼの対立調和と表現した事態、すなわち戦慄を感じつつ、魅惑されるという両面感情が心情を支配する事態を、超越への方向と超越からのそれとの動的な関係のもとで取り上げる必要がある。それはおそらく根本的な意識改革あるいは人格転換を誘うあるいはそこへと導く契機となるものでもあろう。

最後に唐突な連想であるが、『コーラン』の第一〇一節には、「どんどんと戸を叩く、何事ぞ、戸を叩く」(井筒俊彦訳版)、「叩く音、叩く音とは何か」(藤本勝次編版)という文があり、預言者のアッラー体験の一面と思しきものが伝えられているのが思い出される。想像するにムハンマドが戸を叩く音を耳にしたときに、おそらく最初に感じたのは「何《もの》」が「何《事》」をしているのか、という「不気味さ」・「気味の悪さ」であったろう。後者の注釈者は「終末の時が迫ってくる不気味な感じを表現している」(藤本勝次編版、五五一頁)と記しているが、たぶん「終末の告知」という理解の前に、「ヌーメン感覚」から発せられる「最初の発声」として間投詞が口から飛び出したことであろう。おそらく最初の物音は「全く他のもの」の実在を示唆するものと受け取られ、それに対してただ「呆然」(stupor)とするばかりであったと想像される。オットーの表現を借りれば、「開いた口が塞がらない」状態に陥り、「不審に思う」(Otto 1917[1936]: 30)ばかりであったであろう。そうして辛うじて意味のある言葉として最初に口にされたのが、たぶん「神は偉大なり」(Allah akbar)ではなかったろうか。そのとき預言者ムハンマドが誕生し、イスラームはそこから始まったのであろう。やがてその出来事は『コーラン』において、「山々が、むしられた羊毛のようになる日」(藤本勝次編版)、すなわち終末的カオスの到来を神が告げに来たこととして神学的に意味づけられる。さらに、「目方の重い者には、愉悦の生活がある。目方の軽い者は、奈落を母とする」(同)という善悪観と新しい希望と期待を含む救済論的な意味をもつ未来の「生」も啓示される。しかしそのことがまず最初に不気味な音によって告げ知らされたという宗教的事実が重要である。この「不気味さ」に対する預言者の戦慄との共通体験が失われるときには、神の絶対的な「偉大さ」は非宗教的な権威のそれへ、また「終末」は全人類のそれから、たとえば社会的な力関係における対立者のそれへと変質する可能性を帯びることになるであろう。キリスト教の立場に立つオットーは教祖に対する同様の共通体験に戻るべきことを主張する。「ゲッセマネの夜のイエスの苦闘をも見なければならない。魂の底にまで達するこの身震いと畏縮を引き起こすものは何か。この死ぬほどの悲哀と血の滴りのように大地に流れる汗を生み出すものは何か。〔……〕普通の死の恐怖だろうか。〔……〕否である。そこには死の恐怖以上のものがある。それは「畏るべき神秘」の前での、畏縮を伴う謎の前での被造物の身震いである」(Otto 1917[1936]: 105)。宗教は人間をその存在の原点へと導いていく。そこから改めて宗教と人間の存在もしくは生との関わりが注目されてくる。宗教現象学者の中でこの問題に最も正面から取り組んだのは、オランダの宗教学者ファン・デル・レーウであった。

第三章　ファン・デル・レーウの宗教現象学の人間学的考察

第一節　ファン・デル・レーウの「宗教現象学」の構想

本書の「序章」において指摘したように、二〇世紀の宗教学にほかに類を見ないほどの大きな影響を与えた著作は、一九三三年に出版されたヘラルドゥス・ファン・デル・レーウ（Gerardus van der Leeuw、一八九〇―一九五〇）の『宗教現象学』（Leeuw 1933[1955]）であったと言っても過言ではないであろうが、それと同時にこの著書ほどまた多くの厳しい批判を受けたものもほかにないであろう。「宗教現象学」について語るとき、積極的にも消極的にも話題にされ、論議の対象とされた本はこれ以外には俄には思いつかない。彼にはこれに先立ってすでに『宗教現象学入門』（*Einführung in die Phänomenologie der Religion*）という著書が一九二六年に公刊されているが、宗教現象の体系的な分類という基本的性格は共通しているものの、「現象学」についての彼の原理論と方法論を理解するのに向いた内容のものではない。彼の宗教学的研究の特徴を包括的且つ徹底的に考察するためにはやはり『宗教現象学』に拠るのが本筋である。それのみならず、「宗教」を人間の「生」に基づけようとする人間学的な考究が見られるのも、本書がもつ重要な価値である。そこで本節では彼の「宗教現象学」についての原理論と方法論を考察し、第二節でファン・デル・レーウにおける「宗教」の理念を明らかにした上で、その諸現象の体系化について述べ、第三節では『宗教現象学』において展開されている「人間の生」および「世界」についての彼の理解を読み解く試みをしてみたい（以下、一九五五年刊の増補版を使用）。

ファン・デル・レーウの宗教現象学を論ずる際にほとんどの研究者が取り上げるのは、『宗教現象学』の末尾に置かれている「エピレゴーメナ」であり、原理論と方法論であるその内容から見てそれは至極妥当なことである。しかし「Phänomenologie der Religion」を「宗教」の「現象学」として構想した理由あるいは背景には、当時哲学の新しい方法として脚光を浴びつつあった現象学を「宗教」の研究に適用したほかの試み、たとえばすでに述べたマックス・シェーラー（Scheler 1954）およびオットー・グリュントラー（Gründler 1922）が試みたような「神的なるもの」の現象学のようなものとは異なった動機ないし意図があったように思われる。ファン・デル・レーウの宗教現象学を哲学的現象学と比較する前に、それがそもそもどのような学的要請のもとに成立したのかを明確にしておくことが必要であろう。差し当たりそれを宗教史および神学との関係から考察することにする。

ファン・デル・レーウは『宗教現象学』の最後のパラグラフをなす「学説史」において、一九世紀における宗教史全盛期のもとで現象学の準備が、たとえばヘルマン・ウゼナーやアルブレヒト・ディーテリヒといった人々によってなされ、これが実って一八八七年にシャントピー・ド・ラ・ソーセイの宗教現象学がはじめて輪郭を得て、「宗教の外なる現象を内なる事象から理解する」（*Ibid.*, S. 796）道がつけられ、心理学に広い余地が認められるようになったと述べている。宗教現象学は宗教史とは異なる学問として構想されたというのである。両者の違いは、ファン・デル・レーウが『宗教現象学』に先立ってドイツの著名な宗教事典である『歴史と現在の宗教』（*Die Religion in Geschichte und Gegenwart* (RGG) 2. Aufl., Tübingen, 1925）に寄稿した「宗教史」（Religionsgeschichte）（*Ibid.*, Bd. 4）の解説によって明確にされている。この解説は、宗教史をそれと関連する諸学から区別するというスタイルで記述されており、神学、宗教学もしくは宗教現象学、宗教哲学および宗教心理学と宗教史との相違ならびに関係が簡潔に述べられている。ここでは宗教現象学が宗教学（Religionswissenschaft）と区別されてはいないが、これと宗教史との違いは、（一）宗教史はいかなる体系学でもなく、（二）それは歴史的な諸問題を通り越して、その先で了解される関係にまでは到達する必要はなく、（三）宗教史が求めるのは歴史的多様性であって、意味統一（Sinneinheiten）ではなく、これに対して（四）宗教学は理念型によって、たとえば「仏教というもの」とか「供犠というもの」あるいは「神秘主義というもの」などを問題にするが、宗教史のほうはこれらの現象を歴史的に研究する点にあるとされている。これとは別に両者の間には積極的な関係もあって、宗教史は宗教学に対して材料を提供し、宗教史の仕事場が「意味のない材料の山積み」とならないために、了解（Verstehen）による関連づけを行う現象学者の協力を得て、現象の整理、区分および因果的結合を行うべきだと言う。

この解説によれば、宗教現象学（宗教学）は、宗教史が提供する諸宗教に関するデータを「意味統一」、すなわち『宗教現象学』では「構造」（Struktur）と言われているものに基づいて体系的に分類し整理する学問分野を指している。このような体系的宗教学（die systematische Relgionswissen-schaft）への要請はすでにヨアヒム・ワッハにもあったことは改めて指摘するまでもないであろう（Wach 1924）。それは宗教史の研究蓄積を前提にする新しい宗教研究の枠組を確立しようとするものであったが、ワッハによれば、その背景には宗教史学派と称せられる人々を中心とする一群の研究者によって対象領域の過度の専門化および細分化が生じ、それに伴って宗教の全体的な把握が欠如するなどの弊害が反省されたことがあったという（Wach 1958: 4-5）。ファン・デル・レーウの宗教現象学はヨーロッパ近代の宗教研究、とりわけ世界各地に及び且つ古代世界にまで達する歴史的研究と不可分の関係をもつものである。その意味ではハーバート・スピーゲルバーグが、ファン・デル・レーウの『宗教現象学』の「エピレゴーメナ」における現象学に関する記述は多分に「あと知恵の性格」（the character of an afterthought）をもっていると評し、「宗教の比較研究から興った現象学の独立の起源を看過することは不公正である」（Spiegelberg 1982: 10）と見たのは、すでに本書の第一章でフリードリヒ・マックス・ミュラーの宗教学的研究をはじめ、ジェヴォンスやエトワルト・フォン・レーマン、ルードルフ・オットーやハインリヒ・フリックおよびファン・デル・レーウたちの著書を「宗教現象学」に分類することが行われていたことを見たわれわれにとっては決して的外れではない。ファン・デル・レーウが「宗教現象学はほかの学問に比べてダイナミックである。動きを止めるや否や、それは研究を止めることになる。その果てしない修正の必要は宗教現象学の最も内的な本質に属している」（Leeuw 1933[1955]: 798）という言葉でみずからの著書を閉じたのは、彼自身の方法論に寄せてこの学問の歴史的な位置づけを示したものである。宗教現象学はあくまでも宗教史を離れては成り立たないというのが彼の学問的確信であった。その点だけを見れば、彼の宗教現象学は、たしかに薗田稔が言うように「「宗教現象」の学」であると言わなければならない（薗田 一九八〇：二九一―二九二）。しかしファン・デル・レーウが実際には、たとえばジャン・ピアジェの著書から児童心理の例を引いたり、リルケの詩あるいはその他の文学作品における描写や哲学者の命題などをも「宗教」の現象として扱っていることからすれば、その評価は再検討されなければならないであろう。それらをも「宗教」の「現象」として同定するためには現象学的な原理があるはずである。ファン・デル・レーウにおいては「「宗教」の現象学」を構想するところに、宗教史はもとより、同じく隣接する心理学や社会学あるいは人類学などと異なる宗教現象学・宗教学の独自の存在理由と学的領域が置かれている。ここでは「宗教」の理念あるいは定義が学者の数と同じになることが許容される。同じように宗教現象学においても必ずしも排他的全体主義は必要とされないという認識が肝要であろう。

ファン・デル・レーウにとっては宗教史に隣接する諸学問はそのまま「宗教現象学」にとっても同様の意義をもっている。神学と宗教現象学との関係に関する彼の見解を理解するためには、差し当たり一九二八年に神学および教会のための定期刊行誌に載せられた「構造心理学と神学」（"Strukturpsychologie und Theologie"）（Leeuw 1928）という論文を参照するのが便利である。その中で重要と思われる部分を抄訳すれば次のようになる。

歴史神学と組織神学との間には第三の領域、すなわち当面は現象学的神学とでも呼びたい中間段階が現われるように思われる。この段階をわれわれは宗教学と名づける。なぜならばそれは単なる歴史的なもの以上であり、心理学的なもの以上でもあり、或る程度は組織的ではあるが、理論的もしくは教条主義的にとどまるものでもないからである。それは宗教的に了解可能なものの与えられた意味連関の範囲内で活動する。したがって経験的な現実の中で動くのではなく、また究極的な現実の中で動くのでもない。宗教学もしくは現象学的神学の代わりに、宗教心理学という言い方をしてもよいであろう。それはウィルヘルム・ディルタイ的な構造心理学である。「宗教学」は組織的な、しかし理論的な学問として、歴史神学と組織神学との間にあるものとして、せいぜいのところ何らかの宗教現象の特殊性や固有の本質あるいは純粋性を明らかにすることができるだけであり、究極的な価値に対しては括弧付けという方法的な手続きを用いる。純粋に経験的＝歴史的に捉えられたものであれ、形而上学的に捉えられたものであれ、真理の問題をばそのままにしておき、宗教学は意味の問題に自己限定する。要するに(一)歴史神学の方法は、記録的＝説明的（erfassend-erklärend）であり、事実的なものが支配的である。(二)宗教学は歴史神学において見出された材料を了解する（verstehen）ことに努める。(三)理論的もしくは終末論的神学は、記録可能なものおよび了解可能なものの限界をともに越えて、究極的な意味連関を示唆しようとする。（傍点は原文隔字印刷）

これによればファン・デル・レーウは、宗教の歴史的現実と究極的現実および宗教的に意味の了解が可能になるような宗教的現実に関わる研究領域を区別していることが分かる。そうすると中間段階に設定された宗教学もしくは宗教現象学は、個別宗教の歴史的研究、つまり宗教史と個別宗教の神学の双方に対して、そのいずれからも「宗教の意味」、より適切には「宗教としての意味」を了解的に取り出すことができ、それによって等距離の関係をもつことができる位置あるいは方法的な立場にあることになるであろう。因みに言えばこのような立場から、キリスト教学の主要なテーマである「啓示」や「終末論」などのもつ「宗教」としての意味を扱う可能性を追究したのがこの論文なのである。ファン・デル・レーウにおいてはたしかに宗教学・宗教現象学と神学とは遠からざる関係に置かれているのであるが、少なくともそれぞれの対象領域ならびに方法論においては明確に識別されていることを見逃してはならないであろう。

ところでファン・デル・レーウが「了解宗教学」(verstehende Religionswissenschaft)(Leeuw 1928: 326)という呼び名さえ与えている宗教学もしくは宗教現象学に固有の方法とされている「了解」(Verstehen)とはどのようなものなのか。またこの方法に基づいて「宗教現象学」は「宗教」をどのように研究するのであろうか。つまり宗教現象学の理念とはいかなるものなのか。この点について上記の神学・教会雑誌の論文は次のような輪郭を描いている。

私はディルタイとシュプランガー(ならびにヤスパース)の方法を採る新しい精神科学的な

心理学を宗教学の方法に結びつけようとした。このように理解される心理学（「現象学的」方法と呼ぶのが適切だが）の方法は、まずはじめに全体そのもの（Ganzheit als solche）を追体験する。すなわち自己を有機体的全体としての対象の中に置き入れようとする試みである。この感情移入（Einfühlung）は現象学的分析を通じてのみ起こり得る。この分析によって対象が捉えられる。もしくはその部分に分解されるのではなくして、その本質において観取される。こうしてその本質に属するものと属していないものとが識別される。つまり対象に対する一種の現象学的浄化（Reinigung）もしくは現象学的明確化（Klarstellung）となる。このような仕方で対象が独自の性格として露わにされる際に、対象を形成している諸要素がどのように連関しているかということも研究されなければならない。この場合に重要なのは因果の関係ではなくして、構造連関（Strukturzusammenhang）を発見することである。つまり因果の関係を結ぶのではなくして、了解される関係（die verständliche Beziehung）を見つけることである。このような対象への自己移入と構造連関の了解の二つの手続きによって、完全な範囲のもとでの了解が形成される。その基準は明証性（Evidenz）であり、これによってわれわれが対象を見出すというよりも、対象のほうがわれわれに立ち現れてくるのである。最終的にこのように立ち現れてくるものは、一つの理念型的なものであり、これは事実（Faktum）ではなくして意味（Sinn）としての現実である。根本制約はあくまでも体験（Erlebnis）であって、われわれは構造連関を構成するのではなくして、体験するのである。学問の中心で動いているのは歴史的な関心や形而上学的なそれではなくして、直接の了解への関心である。そこに現れてくるのは歴史的な意味もしくは理論的な意味での「知」ではなく、献身的な愛（die hingebende Liebe）によって規定される、またおのずから立ち現れる意味の規範によって導かれる「知」、つまり了解である。

（傍点は原文隔字印刷、一部省略）

これによれば「宗教」は諸々の構造連関から成る有機体的全体として研究者によって了解され、理念型として把握されると見なされている。したがって宗教現象学は理念型としての宗教をその構造連関において把握し、明確にすることを学的課題にすることになる。この場合に方法として用いられる「現象学」は二つの意義ないし機能のもとで理解されている。一つは「現象学的浄化もしくは現象学的明確化」と言われているもので、いわば対象の本質の把握の方法であり、これはいわゆる「本質直観」の方法に通じるものであろう。もう一つは「意味」の理解あるいは把握である。或る事象が或る意味統一をもつということの確認である。たとえば或る行為が「祈り」という意味をもつことの理解と確認であり、これは構造心理学的な方法である。ファン・デル・レーウの『宗教現象学』が、その学的構成から見る場合、意味の担い手としての「現象」と見なされた事象の収集と配列から成っていることはのちに確かめるが、この体系的な研究の方法は疑いなく第二の意味での現象学である。第一の意味での現象学はいわゆる「エポケー」という、言わば「意味」がそこに立ち現れてくる「場」を準備する手続きであり（Leeuw 1933[1955]: 774）、了解の前提である（*Ibid.*, S. 783）。ただしこの場合のエポケーは冷たい傍観者的な態度を言うのではなくして、「愛された対象へと向けられた愛する者の愛の眼差し」（*Ibid.*）であり、プラトンの愛やキリスト教の愛におけるように、そこにおいてはじめて或るものがみずからを示すのである、という点をファン・デル・レーウは強調している。そうするとこのような意味でのエポケーは観察者の自己中立化を意味するのではなく、逆に対象との一体化をこそ指し示し且つ促しているように思われる。改めて彼が考える「了解」の意味と可能性の根拠を尋ねる必要があるが、そのためにはやはり彼が「現象学」の手続きを述べた『宗教現象学』の「エピレゴーメナ」を入念に検討しなければならない。

現象学の実施は「現象学」の理念から導かれている。「現象学」とは、われわれに対してみずからを示すものについて語ることである。この語りを順序立てて実施するに際して、ファン・デル・レーウは次のような段取りを設定する。ただしいつでもどんな場合でもその順序でなされるとは限らず、ときには並行してなされたり組み合わされてなされることもあると断っている。まず（A）命名（Namengebung）が行われるが、実際は区分である。さらに言えば或る現象を或る構造連関においては「供犠」と呼び、別の連関においては「祓浄」と呼んで分類することである（*Ibid.*, S. 772）。次に名称が独り歩きしないように、（B）現象をみずからの生（Leben）の中に差し込む（einschalten）ことが必要になる。現象が私にとってみずからを示すものである限り、この手続きは必然的なものだとされる（*Ibid.*, S. 773）。現象は私の解釈に対して、言い換えれば私がその現象を意図的且つ方法的に体験するという仕方のもとで、私にみずからを預けてくる。ファン・デル・レーウは、ウゼナーが過去の歴史への没入によって類似の感情を共鳴させ、新旧の間に新しい絆を結ぶために追感（Nachempfinden）を磨くことを、しかもまだ本格的に現象学を知らなかったにもかかわらず、強調したことに高い評価を与えている（*Ibid.*）。そしてファン・デル・レーウは、この「絆」はまたディルタイが「構造連関の体験」と名づけたものにほかならないと見る。この手続きは実際にはみずからを他者の体験の中に入れ込んで生きること（sich in fremdes Erleben hineinleben）であるとされる。「本質的に人間的なものはつねに本質的に人間的なものであり、またこのようなものとして理解可能だ」という主張は無敵だとファン・デル・レーウは断言している（*Ibid.*, S. 773）。つまり等しいものどうしの間でのみ了解が成立するということである。このことは現象学者の資格をも決定するとされる（*Ibid.*, 774）。つまり「自己移入の生」（Einleben）が必須だということである。（C）現象学は現象を対象とする。言い換えればみずからを示すもののみを考察する。その際にエポケーが守られなければならない。現象学にとって現象の「背後」（Dahinter）は存在しない。ファン・デル・レーウは、「エポケー」はそもそも人間が現実（Wirklichkeit）に対処するときの特色そのものを意味していると理解して、たとえば人間は与えられた現実に対して、動物とは違って、「否」（Nein）と言うときに人間であると考えたシェーラー、事物の感性的内実から魂を背けさせることにイデアの直観を結びつけたプラトン、世界事物の偶然的な現存在係数を括弧に入れて、世界のエッセンティアを手に入れようとしたフッサールといった人たちはいずれもこの意義を知っていたと言う（*Ibid.*）。現象学は、差し当たり渾沌とした事象界に対して形を与え、意味を付与することを行うのであって、動物のように事象に我を忘れるのではなく、また自我に埋没するのでもなく、神のごとくに超然とするのでもなく、ただもっぱらみずからを示すものを了解しつつ、その傍らに立ってそれを観るのだと言う（*Ibid.*, S. 775）。（D）みずからを示すものを観ることは観られるものを明確にすることであり、互いに関係し合うものを結びつけ、異質なものを選り分けることが必要になる。それは因果の関係のもとで見ることではなく、一枚の絵の部分を繋ぎ合わせるようなものだと説明されている（*Ibid.*）。（E）これらの手続きが一緒になって本来の了解となる。これにより渾沌として動きのない「現実」が告知（Kundgebung）となり、「啓示」（Offenbarung）となる。体験とは一つの顔であり、一つの語りである。そのロゴスを理解することが学問であり、それが解釈学である（*Ibid.*, SS. 775–776）。

或る事象が或る意味をもって語りかけてくるとき、その事象は現象として意味を了解する者に立ち現れてくる。したがって意味の了解がはじめて或る事象を現象として性格づけ、同定することになる。ファン・デル・レーウによれば、この了解が可能になるのは、対象に対する了解者の献身的な愛によって、事象を了解者の自己の中に取り入れて、それを了解者の体験の現実と共鳴させることによるとされる。了解者のこの体験はもちろん「意味の体験」であり、「共鳴」は「意味の体験の連関」の体験ということになる。現象学に背後世界を認めない彼の立場からすれば、現象学はまさしく了解者としての現象学者のこの「共鳴」において、またそこでのみ成り立つと言わなければならない。それでは意味の了解におけるこの「共鳴」の体験はいかにして可能なのか。ここには二つの問題もしくは体験のレベルがあると思われる。一つは「了解宗教学」を成り立たせる学的了解の問題もしくは構造的了解のレベルであり、もう一つは「宗教」の了解もしくは宗教現象の了解的同定のレベルである。もとよりこの二つのレベルは互いに補い合い、循環的に機能する。

或る事象が或る特定の意味を担う「現象」として了解者にみずからを示すことによって、それは名づけられ、ほかの現象と区別される。ファン・デル・レーウによれば、この「意味」の了解と命名は、理念型による連関（der idealtypische Zusammenhang）のもとで行われるとされる（*Ibid.*, S. 775）。

たとえば「異常な力」という意味をもつ現象の了解は「マナ」という理念型のもとでなされる。飲食、結婚、身体動作などの日常的な行動を救済主に結びつけて聖化するという意味における儀礼現象は「サクラメント」という理念型のもとで了解され、そのもとに同類の儀礼に関する情報が集められる。アッティスやエレウシスあるいはミトラスの密儀、キリスト教のサクラメントなどが「サクラメント」現象として了解され、分類される（*Ibid.*, S. 411）。この場合、現象の理解は「宗教学的」意味の了解、すなわち厳密な意味での「解釈」であり、これらの現象が一定の意味の担い手として了解者の「意味の体験」に取り込まれて、「サクラメント」という類型に収められるのは、言うまでもなくその了解者の学問的知識と理解力あるいは構想力に依存する。ファン・デル・レーウが「宗教現象学」の性格をダイナミックなものと見なして、宗教史による絶えざる修正を必須とみたのは、当然のことながらこのレベルにおける了解と解釈に客観性と普遍性を与えるためである。因みにここには、察せられるようにすでに言及したウォッバーミンやビアンキが採り入れようとした循環的な理解の方法が結びつくであろう。

ファン・デル・レーウの「宗教」の理念は次節で取り上げるが、彼はそれに「力」（Macht）の概念を結びつけて理解している。ここではいささか先取りしてこのことを叙上の「了解」および「解釈」の問題と絡めて言及しておきたい。のちにまた触れるように、そのような理念が形成された背景には学問的な伝統があるように思われる。ファン・デル・レーウの「宗教現象学」の構想がシャントピー・ド・ラ・ソーセイの影響下にあったことはすでに述べたが、それは後者が外的行為を内的なものから理解することをヘーゲルから学び、「宗教の外的形態も内的プロセスからのみ説明される」という研究視点を打ち出したことであった。その際に「宗教」を「人間の意識の事実」（facts of human consciousness）と規定しながらも（Saussaye 1891: 67）彼が実際に試みたのは宗教的意識の分析ではなくして、「最も重要な部類の宗教現象の意味を論じること」（*Ibid.*）であり、要するに宗教の諸現象の分類であった。ファン・デル・レーウにとって「内的プロセス」は「力」ないし「力あるもの」（das Mächtige）の体験（Erlebnis）であり、このようなものとしての「人間の生」である。すなわち力あるいは力あるものが「他者」（das Andere）として体験される、言い換えればそれと関わって「生きる」（er-lebt）ところに「宗教的体験」が成り立つと考えられている（Leeuw 1933[1955]: 3）。たとえば見知らぬ人に出会って奇異の念を抱くこと（Befremden）、そのときの「驚き」が宗教の発端であるという（*Ibid.*）。ファン・デル・レーウによれば、「宗教というものはまさしく、人は生を単純には受け取らないということを意味する。なぜならば宗教はいつでも他者に向かっているからである。人間の生活から生まれながらも、宗教は人間の生活そのものには向かわない」（*Ibid.*, S. 226）と言う。これによれば人間はみずからの外に力を経験するとき、そこに他者を見出し、それにみずからの生を向ける。すなわち「身構え、振る舞う」（Benehmen, Begehen）。その生はもはやすでに他者によって触れられ、制約された生であり、「生きられた」（er-lebt）生である。その生はそれとして特別の、目立つ生として「聖なり」（heilig）と見なされる。ファン・デル・レーウにおいては聖性の根拠は力の経験そのもの、上述の意味での他者経験そのものに置かれる。「力をもつものと相対的にもたないものとの隔たりを、われわれは聖と俗の関係として表す」（*Ibid.*, S. 32）と彼は言う。そこから彼は「力」の体験の展開を構想し、宗教の諸現象を分類し、体系化する。その詳細は次節に譲るが、その論法の一例を挙げればこうである。「他者」としての力は人間を孤独にする（*Ibid.*, S. 82）。諸々の力のもとで生きている人間は孤独であり、それは力と対立していても、また親密な関係をもっていても、はたまたそれを呪術的に扱う術を知っている場合でもそうであって、それゆえに人間は環境世界（Umwelt）の中に共同世界（Mitwelt）を求めるだけではなく、みずからと同じもの、つまり「意志」を求める（*Ibid.*）。いわゆる「アニミズム」の発生はきわめて普遍的な人間的体験であり、子供や詩人のアニミズム的発想も何ら異常なものではなくして、むしろそういう人たちこそ「その情緒生活がいかなる人間的妨害からも免れているような人々」なのだと見なされている（*Ibid.*）。アニミズム的な発想と行動は、このように孤独を体験させる力に対する身構え（Benehmen）であり、振る舞い（Begehen）だと解釈されるのである。そこにまた「人間の生」の特徴を見るファン・デル・レーウは、動物と人間との違いについて次のように言っている。「力に向けられている人間の生は「最初に」（erst）力のほうから触れられた。人間の生が聖なるものに向かうことによって、それは聖性にあずかっている。〔……〕動物が信仰をもっているかどうかという問いは無意味である。動物が宗教をもっているかどうかという問いはたやすく否定される。なぜならば動物はそもそも文化をもたないからである。力が動物に対して何をするか、われわれは知らない。動物が力に対して全く何もしないことをわれわれははっきりと知る。人間はみずからの人間性のもとで自立して姿を見せる」（*Ibid.*, S. 208）。つまりファン・デル・レーウにとって「力」の体験、言い換えれば「聖なるもの」の体験こそが人間の人間性を規定しているということである。現象学は「神」（Gott）を「体験」として了解するとファン・デル・レーウが言うとき（*Ibid.*, S. 168）、体験として了解された神は「力の啓示」であって、実体としての神ではない（*Ibid.*）。現象学が理解する「聖性」は「体験」の範囲を越えるものではない。しかしこの「体験」の概念は、彼においては単なる了解の対象を意味するだけでは終らない重要な概念である。彼によれば、体験もしくは経験の概念は決して恣意的な経験を表すのではなくして、「いつでも構造化された、すなわち一定の意味連関のもとで了解された」ものと理解されなければならないという（Leeuw 1928: 334）。体験そのものの内にはすでにして規範的な種類の一要素、すなわちア・プリオリなもの（意味）が存在している、とディルタイが指摘したのは正しかった、とファン・デル・レーウは言い（*Ibid.*）、「了解」には超個人的＝宗教的な意味が対応しており、この客観的な意味連関、つまり客観的精神こそがあらゆる了解を可能にする包括的な精神の構造であるという見方を示している。さらにこれは、心理学的には「獲得される連関」であり、各人はこの連関のもとではじめて体験知を得るが、この獲得される意味連関は実は無限の連関のもとにあるのであって、あらゆる了解は無限の連関に関わっている、と意味連関の範囲を拡大し、無限の連関に対応する了解の主体は神以外には存在しないとファン・デル・レーウは考えている。したがってこれによれば人間のあらゆる了解は、つまるところ神のもとでの了解にほかならず、神は一切の了解の前提と見なさなければならないとされている（*Ibid.*, S. 336）。こうして了解することは了解されていることであり、「獲得される意味連関」は「与えられた意味連関」であり、神学的に言えば「贈られた連関」であるということへと展開されていく（*Ibid.*, S. 335）。彼がディルタイやエトワルト・シュプランガーを援用して強調しようとするのは、了解が帯びている宗教性あるいは了解の根拠と神との連関である。このような点を考慮するとき、ファン・デル・レーウが了解の前提と見なすエポケーの意味も、単に対象に対する献身的な愛という、すなわち「明証性」がそこにおいて立ち現れてくる「場」という意味を超えて、超世界的な究極的意味がそこにおいて開示される「信仰」の場であるという意味をも帯びてくることに気づかざるを得ない（Leeuw 1933[1955]: 783）。神学・教会雑誌に発表された論文が宗教学・宗教現象学と神学との接点を論じたものであるという点を考慮すれば、その接点の一つがこのように把握されたということであろう。しかしファン・デル・レーウはもともと宗教史および隣接諸学と宗教学・宗教現象学との間の距離を神学と等距離にとることをみずからの立場としていた。言い換えればあくまでも距離を置くという姿勢のもとに関係を保とうとしていた。キリスト教の「サクラメント」がキリストによって定められた神による奇跡的な祝福と「信じられる」限りでは、それは「神の学」に属する事象であるが、ほかの宗教において同類の「意味」をもつと了解される事象と同一の意味連関のもとで「解釈され、区分される」ときには、それは「サクラメント」現象として「人間の学」、すなわち宗教現象学の範囲で取り扱われることになる。同じ論文に次節で扱うファン・デル・レーウの「宗教」の理念へと繫がる記述がある。すなわち「彼岸的世界は――究極的にして完結した世界として――いつでも最初の世界であるべきである」（Leeuw 1928: 338）。これは神学の命題であるが、宗教学はそれを次のように了解する。「宗教的人間は憧憬に駆り立てられてますます限界に近づき、みずからがまだ見ぬものを「彼岸」に見出すことを信じる。しかしながら限界に近づくにつれて、求められているもののほうが自分を駆り立てていること、自分がそこへ行くのではなくして、かえってそれに惹かれていくのだということに気がつく。言い換えれば究極のものは一方では完成であるが、他方では——そしてまさしく完成として——前提なのである」(*Ibid.*)。ファン・デル・レーウにとっては「神の世界」が「最初の世界」であり、それに関わる人間、すなわち宗教的人間にとってはじめて「宗教」の世界が成り立つとされている。そのことを「神」の側の出来事として扱えば「神学」の問題となり、同じことを「人間」の側の事象として扱えば「人間の学」あるいは「宗教学・宗教現象学」の問題になる。彼の「宗教現象学」が「神学的」だと、ときに批難を込めて言われる場合があるが、厳密にはここまで詰めて判断する必要があるであろう。しかしこのことが神学の立場から見るとどうなのか、はもはやここで論じられるべき問題ではない。

ファン・デル・レーウは現象学における「現象」を「志向的意味」と理解し、それを次のような比喩で表現している。「私は庭を見ている。庭の中の前方に花を見、その背景に境界線としての樹木を見ている。あるいは目を樹木に向けると同時に手前の花にも向けている。しかし樹木を志向している」(Leeuw 1933[1955]: 524)。内なるものも外なるものもともに視野の中にはあるが、しかし内なるものを志向している。彼の宗教現象学は宗教のもつ多元的な志向的意味の類型論的な展示である。これに対して、宗教史の側からは外なるものが無視されているとの批判が出されている。歴史的・社会的脈絡のもとで或る個人なり集団によって体験され、表出された宗教的事象を、その当事者の志向的意味を含蓄する「現象」として理解する可能性を探究しようとしたのは、本書の序章で紹介したように同じくオランダのジャック・ワールデンブルクであり、それに対して「新様式の現象学」(the new style of phenomenology)もしくは「応用解釈学」という呼称を与えている(Waardenburg 1972: 109; Waardenburg 1986)。この方向には共感を覚えるが、しかし同時にここから果たしてグローバルな視点に立った「比較宗教」の試みが出てくるのかどうか。この試み自体の意義と可能性を問うことが、ひとり彼にとってのみならず、まさに現在の「宗教学」にとっての試金石ではないであろうか。

第二節　「宗教」の理念およびその諸現象の体系化

1　「宗教現象」の構造

『宗教現象学』の冒頭に一つの命題が掲げられている。「宗教学にとって宗教の客体（Objekt）を意味するものは、宗教そのものにとっては主体（Subjekt）である」（Leeuw 1933[1955]: 3. 傍点は原文イタリック、以下同）。極端な言い方をすれば、この命題の中にファン・デル・レーウの「宗教」および「宗教現象学」の全理念が収められている。そうであればこそ彼はこの命題を三度繰り返して確認しているのである。すなわち本書の前半部のそれぞれの冒頭に次の文が記されている。

宗教学にとって宗教の客体を意味するものは、宗教そのものにとっては主体である。宗教的人間はみずからの宗教の眼目をなすものをいつでも初めのもの（das Primäre）、原因者（das Verursachende）と見る。反省にとってはじめてそれが観察された体験の対象となる。宗教においては神が人間との関係における作用者（Agens）であるが、学問は神との関係における人間の行為を知るのみで、神の行為に関しては何ひとつ語るべきことを知らない。(*Ibid.*)

宗教の客体が信仰にとって主体であるように、その主体は客体である。宗教学が見る人間は宗教を営むもの、すなわち生贄を捧げたり、祈ったりする人間である。信仰は、その人にとって何かが起こるような人を見ている。人がどのような力に関わっているかを現象学は記述する。しかし現象学が忘れてならないのは、この人自身は力に触れられてはじめてみずからの態度を決定するもしくは変更するということである。力の接近を感じてタブーだと叫ぶ未開の人から、神が「最初にわれわれを愛した」からわれわれは神を愛すべきだと諭す使徒に至るまで、その点では全て信仰は一つである。(*Ibid.*, S. 208)

宗教の主体は、宗教そのものの意味では客体であり、その客体は主体である。いまや主体と客体との相互関係が問題とされる場合でも、その表現は非本来的な意味で理解されるに過ぎないものとなろう。(*Ibid.*, S. 382)

ここで述べられている「宗教」と「宗教そのもの」(Religion selbst) もしくは「信仰」における主体と客体との逆対応の関係こそが、ファン・デル・レーウの理解する「宗教現象」の構造的な特徴をなしているので、このことを詳しく見てみたい。彼は「エピレゴーメナ」において「現象」および「現象学」を次のように説明している。

現象学は現象（Phänomen）を追究する。現象とはみずからを示すもの（das jenige, was sich zeigt）である。それは、一、現象とは或るものである、二、この或るものはみずからを示す、三、現象とはまさしく、それがみずからを示すことによって現象である、という三通りの意味をもつ。しかしみずからを示すことは、みずからを示すものに関係するとともに、示されるものにも関係する。それゆえに現象は純粋な客体ではないし、客体そのものでもなく、またその本質が仮象としての現象に被われているに過ぎない真の実在でもない。〔……〕「現象」ということで純粋に主観的なもの、すなわち主体の「生」（Leben）が念頭に置かれているわけでもない。〔……〕そうではなくして、現象とは主体と関わった客体（ein subjektbezogenes Objekt）であり、客体と関わった主体（ein objektbezogenes Subjekt）である。〔……〕現象の本質そのものは、それがみずからを示すということ、みずからを「誰か」に示すということのうちに与えられている。この「誰か」が、みずからを示すものについて語り始めるとき、そこに現象学がある。
（*Ibid.*, SS. 768–769）

この説明の中で差し当たり重要視されるべき箇所は、「現象」を「主体と関わった客体」および「客体と関わった主体」と規定した部分である。このいわば形式論理的な定義を本節の冒頭に引いた「宗教現象」の実質的な定義と重ね合わせてみると、この規定がそれぞれに二重の意味内容を表していることが分かる。すなわち「主体と関わった客体」は、（一）或る主体がみずからをそのもとで示している客体、(二) 或る一定の関わり方において主体が関わっている客体、を意味する。「客体と関わった主体」は、(一) 或る客体に対してあるいはそのもとでみずからを示す主体、(二) 或る客体がみずからを示すのに即して、その客体に関わっている主体、を意味する。このようになるであろう。このうちで (一) はいずれも「宗教そのものもしくは信仰」のレベルにおける主体と客体であり、(二) はいずれも「宗教もしくは宗教学」のレベルにおける主体と客体である。宗教現象学が研究の対象とするのは、また対象となし得るのはもちろん (二) における主体と客体である。

さらにこの二重の意味内容は、同じ「エピレゴーメナ」の中の「第一〇八節 宗教」で述べられている「宗教」の了解における二重のレベルにも対応していることが知られる。すなわちファン・デル・レーウは宗教を水平のレベルと垂直のそれから理解することができるとして、それを次のように書き表している。長くなるが、一部省略して記すことにする。

宗教を水平の面から理解すると、人間はみずからに与えられる生を単純に受け取るだけではないという意味が含まれている。人間は生の中に力 (Macht) を求める。それはみずからの生を持ち上げ、高め、生のためにさらに深く且つ広い意味を勝ち取ろうとすることである。しかしこれは水平線の上にいることであり、ここから眺める宗教は、生をその最も外側の限界にまで拡大することである。宗教的人間はより豊かで、深く、広い生を願い、力を乞い求める。人間はみずからの生の中に或る卓越したものを求め、それを利用するか (呪術)、さもなくばそれに帰依する (宗教)。人間は与えられた生の中に意味を見出し、石から像を作り、衝動から命令を、未開の地から畑を作り出し、いわゆる文化を創造する。さらに人間はもっと深く且つ広い意味を求める。花が美しく、実を結ぶことを知るとき、花の秘密へと突き進む。妻が美しく、よく働き、子を産むことを知るとき、妻の秘密を知ろうとする。男はそこに聖なる宗教的な意味を見出す。事物の宗教的な意味は、それ以上辿ることのできない全体の意味（der Sinn des Ganzes）であり、最後の言葉である。究極的な意味は秘密であり、絶えずみずからを啓示するが、それでも隠れたままである。究極的な意味は限界までの前進を表し、そこでは「一切の理解は彼岸的だ」ということ以上の理解には進まない。

宗教はまた垂直の道を通っても理解される。それは上から下への、下から上への道でもある。これは限界の手前で体験される道ではなく、限界の彼方からやってくる啓示である。水平の道は啓示を予感する体験であるが、啓示までは到達することができない。垂直の道は啓示として体験に関与してくるものの、決して全面的には体験され得ない。第一の道は手で捕まえることはできないが、了解可能な現象であるのに対して、第二の道は現象ではなく、把握することも了解することもできない。現象学は神が語ることをば理解することができない。神に対する人間の応答だけがその対象となり得る。生の中に力を求める人は限界に到達するばかりではなく、見知らぬ土地にいることをも知る。そこでは何かが自分の行く手を遮るのを知る。それが何かは分からない。ただ確かなことは、それが異質なもの（etwas Fremdartiges）だということである。オットーはこれをヌミノーゼと名づけたが、この名前が何ものをも言っていないことを彼は知っていた。彼はまた全く正当にも「全く他のもの」とも言っている。「聖」はHeil〔力をもつこと〕にまで遡る。セム語の qds〔原文はヘブライ文字〕もラテン語の sanctus も、また原始的な表現である tabu も、「隔離されたもの」もしくは「自存するもの」を意味している。これらの意味を合わせると、宗教体験において生ずるもの、すなわち「未知の種類の「全く他の」力が生に干渉してくる」ということが言い表される。それに対する人間の態度は「驚き」であり、最後は「信仰」である。(*Ibid.*, S. 778-780)

改めて言うまでもなく、垂直の道は「宗教そのものもしくは信仰」のレベルにおける体験が「現象」となったものを表している。言い換えれば前述の（一）の意味、すなわち「或る主体がみずからをそのもとで示している客体」という意味での「主体と関わっている客体」の「現象」である。これと水平の道のレベルにおける「現象」、すなわち（二）の意味のもとでの「或る客体がみずからを示すのに即して、その客体に関わっている主体」としての「客体と関わった主体」の「現象」とが、実はファン・デル・レーウの『宗教現象学』の第一部と第二部の内容を構成しているのである。言い換えれば、第一部の主題である「宗教の客体」は「宗教そのものの主体」がそれに関わる「宗教の主体」によって体験され、後者に対して「みずからを示したもの」、つまり「現象」となったものであり、第二部の「宗教の主体」は「宗教そのものの主体」がみずからを示すのに即して、それを客体として関わった「宗教の主体」の体験が「現象」となったものである。分かりやすく言えば、第一部は「客体としての聖なるもの」が、第二部は「主体としての聖なるもの」がそれぞれ主題となっているのである。そして第三部の主題は両者の相互関係とされている。

2 「宗教」の理念

ファン・デル・レーウが「宗教」を研究する宗教学もしくは宗教現象学は、すでに言われたように「神との関係における人間の行為」の学とされている。そして「学問は〔……〕神の行為に関しては何ひとつ語るべきことを知らない」とも言われた。そうすると宗教学が「人間の行為」を通じて考察することのできる「神」はもとより「神そのもの」ではあり得ない。それは人間という主体と関わる限りでの客体としての神であるほかはない。そこで人間の行為、すなわち人間の宗教的な「生」としての、たとえば供犠や祈りなどといった行為を通じて関わられる限りでの神、したがって行為の志向的対象としての神を一般的に表すための特別の術語を用意する必要が生じてくる。言い換えればファン・デル・レーウ自身の「現象」の定義に基づいて「宗教現象」において「主体と関わった客体」を表す術語が必要になる。彼がそのために選んだのは「力」(Macht) もしくは「力をもつもの」(das Mächtige) という語彙である。ただしすでに述べたことから理解されるように、この「力」が意味するものは、水平の道における限界体験のもとで「他者」(das Andere) として体験されるものである。「力はその本質からしていつでも隠れており、あくまでも「全くの他 (ganz anders)」である」(*Ibid.*, S. 642) と言われている。水平の道が力を求めて限界に達するときに、そのつど体験される「他者」である。それは「志向的対象」としての「他者」であって、必ずしも存在論的超越者をば意味しない。ファン・デル・レーウの宗教現象学においては実在定立は拒まれている。したがって「他者」は距離を表すのではなくして、「異質性」の表現なのである。彼が「他者」の体験を「啓示」と呼んでいるのは、まさしくそれが他者の「体験」であって、みずからの「発見」

ではないからである。つまりそれが「驚き」だからである。したがって「啓示」はもっぱら「体験形式」として理解されなければならない。彼の宗教現象学が扱う「神」は「他者」としての力の体験形式である。志向的意味としての「他者性」が意識の宗教的構成をなすとする点は、言うまでもなくオットーと共通する考え方である。こうしてファン・デル・レーウが「宗教現象」と見たものは、「力もしくは力をもつものとして人間が関わっていくものとしての客体」と「力あるものとして振る舞う主体としての人間および人間的なもの」、それに「力もしくは力をもつものに対する力をもつものとしての人間の関わり方」の三つの契機に分節化されることになる。再度確認すれば、これが彼の『宗教現象学』の前半の三部の構成順序なのである。

ところが実は肝心の「力」の概念を選択した理由について、ファン・デル・レーウは本書では何も説明していない。オランダの宗教現象学を詳しく論じたワールデンブルクの論文「現実と理念の間の宗教」(Waardenburg 1972: 16) にもそれに関する言及がない。またオーロフ・ペテルソンとハンス・オーケルベルィとの共著『宗教現象解釈 宗教現象学との関係の研究』(Petterson & Åkerber 1981) にもファン・デル・レーウに関するかなり詳細な記述があるが、そこにも参考になる記事は見当たらない。差し当たり想定されるのは宗教を「力」の観念と結びつけた学説史の上での伝統との関係であろう。この伝統は彼の生国であるオランダの宗教学の草創期の学者シャントピー・ド・ラ・ソーセイによって築かれたと言ってよい。彼は著書『宗教学必携』の中で、「宗教を超人間的な力に対する、その崇拝と結びついた信仰 (a belief in superhuman powers combined with their worship) と定義するのが、より完全でもあるし、より正しくもある」(Sausaye 1981: 71) と述べている。

また同じ頃の同じくオランダの宗教学者コルネリウス・ペトルス・ティーレも次のような宗教の定義を提案している。「宗教ということで理解するのは、〔……〕人間がそれによって超人間的な力（die übermenschliche Macht）に対するみずからの信仰を表現するものおよびこのような力との関係を保持するために行うこと全てである」（Tiele 1904: 3）。

さらにスウェーデンの学者ナータン・ゼーダーブロームも彼の重要な著書『神信仰の生成』においてこの観念を宗教に本質的なものと見なしている（Söderblom 1916[1926]: Kap. III, die Macht）。このような学統を引くゲオ・ウィデングレンもジェームズ・B・プラットの説を引き合いに出しながら、「運命を決定する力」（die schicksalsbestimmende Kraft）を宗教の核心的部分と見ている（Widengren 1969: 2）。ただしシャントピー・ド・ラ・ソーセイ等の定義には、当時の進化主義的な前提と仮説が大きく影響しており、宗教の起源的形態をめぐるアニミズムとマナイズムとの対立のもとでそれが提示されたという事情を考慮する必要がある。ファン・デル・レーウに対するこれらの人々の影響を無視することはできないであろうが、これにのみ依存するわけにはいかない。彼自身には独自のデュナミスムス（Dynamismus）の着想があって、とくに古代の人々や未開社会の人々の心理と宗教の理解の基本的な枠組をなしていることは『宗教現象学』の随所に見られる。したがって北欧の先学者たちのように、「超人間的」という形容語をつけて力を限定的に区別し、特定の力に対する特定の観念や行動を「宗教」と見るのではなく、ファン・デル・レーウは「生」そのものを「力」と見なすのである（Leeuw 1933[1955]: 226）。力は生そのものの本質的な属性とされており、それは生のうちには「所与」（das Gegeben）のほかに「可能性」（Möglichkeit）が与えられているからだとされている（*Ibid.*）。したがって彼によれば、死者も恐れられ、崇められる限りにおいては力をもつものと見なされ、そのように扱われる限り「生きている」のであって、やはり所与と可能性が与えられているのであり、その点においては生きている仲間の一人とされるのである（*Ibid.*, S. 233）。この「可能性」という概念を梃子にして「力」との関わりの宗教性が理由づけられるのであるが、それについては別の要素も絡んでくるので改めて以下の第三節2で述べることにする。

生の特性に関して彼はさらに生は絶えずより力あるものに変換されなければならないと見る（*Ibid.*, S. 230）。つまり生は可能性をよりいっそうの可能性にすることによって継続すると考えられているのである。ファン・デル・レーウの「生」は、それがより力あるものに変換されなければならないし、またされ得ると見られている限りでは、つまり生命力として強化されるという点では生物学的な意味合いがあるように思われるが、力をもつ限りは「生きている」とされる限りでは、体験的・心理学的な色彩が濃い概念であるようにも解される。あるいはトーマス・ホッブズ流の力の自律的運動の哲学をも連想させる。そして「問題なのは力一般なのではなくして、ましてや力の抽象的な理念などではなくして、人が瞬間において関わる、「関心を寄せる」この現実の力なのである」（*Ibid.*, S. 160）と言われるときには、後者の意味合いがいっそう強くなるように思われる。それとともに彼のデュナミスムスが、万物に力（dynamis）を認めるいわゆる物活論の立場に立つものではなく、「生」において交渉をもつもののみが「力」を有するとするものであり、そのことはまた「生」との関わりが成り立つ場が、力あるものによって取り囲まれた「世界」（Welt）であり、その交渉は主体の関心の程度に依存するとされるのであるから、その「世界」はまた主体各自にとっての世界とされるのである。「一つの世界があるのではなく、人の数と同じ多くの世界がある」(*Ibid.*, S. 614)と彼は言う。この点は第三節の論題の一つでもある。

3 「宗教」の諸現象とその体系論

『宗教現象学』の第一部「宗教の客体」はその当の「力」の叙述から始まっている。宗教の客体についての記述は、それが目立つ他者だということであり、この他者性はその客体が展開する力から生ずる、という指摘である(*Ibid.*, S. 3)。その最初の例としてファン・デル・レーウは非日常的なもの、偉大なもの、実効のあるもの、効果的なものが出現するとき、メラネシアの人たちはマナを話題にすることを挙げる(*Ibid.*, S. 5)。これは、力に対する人間の態度は驚きであり、畏怖であり、極端な場合には恐怖となることを示すとされる。ロバート・ラナルフ・マレット(Robert Ranalph Marett)が正当にもこれに畏怖(awe)の語を用いたことを引き合いに出しながら(*Ibid.*, S. 9)、ファン・デル・レーウは「他者」としての力の体験そのものが宗教という事象の初次的なもの(das Primäre)であり、宗教の現象形態の発生論の観点から見てもそうであるとして、その理由を、力に対する最も古い信仰が、最も完全な意味において経験的(empirisch)であって、その確認も経験的なものの範囲にとどまることに求めている(*Ibid.*, S. 4)。未開な社会の人々や古代の人々は「経験的に確認されるだけ」の力との接触に終始し、そこにはまだ力に意志の観念を結びつけることも、「形態化」を試みることも見られないとし、そのような理論化の試みはアニミズムによってはじめてなされるのであって、彼らの本来の世界観を示しているのはアニミズムやプレアニミズムではなくして、「力の世界観」としてのデュナミスムスであるという見方をする（*Ibid.*, S. 8）。この観点からファン・デル・レーウは力の体験、すなわち宗教経験の初次的な現象、いわば生の剝き出しのそれの典型を「マナ」に対するメラネシアの人々の信仰と行動に見るのである。

力の体験の次の位相を彼は力の個別化と特殊化に見る。これは力の固定化であり、限定であるとされる。稔りをもたらす力と商売に利益をもたらす力とが区別され、王の力や階級のそれの観念も成立する。彼はこれを「理論化された力」と表現する（*Ibid.*, S. 10）。この傾向の発展が、中国のtaoやインドのṛta、イランのasha、ギリシャのdikeなどの思想に含意されているような、「世界の道」という自己運動する世界秩序と同一視される、高度に理論化された力の観念を生み出すようになると解釈されている（*Ibid.*, S. 12）。キリスト教におけるCharisは祝詞とともに授けられ、神の恩寵という表現で表されるが、それは好意ある意思とか憐れみと理解すべきものではなくして、注ぎ込まれた力もしくは流れ込んだ力と理解するのが事象に即しており、聖体拝領に際してキリストはその力、プネウマ、ドクサ（Doxa）あるいはデュナミス（dynamis）をもって現れるのだとファン・デル・レーウは理解する（*Ibid.*, S. 17）。彼がこのように最も初期的な未開的および古代的な宗教体験と相対的に高度化されたキリスト教におけるそれとを並べて扱うことができるのは、それらを「力が理論化される」という現象学的な了解と解釈という枠組にはめ込む場合であり、またその限りにおいてである。この手続きと根拠を再度確認しておけば、この枠組は「エピレゴーメナ」では「構造」（Struktur）と呼ばれ、「輪郭」（Grundriß）および「連関」（Zusammenhang）という語でも言い換えられるが、それは歴史学におけるような因果の関係を意味するのではなくして、了解されている連関だと規定されている（*Ibid.*, S. 770）。もとより上述のキリスト教の諸概念は別様にも解釈され得る。しかし如上のような構造連関のもとで解釈することも可能であり、ファン・デル・レーウが理解し、実行する「比較」はまさしくこのようなものである。彼は「構造」を「意味を構成要素とする現実」（die sinnvoll gegliederte Wirklichkeit）と規定し、意味は主観性でも客観性でもない第三の領域をなすとする（*Ibid.*）。それは「意味連関」（Sinnzusammenhang）という現実であり、それの所在は「了解」である。「原体験の近づき難い実際（Wirklichkeit）への入口の門は意味（Sinn）であり、私の意味とあなたの意味とは了解の作用のもとで最終的に一つのものになる」（*Ibid.*, S. 771. 傍点は原文隔字印刷）と言われており、彼にとってはこれが宗教現象学あるいは宗教学にとっての「事実」ということになる。

「宗教の客体」という分類項目においてこのような構造ないし意味連関のもとで取り上げられているのは「第二節　理論化された力」を始め、力の担い手としての呪物や祭具、それに護符などに対する呪物崇拝を含む「第三節　事物と力」、力の危険視と結びついた「第四節　力強さ、畏怖、タブー」、石や樹木、水、泉、火などの自然物の崇拝であるナチュリズムを「構造」として捉える「第五節　聖なる環境、聖なる石と樹木」および「第六節　聖なる環境、聖なる水と火」、人間の限界認識の場としての環境世界の一つである「第七節　聖なる上方世界」、人間が共同世界（Mitwelt）をともに形成する環境事物としての動物を扱う「第八節　聖なる共同世界、動物」、共同世界を構成する環境事物が意志と形態をもつと信じるものとしてアニミズムを解釈した「第九節　意志と形態」、意志をもつ力の観念から派生する「第一〇節　力—意志—恵み（Heil）」と恵みをもたらす「第

一一節　文化英雄（Heilbringer）」、それに「第一二節　救い主（der Heiland）」、役割と力との関係を扱う「第一三節　人間における力と意志、王」、力をもつ限りにおいて生きている「第一四節　力をもつ死者」、恐るべき破壊的な意志および形態としての「第一五節　恐るべき形態、悪しき意志、デーモン」、みずからの力が外なるものとして現れる「第一六節　特殊な力、天使」、「神」という「第一七節　呼称で形態化された力と意志」、至上存在者、高い神の観念と「第一八節　聖なる背後世界。背景にある力と意志」、多霊信仰（Polydämonismus）と多神教（Polytheismus）に反映される「第一九節　諸々の力」、創造主と一なる神の基礎的イメージとしての「第二〇節　父」、そして意志と形態が不十分として廃棄された後の「第二一節　もっぱら力あるもの（das schlechthin Mächtige）」である。

このような「構造」および「意味連関」を、しかもこの順序で設定した理由に関してファン・デル・レーウはこの著書では一言半句も述べていない。力との初次的な出会いが歴史的な次元でのことであるのか、体験の次元のことであるのか、ということがまず問題になるが、彼の構造論の立場から見れば、おそらく後者であろう。この初次的な体験における「力」がやがて特定の時間および空間において反復して体験されるときに、その個別化が生じ、さらに特定の利害と結びつけられるときに、特殊化が始まり、こうして次第に理論化される。それはまず環境世界の諸事物および諸現象のもとでの力の体験から出発して、それらとの共同世界が形成されて、その中で力が、たとえば動物崇拝におけるように「他の自然」（die übrige Natur）として体験される。次いで共同世界のもとで体験された力は「意志と形態」を賦与され、さらに人格化され、崇拝や儀礼のさまざまな「聖なる人格」となり、そして最終的には人間との関係に基づくこれら一切の「力」の体験形式から切り離されて独立自存する「力そのもの」が体験されるに至る。仮にこのような順序を想定することが許されるとすれば、このような諸構造の展開的連関は、未分化の全なるものが分化し、そして再び未分化もしくは超分化である「一」あるいは「全」へと還帰する円環運動として構想されているのではないかと思われる。ファン・デル・レーウは「一は力をもつ」(eins ist mächtig)と言う(*Ibid*., S. 202)。彼にはデュナミスに満ち満ちたカオスからコスモスへ、そしてまたカオスに帰るという独特の宇宙論あるいは世界観があるのかもしれない。先に彼がディルタイに寄せて、マクロな意味連関のもとでの了解が各個人のミクロなそれを支えているという見方をもっていて、それが彼の神学的理解に基づいていることを指摘したが、このことと関連があるのかどうかは現在のところ判断がつかない。

第二部の「宗教の主体」ではまず「聖なる人間」と「聖なる集団」および「人間における聖なるもの、すなわち霊魂」の三つの構造が区分され、それぞれがまた、言わば下部構造に分けられている。「聖なる人間」の下部構造としては、通過儀礼を通じて力と関わる共同体的生活のもとで体験される「第二二節　聖なる生」、生そのものとともに力が与えられるという捉え方と生は絶えず力を獲得しなければならないという捉え方を示す「第二三節　所与と可能性」、生きたものとしての「第二四節　死んだ人間」、宗教における主観性と客観性との関係を表す現象、すなわち神に向かって立つ人間が実は神へと向けられているという関係を示す現象としての「第二五節、第二六節、第二七節、第二八節、第二九節　代理――王、呪医、祭司、代弁者〔預言者〕、説教者、聖別された者」、力から出てくる人物としての「第三〇節　聖者」、力が恐ろしい形態、悪しき意志として人間に自己を表した、憑依された「第三一節　デーモン的人間」がそれであり、これらは総じて力が人間的な形態のもとで出現したものである。

このような「構造」の設定および順序についてもファン・デル・レーウは全く説明をしていない。力の担い手としての人間は、広い意味での「宗教的人間」と見ることができる。それは畏れられ、タブー視される反面、力の保持者、行使者（王）として、医療において能力を発揮する者（呪医）として、神に満たされた者（祭司）として、力を伝える用具（預言者）として、力のメッセージの伝達者（説教者）として、新たな生命もしくは力に満たされた者（聖別された者）として、上方に向かっては、つまり神々に向かってはその境界が流動的な者（聖者）としてそれぞれが尊敬され、崇拝される。これらの宗教的人間の類型は、或る点では世俗者に最も近いもの（祭司）から、神に最も近いもの（聖者）に至る聖なる階梯を示唆しているようにも思われる。

「聖なる集団」という分類項目では、孤独の不安から身を守り、一つの生命を共有し、本質的に一つである「第三二節 共同体」、その具体的な形態としての「第三三節　夫婦、家族、血族、種族」、そこにおける所与の聖性（血、財産、トーテム）が別の聖性によって突破されている集団としての「第三四節　結社（Bund）」、宗教的な救いを独自な仕方で獲得するために共同体から分離したものとしての「第三五節　宗派（Sekte）」、同志的結合と共同体とが合体させられて、一段と高い統一へと止揚された集団としての「第三六節　教会」、激動の時代に現れる国民の聖性、国家祭祀、ナショナリズムの宗教性、人類崇拝という形態で扱われる「第三七節　国民、民族、国家および人類」、そして天使と全ての選ばれた者たちによる終末論的な共同体としての「第三八節　神聖共同体（Communio sanctorum）」といった類型が設定されている。ファン・デル・レーウは「救いの秩序」（Heilsordnung）という語で、人間の集団的秩序においては自然的秩序と並んで聖なる秩序があるという見方をしている（*Ibid.*, S. 283）。その場合に宗教的なものを社会的なものへと還元する社会学派を批判するためであろうか、「聖なる共同物は、それが共通であるがゆえに聖なるものなのではなく、聖なるものであるからこそ共通のものなのである」（*Ibid.*, S. 303）と言い、聖性、すなわち宗教的なものの独立性と超越性を強調しているのは注目されてよいであろう。ここにも還元主義を退けるオットーやゼーダーブロームと共通する、「宗教から宗教を見る」という認識の姿勢が認められる。

最後の分類項目である「人間における聖なるもの」の構造類型には、「聖性のもとでの全人（der ganze Mensch）」を示す「第三九節　全体霊」、「人間に即して多様に体験された力をもつこと（Mächtigkeiten）を一定の数の、程度の差はあれ明確な輪郭をもつ霊的存在者として表象する」（*Ibid.*, S. 318）ことによって成り立つ「第四〇節　複数霊」、事物に現れる「第四一節　霊の形態」、「自分自身を抜け出ていく人間」としての「第四二節　外なる霊」、霊と肉との二元論と「第四三節　もっぱら力ある神的な霊」、「第四四節　不死なる霊」、「自己自身の外から捉えられる自己」としての「第四五節　被造物」、「第四六節　霊の国」、そして「第四七節　霊の運命」という項目が立てられている。ここでは「霊」の構造の展開が全体から個別へと分化し、また内在から外在へ、そして相対的な生を超えた独立した超越的存在へ、というように外延的に拡大するものとして捉えられているように理解される。

第三部「相互作用のもとでの客体と主体」では、力との関わりが「外的行為」と「内的行為」に分けられ、前者にはさらに次のような下部構造が設定されている。世界に心を配っている人間の、力に対する「第四八節　身構え（Benehmen）と振る舞い（Begehen）」、生の力の増強および更新としての「第四九節　浄化」、力の流れと循環を発生させる「第五〇節　供犠」、人や物を聖別したり、それに聖性を賦与する振る舞いとしての「第五一節　準秘蹟」、日常の基本的な生活活動の聖なる昇華としての「第五二節　サクラメント」、祭祀における本来の作用者である聖なる力に対する「第五三節　勤行（Dienst）」、力の所在と位置の確認としての「第五四節　占い」、祭祀や儀礼が行われる「第五五節　聖なる時」、持続の全体から切り取られた力の或る部分としての「第五六節　祭り（Feste）」、切り取られた場としての「第五七節　聖なる空間」、創造力をもつ言葉としての「第五八節　聖なる言葉」、力をもつ言葉としての「第五九節　厳粛な言葉（Weihewort）」、反復されることによって決定する力を帯びる、述べられた言葉としての「第六〇節　神話」、救済の物語と救済の告知としての「第六一節　神の言葉」、呪術的且つ創造的な言葉としての「第六二節　人間の言葉、呪文、祈り」、誉められるものが力をもつことへと高まる自己忘却および無力の中での力の発見としての「第六三節　誉め称え、口ごもりおよび沈黙」、生命をもつ言葉を支配する「第六四節　書かれた言葉」、人間と神との「第六五節　祭祀における形態化」、「第六六節　しきたりにおける形態化」である。

「内的行為」の構造も次のような下部構造に分類されている。その意味が全体に関わり、いつでも永遠なるものからのみ理解される「第六七節　宗教体験」、力─人間─関係の緊張を示す不安の原体験（Urerlebnis）としての「第六八節　神を避けること」、諸々の力に依存していることを形態化した「第六九節　神の僕」、人間と力との間に平和をもたらす「第七〇節　神との契約」、契約のもとで結ばれた「第七一節　神の友」、力に属する知としての「第七二節　神の知識」、力に付いていくこととしての「第七三節　神のまねび」、「第七四節　神に満たされること」、自我および外界の限界を破る体験としての「第七五節　神秘主義」、力に惹かれることとしての「第七六節　神の愛」、力の末裔の意識としての「第七七節　神の子たること」、神への負い目と罪である「第七八節　神への敵対」、自然性の殻が破られるときに現れる心の領域としての「第七九節　内的生」、新しく力のあることの現れとしての「第八〇節　改宗と再生」、人間の外にある救いを受け取ることとしての「第八一節　信仰」、信仰の現前（Anwesenheit）を啓示する現象としての「第八二節　帰依（Anbetung）」である。

次節で詳しく考察することになるが、ファン・デル・レーウは力と人間との関係を相互作用のそれと見ている。力は人間の一方的な関係の対象ではなくして、ときには人間に恐怖や畏怖を引き起こすとともに、ときにはまた人間を魅惑する（*Ibid.*, S. 579）。宗教体験のアンビヴァレントな性質（*Ibid.*, S. 528）は、力の作用の相反性に基づくと彼は解釈する。したがって力と人間との関係は、力が人間に対して、また人間が力に対して用いる手段ないし方法を意味することになる（*Ibid.*, S. 382）。「人間がどのように身構えるか、はどうでもよいことではない。それはあらゆる点で力という目標に相応していなければならない」（*Ibid.*, S. 384）とか、「聖なるものに即して身構える人、聖なるものに対して振る舞う人は職務をするように振る舞う。その人は単に何かをなすのではなくして、なすべきことをなすのである」（*Ibid.*, S. 387）などとファン・デル・レーウは言う。ルターの主の公現祭賛歌にある、「そこで神はわれわれに洗い浄めを設けて罪から解放しようとされる。御みずからの血と奇跡によって厳しい死をも洗い流してくださる。それは新しい生命と見なされる〔……〕」という文言の中にも、「沐浴や人間の儀礼行為がキリストの力もしくは神の行為と不可分に結ばれている」（*Ibid.*, S. 393）ことをファン・デル・レーウは読み取るのである。このような力と人間との関係の理解は、彼の「供犠」の意味の解釈において一段と鮮明になされている。それによれば供犠の原理は「あなたが与えるので私も与える」（do-ut-des）ではない。このような理解は、贈主の一部であり、「『与える』ことが、或るものを自己自身から他の現存在へと引渡し、堅い絆が結ばれること」であるという含意を見落としているという理由で彼は退ける（*Ibid.*, S. 395）。つまり贈物は力をもっている（*Ibid.*, S. 396）のであって、「交換は自由な性質の「経済原則」に基づいてなされるのではなくして、力が回転させられるようにする「未開」の法則に従ってなされる」（*Ibid.*, S. 397）というのである。さらに進めて「供犠は贈物のもつ豊饒な源泉を開示することであり、〔……〕誰が本来は与える者で誰が受け取る者なのかを言うことは不可能なのである。つまり両者ともに贈られる物の力動性に参与しているのである」（*Ibid.*, S. 399）とも言われている。それゆえに供犠の原則は「あなたが与えることができるように私は与える」（do uto possis dare）でなければならず、「供犠は力の循環を保証する」（*Ibid.*, S. 402）のであり、同じことであるが、「供犠は捧げることであると同時に受け取ることでもある」（*Ibid.*, S. 406）と規定される。しかし実はこの原則は「供犠」に限らず、ファン・デル・レーウが理解する力と人間との基本的な関わり方のそれでもある。次にこの関係を節を改めて考察することにしたい。

第三節　人間の生(Leben)の根本体制と世界

1　ファン・デル・レーウの人間学的視座

これまで述べてきたように、ファン・デル・レーウにとって宗教は人間の生の一つの表出を意味しており、しかも最も基本的な生のそれと見なされている。それゆえに彼においては宗教的生の研究は「人間の生」のそれであり、「人間の学」という性格をもっている。ここで言われた「人間の学」という性格を明らかにすることが差し当たりの目的であるが、そのための着眼点は次の通りである。すなわち彼が「生」と「世界」の概念の独自の解釈に基づき、「世界における生」の根本体制として「宗教」を位置づけようとする点に着目して、それに関連する主要概念である「世界」(Welt)、「所与」(Gegebenheit)、「可能性」(Möglichkeit)、「身構え」(Benehmen)、「振る舞い」(Begehen)、「奇異の念」(Befremden)、「共同存在」(Gemeinsein)といった用語の意味内容を精査することである。

因みに人間学に対するファン・デル・レーウの関心は、彼自身がみずからの宗教学および民族学の研究の必然的帰結として、一九四一年に「人間学的な試み」という副題をつけて出版した『人間と宗教』(Leeuw 1941)にも窺われ、その著述の直接的な目的と考察の内容からすれば、むしろこの著作のほうを参照すべきであろうが、如上の経緯および脈絡によりここではやはり彼の『宗教現象学』における叙述が中心となる。

この主著においてファン・デル・レーウの人間学的な関心を示す証拠として差し当たり注目されるのは、先にも引いた次のような見方である。すなわち動物が信仰をもつかどうかという問いは無意味である。動物が宗教をもつかどうかという問いは、動物はそもそも文化を有しないという理由だけで否定されるはずである。力が動物に対してどのようなことをするかはわれわれには分からない。動物が力に対して何もしないということははっきり分かる。こうして人間は独立して人間性(Menschlichkeit)のもとで姿を現す(Leeuw 1933[1955]: 208)。「文化」や「力」といった概念の意味はのちに触れるとして、まずもって彼が人間と動物との相違および人間の「人間性」を「宗教」と結びつけていることが重要である。これが、名前を表にしないものの、同じく人間と動物を区別する目印として「宗教」を評価したフリードリヒ・マックス・ミュラーを念頭に置いたものであることは明らかであろう。この学説史上の繋がりのほかに、ファン・デル・レーウが強い影響を受けたのは、当時哲学的人間学を構想していたマックス・シェーラーである。たとえば人間はみずからの世界を客体化し、世界に対して自立的に且つそれに勝るものとして対立するのに引き換え、動物はその外界(Umwelt)に属しているというシェーラーの見方を引いている(*Ibid.*, SS. 65–67)。ファン・デル・レーウが、「呪術的人間はみずからが動物としてもっている環境(Umgebung)から一つの「世界」、自己の世界を創り出す」(*Ibid.*, S. 621)と述べるのは、それの宗教現象学的解釈にほかならない。動物との比較はほかにも、たとえば「場所」(Ort)に関してもなされている(*Ibid.*, S. 445)。

「人間はみずからの人間性のもとで独立に生きている」というのがファン・デル・レーウの人間学の基本的理念であるが、彼はこの命題を「生」(Leben)の概念によって根拠づける。すなわち「人間的生」の根本体制と諸形態を考察することによって、「人間性」の特徴を浮き彫りにするのである。その際に拠所とするのが、ウィルヘルム・ディルタイの「生」の概念ならびにとりわけマルティン・ハイデッガーの存在論的諸概念、それに比較宗教学の成果としての諸々の「宗教現象」に関する情報および知見である。もとよりファン・デル・レーウの学問的関心は、いわゆる「生」の哲学そのものの追究ではなく、あくまでも「宗教」に基づく「人間性」を特徴づける生のそれであるために、生の概念にもその立場からの修整を施している。その最も重要なものは、「力」の概念をそれに結びつけたことである。これによって生の概念は、存在論からの性格づけと先述のようなデュナミスムスからの特徴づけとが重ね合わされたものになっている。この点をまず確認しなければならないが、それには彼が理解する「現象および現象学」の理念および「宗教と宗教学」の区別を検討する必要がある。そのために、先には「宗教現象」の構造に着目したが、いまは「生」の構造に即して『宗教現象学』の「エピレゴーメナ」における現象と現象学の理念および宗教と宗教学との相違に関する彼の認識をいま一度確認しておく必要がある。

「現象」および「現象学」について、ファン・デル・レーウはおおよそ次のように説明する。現象とは、みずからを示すものである。それは、(一)現象とは或るものである。(二)この或るものはみずからを示す。(三)現象とはまさしく、それがみずからを示すことによって現象である。しかしみずからを示すことは、みずからを示すものに関係するとともに、示されるものにも関係する。

それゆえに現象は純粋な客体ではなく、また純粋に主観的なもの、すなわち主体の「生」が考えられているわけでもない。現象とは主体と関わった客体であり、客体と関わった主体である。現象の本質はそれがみずからを示すということ、みずから「誰か」に示すことにある。この「誰か」がみずからを示すものについて語り始めるとき、そこに現象学がある（*Ibid.*, SS. 768-769）。

一方ファン・デル・レーウは「宗教」と「宗教学」の区別について、『宗教現象学』の第一部の冒頭に次のような命題を掲げる。「宗教学にとって宗教の客体を意味するものは、宗教そのものにとっては主体である」。同じ趣旨のことは、第二部と第三部の冒頭でも繰り返されている（*Ibid.*, SS. 208, 382）。これらの中で彼は「学問は神との関係における人間の行為を知るのみで、神の行為に関しては何一つ語るべきことを知らない」と言い、また「人がどのように力に関わっているか、を現象学は記述する」とも述べている。ここには宗教学が扱い得る対象が、「神・力に関わる人間」および「人間と関わる神・力」に限られることが記されているのであるが、先にこの関係を右に説明された「現象」における主体と客体の関係構造と重ねて理解する試みをした。

ファン・デル・レーウの現象および現象学の理解は、本人が示唆するようにハイデッガーの『存在と時間』（Heidegger 1960）に拠っているが、しかし「みずからを示す」のは、「在る」（Sein）ではなく、ディルタイが哲学的研究の主題とした「生」（Leben）である。そのことはファン・デル・レーウが「現象性」（Phänomenalität）の三つの層を生の三層に対応させていることから分かる。すなわち生の（一）（相対的に）隠れている、（二）次第に明らかになる、そして（三）（相対的に）透明である、という三層が、現象性の（一）体験（Erlebnis）、（二）了解および（三）証言（Zeugen）

という三層と相応しており、了解と証言が「現象学の活動」だと解釈しているのである（Leeuw 1933[1955]: 769）。これによれば、「現象」とは「生」のそれであり、「生」そのものは「隠れており」、差し当たりはいつでも「誰か」が「体験する」ことにおいて「みずからを示す」に過ぎず、その限りにおいて生はいつでも「生きられる」（er-lebt）「生」である。しかも彼は、生を持続的な流れと見るディルタイに従って、その体験は瞬間的に（im Augenblick）過ぎ去るものであり、生はいつでも「了解」によって再構成される「意味」としてしか把握することができないとする。これによれば現象学には、「誰か」が「みずからを示すもの」を体験し、それを「意味」において了解し、証言する（表現する）ことによって成立する、言わば一次的現象学と、この証言の「意味」を学的に了解し、それを概念へともたらす二次的現象学があることになる。後者としてのファン・デル・レーウの宗教現象学の場合には、「現象の意味」をさらに「構造」として捉えるために、比較による「類型化」の作業を施し、これを普遍化するために再び宗教史の材料に照らして補足・修整を図るという手続きが要請される（*Ibid.*, SS. 770–777）。

このように「現象」の概念および「現象学」の定義と結びつけられた「生」の概念は、あたかもハイデッガーにおいて、現存在の「在り得る」ことの了解に根本的気分としての「不安」が伴うように（Heidegger 1960: 188）、生の「全体に拡がるその無制限さ（あらゆることが可能だ、言い換えれば私は無の前に立っている）」には畏怖、すなわち実存の根源不安（Urangst）の気分が伴うと見なされることによって（Leeuw 1933[1955]: S. 531）、存在論的な性格を帯びることになる。しかしこのような意味での生の「可能性」を「力」としての「可能性」へと意味変換することによって、ファン・デル・レーウの現象学は「生」の現象学と「力あるいは力があること（Mächtigkeit）」の現象学という二重の側面をもつことになる。その結果として生は力の体験として意味づけられ、力に対する人間の態度および行動の考察が主題とされることになるのであるが、その際に彼は力に「他者性」という性格を認めることによって、宗教的な意味づけを施し、「力」そのものの現象学を、力を体験することとしての「宗教」の現象学として構想するのである。「実存の根源不安」を「畏怖」と読み替えるのは、「生」が可能性として力をもつことを「他者的」と見なし、先に指摘したようにそこにオットーを引き合いに出して「ヌミノーゼ」の概念を結びつけることに基づいている。こうして人間が力に対してどのような態度と行動をとるかが彼においては人間の「人間性」を理解する鍵とされており、この点において彼の学問的関心を「人間学的」と表現しておくことにするが、しかしそれと同時にそれはまた宗教の「宗教性」を解釈し分類する枠組をもなしているのである。以下においてこのことをさらに詳しく論じるが、差し当たり順序として、まず力と結びつけられた「生」の概念を取り上げ、次いで彼が類型化した「宗教現象」を力の体験形式として解釈し、人間の「生」の具体相を、人間と「世界」との関わりあるいは人間が世界の中で生きることとして捉えることにする。

2　人間の「生」の根本体制および「宗教」の根源性

ファン・デル・レーウの「生」の概念はディルタイのそれに依存しながらも、その内容は彼の研究環境と時代の趨勢に制約されている。すなわち彼がその特徴を指摘する際に用いる用語、たとえば「可能性」、「力」、「身構え」（Benehmen）、「振る舞い」（Begehen）、「不安」および「孤独」などにそれが窺われる。生の概念の説明としてまず注目されるのは次の言葉である。すなわち「人間はみずからに与えられた世界を肯定するのではなく、それに対して絶えず「否」（nein）と言う。この「否の言表」（Nein-sagen）こそが人間の人間性を根拠づけている。それは人間が精神をもっている、ということである」（*Ibid*., S. 383）。これは世界における人間の在り方に関して述べられたもので、この文脈についてはのちに「世界」の概念に絡めて改めて取り上げることにして、差し当たりここに見える「否の言表」という表現が、シェーラーと同様に[1]、人間の生が「可能性」という性質をもっていることを示していることを確認することが重要である。同じ文脈のもとでファン・デル・レーウは「人間は生の中に所与以上のものを見る。つまり可能性を見る。しかしこの可能性は人間の活動を促す」と述べている。これにより彼における「可能性」の概念は、先に指摘したように人間の実存の不安と結びつけられるとともに、人間の活動としての力との関わりとも関連づけられるのである。この文に続く次の部分がそれを示している。「人間の奇異の念（Befremden）が身構えることとなり、振る舞うこととなるはずである。身構えは、人間に対してみずからを現す力あるもの（das Mächtige）に適っていなければならない」（*Ibid*., S. 383）。可能性が「奇異の念」を生み出すときに、つまりヌミノーゼとして体験されるときに、それは「力」として体験され、人間はそれに対してふさわしい一定の行動をしたり儀礼を行うというのである。人間にとって「力」はさまざまに体験されるが、彼はその最も初次的（primär）なものを「目立つ他のもの」（ein auffallendes Anderes）との出会いと見なし（*Ibid*., S. 3）、或る対象事物が普通のものよりも目立つのは、それが発生する力によるとする（*Ibid.*, S. 4）。その目立ち方はヌミノーゼ的なそれである。たとえば「特別の形や大きさの石にはいつでも力の予感が付着している」（*Ibid.*, S. 39）。またそれに直面するときの人間の態度は「驚き、畏怖であり、極端な場合には、恐怖である」ともファン・デル・レーウは言う（*Ibid.*, S. 9）。これはいわゆる「マナ」の観念によって示唆される力を念頭に置いて述べられたものであるが、この情緒的反応あるいは態度は、神を避ける行為を構成する契機とされる「恐懼」（Furcht）であり、彼はその特徴を、キルケゴールの「不安」の概念を引いて説明し、併せてハイデッガーの解釈をも援用する（*Ibid.*, S. 528）。要するにファン・デル・レーウの狙いは、力の体験に伴う不安が、人間の実存に根ざす不安と等根源的であることを示すことにある。「不安そのものは恣意的感情ではなく、無制約的な可能性から目覚めさせられる根源体験（Urerlebnis）であり、それは単に与えられるもの一般の彼方にあって、あらゆる宗教と生の根底にある。この不安は力—人間—関係の緊張を示唆している」（*Ibid.*, S. 530）という言い方にそれが窺われる。あるいは「人間が奇異の念を失うときは、死んだも同然である。不安のうちにこそ人間は至福であり得る」（*Ibid.*, S. 536）とも言われる。キルケゴールの思想との関連はともかく、これによれば「奇異の念」を失うことは可能性を失うことである。逆に言えば可能性をもつ限り、人間は死んでいない。死者祭祀においては「死んだ人間から所与も可能性も欠落してはいない」、「死んだ人間は生きている人間と同じように仲間の一人である」（*Ibid.*, S. 233）とファン・デル・レーウは言う。こうして「奇異の念」を媒介概念として実存的不安と「力」の体験に伴う不安とが結びつけられるのであるが、彼はキルケゴールが不安の両面感情を指摘したことを引き合いに出して（*Ibid.*, S. 531）、力および力をもつものに対する人間の態度にも相反性を認める。すなわち「人間は力を避けて然るべきだが、しかし力を求めて然るべきでもある」（*Ibid.*, S. 33）と言う。また「力は危険なものとして人間に畏怖を引き起こす独特の性質をもつ」（*Ibid.*）一方で、「人間はただの生では安心せず、聖なる力に満たされた生を求める」（*Ibid.*, S. 212）として、「儀礼が人間に対して力を保証し、人間は自己自身に対して救いを作り出す」（*Ibid.*）とも述べられている。また人間はみずからの生を高め、より深く且つ広い意味を獲得するために力を求めるとも言われている（*Ibid.*, S. 778）。

しかしながらこのような「力」の概念は、可能性としての「生」の性質というよりも、人間がそれに対して何らかの態度や行動をとる客体的なものを意味するものに変化している。「力あるものに直面している人間は、普段の経験からは知られない性質の現前のもとに自分が居ることを知っている。その性質は他のものからは導き出されず、特殊で（sui generis）且つ独立した（sui juris）ものであり、「聖なる」あるいは「ヌミノーゼ」という宗教的用語でしか名づけようのないものである」（*Ibid.*, S. 33）とファン・デル・レーウが述べるのはそれを示している。この場合の「性質」が力のそれであることは言うまでもなく、力は「力あるもの」としてみずからを示す客体として見られている。その意味で次の言い方は注目に値する。すなわち「事物、空間、時間、人物は啓示（Offenbarung）との関係によって聖なるものとなる。これらの対象物のもとで力はみずからを啓示するが、この力はみずからのヴェールをば脱がない。なぜならば力はその本質そのものからしていつでも隠れており、「全く他である」（ganz anders）にとどまるからである」（*Ibid.*, S. 642）。「在る」（Sein）は「在るもの」（Seiendes）においてみずからを示すというハイデッガーの周知の命題との関連は措くとして、ファン・デル・レーウにおける「力」が客体的なものとして理解されていることは明らかである。因みにオットーの用語を借りながらも、しかし彼とは異なって有神論的な神の観念を前提にしないファン・デル・レーウは「聖」を力の属性と見なし、[2]「力をもつものと相対的に力をもたないものとの隔たりを、われわれは聖と俗の関係として表す」(*Ibid*., S. 32) という見方を採る。こうして彼は、「力に向けられる人間の生は、「最初に」力によって触れられたからである。その生が聖なるものに向けられることにより、それは聖性にあずかる」と「宗教的生」について語ることができたのである (*Ibid*., S. 208)。彼にとって「宗教」は人間的生の根源に位置づけられていると言うことができるであろう。こうしてまた力がみずからを現す対象物、すなわち「力動性、力をもつもの」(Mächtigkeit, Mächtiges) を「聖なるもの」と意味づけて、それを類型によって分類し、整理したのが彼の「宗教現象学」だという解釈の試みも妥当性をもつことになるのである。このような「力」の概念の意味変換の動機あるいは背景として、シャントピー・ド・ラ・ソーセイを始め、ティーレやゼーダーブロームといった北欧の宗教学者が、宗教の定義あるいは宗教の本質部分の理解のためにこの概念を重用した、という研究の伝統ないし環境を考えないわけにはいかないことはすでに第一節で述べておいた。

このようなファン・デル・レーウの「生」の理解を踏まえて、改めて「人間的生」の在り方を考えてみなければならない。彼にとって「生」が差し当たりいつでも「生きられる」(er-lebt) 限りにおいて、みずからを示すのと同じように、「力」もまた人間がそのつど関わる「力をもつもの」においてみずからを示す。力は「それが目立つときにのみ、語られる」(*Ibid*., S. 9)。それゆえに力はいつでも何らかの「力をもつもの」としてのみ人間に関わり、人間も何らかの「力をもつもの」によって働きかけられるというのが力の体験の基本的構造である。もとより彼の関心は力そのものの本質や作用あるいは価値などの哲学的考察へ向けられるのではなく、「力をもつもの」の形態とそれに関わる人間の態度と行動を「宗教現象」を通じて把握し、人間的生の全体的な体制を組織的に提示することにある。その際に彼が「宗教」に着目したのは、宗教においてこそ人間は力を直接に体験すると考えるからである。そして力の体験は、程度の差はあれ、「不安」を引き起こし、それは取りも直さず「人間」をみずからの生の根本的な在り方に直面させ、人間の「人間性」を自覚させると考えるからでもある。「否」と言い得るところに人間の「精神」の意義を認めようとするファン・デル・レーウにとって、そのことが最も端的に認められるのが「宗教的生」なのである。この「否の言表」を単なる現象学の方法とは見なさずに、「正真正銘の人間の生の活動」（*Ibid*., S. 775）と捉える彼の「宗教現象学」の特色を見逃してはならないであろう。ゼーダーブロームに同意して、「驚き（Staunen）は哲学のみならず、宗教の始まりでもある」（*Ibid*., S. 3）と彼が言うのは、そこに最初の「否」の言表、すなわち人間性への最初の目覚めを見るからである。もとよりこの「最初」は「時間」とは無関係である。「現象学は「原始」（Urheit）ということにはいささかも関知しない」（*Ibid*., S. 273）というのがファン・デル・レーウの立場であり、先に触れたように「構造」に着目するのが彼の現象学である。したがってこの場合の「最初」とは「体験」のそれを意味するべきである。彼が「力」の現象の最初の例に挙げているのが、いわゆる「マナ」の観念であり、すでに触れたようにそれは「超自然」や「超越」として了解される以前の「経験的確認」（empirische

Feststellung)（*Ibid.*, S. 4）によって捉えられた力の表現と見なければならないと言われている。ついでながらレーウがややもすれば誤解を招きかねない「未開的」（primitiv）という語および「未開的人間」（primitiver Mensch）という表現を使うのも、この意味における「最初」を指し示すためであることを銘記すべきである。彼は子供のアニミズム的態度と行動について、他の研究者の言葉を引きつつ次のように述べている。すなわち「子供にとって〔力をもつものに対して〕意志を賦与することは「子供の直接的な世界体験」の表現である。どうして「未開的な人や子供は世界を人格的なイメージで見る」のか、と問うことは無意味である。「われわれは逆に問わなければならない、どうしてわれわれはこのような自然的な観察の仕方を失うのか、またどうして芸術的な方法でしかそれが回復されないのか」と」（*Ibid.*, S. 81）。そればかりか、場合によっては精神に障害をもつ人の言葉や行動にさえ、彼は同じ体験の仕方を認めるのである（*Ibid.*, S. 618）。これらのことは、ファン・デル・レーウの承認を得ることができるかどうかは別にして、人間的生の「本来性」に関わる事柄でもあるように思われる。われわれは何らかの理由によって、「非本来的」にしかみずからの「生」と向き合っていないのではないか、と新たな課題を突きつけられている思いがする。

人間が「力をもつもの」と関わるのは、言うまでもなくそのつどの「生」においてであるが、この生をファン・デル・レーウは「世界」との関わりとして捉える。したがって力の体験形式、言い換えれば人間的生の諸相は世界との関わりの諸形式として考察されることになる。この点についてはのちに扱うことにして、ここでは「力」との関わりにおける人間的生の基本的な体制に目を向けてみたい。この場合に着目するのは、彼の用語である「身構える」と「振る舞う」、「孤独」と「不安」、それに「共同態」(Gemeinschaft) および「共同存在」(Gemeinsein) である。すでに再三指摘したように彼は「人間的生」の特徴を、人間は与えられた生に対して「否」と言うことに見る。つまり生は与えられたものとして直ちに引き受けられるのではなく、「絶えずわがものにすべきもの (zu ermächtigendes) として、可能性として見なされなければならない」(*Ibid.*, S. 230) と言われる。彼はこの「わがものにする」ために「振る舞う」(Begehen) ことを「祭儀」(Kult) と見るのであるが (*Ibid.*, S. 231)、それについて、「儀礼 (Ritus) は生をわがものにし、思想がそうすることができたよりももっと早くに、生から力を引き出した。〔……〕それゆえに最も早い文化は祭儀であり、これがあらゆる文化の始まりにある」(*Ibid.*, SS. 383-384) と述べ、宗教生活に文化の起源を見ている。周知のように聖なるものが元始において啓示した「祖型」(archetype) に文化の起源を見るミルチャ・エリアーデとの比較も興味深いが、ここでは差し控えなければならない。儀礼あるいは祭儀が生から可能性を引き出し、また所与から可能性を創り出す (*Ibid.*, S. 231) とファン・デル・レーウが言うのは、儀礼の創造的性格を指摘したものであるが、「祈り」について言われた「力は力のみに働きかける」(*Ibid.*, S. 485) という命題は儀礼にも当てはまる。それのみか人間的生の根本体制を表すものでもある。すなわち力に対する人間の態度を彼は「身構える」および「振る舞う」という語で表すのであるが、いずれも定型化された行為であり、広い意味での儀礼的行為を表すものとして用いている (*Ibid.*, S. 384)。それについて彼は次のように記している。すなわち「いずれの瞬間にか、生の一部において、何らかの力あるものが確保され、繰り返され、振る舞われなければならない。仮にそれをしないと、まさしく力に対する正しい関係をもつことができない」(*Ibid.*, S. 385)。

両者の区別について、身構えは、たとえば自分が力をもつことを際立たせ、悪しき力を祓い、有効な力を目覚めさせるために、儀礼的に裸体となったり、姿勢を正したり、直立したりすることである。振る舞いも同じ目的をもつが、このほうには何かを始めるとか、何かを変えるというようなより意図的な行為が目立つとされている（*Ibid.*, SS. 385-386）。いずれにしても「力をもつもの」に対して、人間も「力をもつもの」として対応しなければならないが、それはつねに相手の「力」の力動性（Mächtigkeit）に相応していなければならない。「聖なるものに即して振る舞う人、聖なるものを祝う人は、職務のように（amtlich）行う。その人は単に何かをなすのではなく、なすべきことをなすのである。言わばポーズをとるのである」（*Ibid.*, S. 386）とレーウは言う。逆に「蓄積された無力は本来禍悪であって、取り除かれねばならない」（*Ibid.*, S. 386）と言われるのも、このような文脈からすれば当然の帰結であろう。

「力は力のみに働きかける」ということは、人間は何を相手にしていても、実は「力」と取り組んでいるのだ、ということである。「生とは人間が事物を思いのままに扱うことができる点にあるのではなく、見かけは事物であるもののもつ力動性（Mächtigkeit）を運動させる点にある。「事物」は存在しない。場合によっては力を蓄えることのできる管か容器だけが存在するのである」（*Ibid.*, S. 407）という言い方でファン・デル・レーウはそのことを示すのであるが、彼がこのことを強調するのは、とりわけ「供犠」（Opfer）に関してである。すなわち彼は供犠の原理を、先にも紹介したように合理主義者が主張する「あなたが与えてくれるので私は与える」（do-ut-des）といういわゆる交換説を退けて、「あなたが与えることができるように私は与える」（do ut possis dare）に代える

(*Ibid.*, S. 440)。つまり「私はあなたに力を与える。それであなたは力をもち、生を力の欠乏からその蓄積へともたらすことができる」ということで、「生の流れが流れ続ける」ようにすることだ、と彼は解釈するのである(*Ibid.*)。先に引いた「祭儀は所与から可能性を創り出す」という彼の言葉も、もちろん生の流れの維持を意味している。「セレベス〔現スラウェシ〕のトラジャの人々が遠出の準備をする。ところが土鍋が壊れてしまう。すると人々は家に居る。「measa だ」と人は言う。われわれなら「兆《きざ》し」と翻訳するだろうが、しかし未来の不幸を暗示するという合理的な意味での兆しではなく、生の流れが停滞したという兆《しる》しなのである」(*Ibid.*, S. 27)という記述は、彼が挙げた事例の一つである。

それゆえにファン・デル・レーウによれば、聖なる生活は生から死へ、そして生への円環運動をなすという。このことを彼は概括して次のように述べている。すなわち「誕生、結婚および死も、本来はなお多過ぎる。誕生と死で十分である。なぜならばそのほかに生活の中で起こること、たとえば結婚、戦争、聖別および命名といったことは全て生と死という大きな極に収まるのだからである。力に対しては、集団的なものであれ、個人のものであれ、歴史は存在しない。生活の中で変化するものや偶然的なものは、仮にあり得るとしても、例外なしに生から死、死から生への移行を目的とする特定の紋切り型で行われる儀礼にむりやり押し込められてしまう。近代人としてのわれわれはみずからの人生を一本の線で描くときに、その線の初めと終りのところに太い線を引く。〔……〕二つの太い線の間をわれわれは結婚適齢期、結婚、就職、退職、重い病などの大きな移行を意味するもっと細い線で区切る。しかし聖なる生活においてはどの線も等しく重要であり、どの区切りも大事で、どの移行も死から生へ、また生から死への移行なのである。つまりわれわれの生活は線形をしているのに対して、聖なる生活は円形をなしている」（*Ibid.*, S. 209）。力との関係におけるこのような「人間的生」のダイナミックスを彼は、いわゆる「人生儀礼」あるいは「通過儀礼」に即して記述するのであるが、その詳細はここでは割愛せざるを得ない。

「人間はみずからに与えられる生を単純には受け取らない。人間は生の中に力を求める。〔……〕人間は生を高め、強め、生から強引により深く且つより広い意味を取り出す」（*Ibid.*, S. 778）とファン・デル・レーウが述べるのは、力に対する人間の積極的な関わりを示している。しかし力は人間に対して不安や絶望を呼び起こす。そのことを彼は、またもやハイデッガーの用語「世界・内・存在」（In-der-Welt-sein）と「気遣い」（Sorge）を借りて次のように説明する。すなわち「人間はみずから居合わせる世界を単純には受け取らない。人間は世界に関心を抱く（besorgen）。宗教的に言えばこうである。世界は人間を不審がらせる（befremden）。世界は人間を不安にする。なぜならば、選択もまた力をもち、それも気遣いさせる未知の力をもっているからである。世界の中に置かれた人間は、そのままでは気楽（zu Hause）でないと感じる。人間は奇異の念を感じ、これは不安にまで、それのみか絶望にさえ高まることもあり得る」（*Ibid.*, S. 383）。やがて見るように彼の「世界」の概念はハイデッガーのそれそのものではない。(3) ここではファン・デル・レーウが、現存在の「在り得る」（Seinkönnen）ことと結びつけられる後者の「気遣い」の概念を、おそらくは「可能性」という概念を媒介にして、「力をもつもの」に対する「身構え」および「振る舞い」に結びつけていることだけを指摘するにとどめておく。すなわち右の文における「選択」（Wahl）は力に対する人間のそれである。そのことを次の文が示唆している。すなわち「人間の身構え（Benehmen）は、人間に対してみずからを現す力あるものに即していなければならない。人間がどのように身構えるのか、座るのか、立つのか、臥すのかはどうでもよいことではない。ただ眠るときだけ人間は母の懐の選択のない肯定へと逆戻りする。しかし目覚めているときにはいつでも身構えているべきであり、その気遣いは休まることがない。人間は規則を遵守しなければならない。religio は〔……〕この規則遵守（Observanz）を示唆する。生をわがものにするために、生が内蔵する諸々の可能性をもぎ取るために、生をむりやり固定した身構えに押し込めなければならないのである」（*Ibid.*, S. 383）。

さらにファン・デル・レーウによれば、この「気遣い」や選択に絡まる「不確かさ」が人間の「孤独」の契機となると言う。すなわち「孤独は不確かさ（Unsichtigkeit）と気遣いに満ちており、われわれはその中で生きている。それゆれにわれわれ自身が限界に近づくとき、すなわち生が力をもつものであり、不確かであることを最も強く体験するとき、〔……〕孤独の不安が現れる。そうして全ての不安が合流して大きな不安となる。これはわれわれの実存そのものの不安であり、生への恐れであると同時に、死への恐れでもある」（*Ibid.*, S. 271）と言われている。もとより彼にとっても不安は恐怖とは区別されるべきもので、それを次の喩えで言い表している。「私を目がけて走ってくる自動車に対して、私は二次的に恐れる。自動車のないステップの世界に対しては初次的（primär）に畏れる。森の中で襲われることを思うときには二次的に恐れるが、森の気味の悪さの感情のもとでは初次的に畏れる。それのみかそこに泥棒が現れても、挨拶をするかもしれない」（*Ibid.*, SS. 528-529）。彼はこのような不安から生ずる孤独の体験から人間の共同態（Gemeinschaft）

の必然性を導き出し、その事情を次のように説明する。すなわち「孤独はどの人間にも知られている。〔……〕しかし人間は一人でいることはできない。本当に孤独な人は、身寄りの無い孤児のように、またゲッセマネでのキリストのように、涙を流す。そのような孤児から神人（Gottmensch）に至るまで、孤独はわれわれ全てを不安にする。なぜならばわれわれは共同態においてのみ力をもち、また生をもつのだからである」（*Ibid*., S. 270）。あるいはこうも言われる。「『独り』（Allein）では生きてゆけない。そこには大きな不安しかない。独りであることは死ぬことである」（*Ibid*., S. 271）。さらに彼はみずからの「生」の概念の、存在論的＝デュナミスムス的な二重の意味から次のようにも説明する。すなわち「諸々の力のもとで生きる人間は孤独である。力が人間に対立していても、それが親密であることに気づいていても、それのみか呪術的に力を扱うことができることを知っていてさえ――力は人間を孤独にする」（*Ibid*., S. 82）。これは次にまた触れるように、人間が周囲の存在物とともに「共同世界」（Mitwelt）を構築することに関して言われたものである。その問題への橋渡しの意味を込めて、彼の次の文を引いておくことにする。「人間が「世界」と結びつけられており、しかも対立しているのではなく、それとの「共同態」（Gemeinschaft）をもっているように、他人ともこのような共同態をもっており、この「共同存在」（Gemeinsein）を生きている。今日でもわれわれが生きた人間集団の中にいる限りではいぜんとして「未開的」（primitiv）である。いずれの革命もどの戦争もそれを証言している。危機に陥ると人間は獲得されたあるいは見せかけの自立性から、不安から守ってくれる根源的共同態（ursprüngliche Gemeinschaft）へと逃避する」（*Ibid*., S. 272）。ファン・デル・レーウが「生・力」との関係をつねに状況連関（situational context）

のもとで、したがってまた「宗教的生」をもそれのもとで扱おうとしている点は改めて留意すべきであろう。

3 「世界」およびそれとの共同存在

ファン・デル・レーウの「世界」の概念がハイデッガーのそれに依拠していることについてはすでに言及したが、それを次の言葉で確認しておく。「力との関わりを求めたり、それから遁れたり、それをもったりする人間は世界の中に居合わせている。これはちょうど私のベストのポケットにお金が入っているような形で、人間が世界の中に入っていることだけを意味するのではない。人間は世界に参加している（teilhaben）、人間が世界のことを気にかけている（sich kümmern）という意味である。ハイデッガーはこの「世界・内・存在」を鋭敏にして精妙にも「気遣い」（Sorge）と名づけている」（Leeuw 1933[1955]: 382-383）。この「気遣い」をファン・デル・レーウは、人間が世界において力あるいは力をもつものに関わっていることと解釈していることを、これに続く文、すなわち力に対する「身構え」と「振る舞い」を述べた文を引いて先に指摘しておいた。しかしながら彼の「世界」の概念は、或る意味ではハイデッガー以上にフランスの社会哲学者リュシアン・レヴィ＝ブリュールの思想に影響を受けている。それは、一言で表せば人間と世界との関係のダイナミックな理解である。ファン・デル・レーウは世界に対する人間の関わり方を次のように述べつつ、それがレヴィ＝ブリュールの見方と契合すると言う。「人間の精神はみずからに与えられる世界に向かうのではなく、みずからが出会うものを満足のゆくように変容したのちに、みずからに参加させるのである。〔……〕ここにはレヴィ＝ブリュールによって打ち立てられた参与（Partizipation; Teilnahme）の原理の真理性がある。事物は「空間の中でぎごちなく」ぶつかり合っているのではなく、互いに関与し合い、互いの中に移行し合い、他のものの代わりをすることもできる。したがって人間も「客観的に」「世界」に対して対象的に振る舞っているのではなく、世界に参与し、また世界のほうも人間に参与しているのである」（*Ibid*., S. 615）。この意味において人間の存在は、「世界へと向かって在る」（ein Sein zu der Welt）（*Ibid.*）こととされる。さらに彼は、「この参加は人間の本質に根ざした態度である。それは〔……〕、理論的および事実的認識、客観的な観察や実験に全面的にこだわる「近代」人にとってさえ、自然な精神的態度である」（*Ibid.*）と言い、その典拠としてレヴィ＝ブリュールの次の言葉を引いている。すなわち「いまや参与（participation）の欲求は、われわれと同じような人々の間ですら、知識欲や理性の要求に合致したいという欲望に比べて、いっそうどうすることもできない、もっと強い何かをとどめている。それはわれわれの内部に深く横たわり、その源泉はもっと遠くにある」（*Ibid*., SS. 614-615）。ファン・デル・レーウによればこの精神的態度は、「分析的でも抽象的でも推論的でも分割的でもなく、全体に関わり、具体的に把握し、本質的に拘束し、「参加」を体験するものである」（*Ibid*., S. 616）と理解されている。要するに「私は世界の中で共に遊び、世界もまた私の中で共に遊ぶ」（*Ibid.*）という関係を成り立たせる態度である。(4)もう少し公式的な言い方に直せば、「世界が私に働きかけるのと同じく、私もまた世界に影響を与えることができる」（*Ibid*., S. 617）ということであるが、彼はこの原理を、彼が「世界への道」という表現で示そうとする、世界に対する人間の支配形態にも適用する。具体的には呪術と神話であるが、ここでは「世界」との「関わり方」よりもむしろ、関わられる「世界」はどのようなものかという点に目を転じてゆきたい。「与えられた世界をそのまま受け取らず、自分自身の生にぴったりするまで何度も作り変えることは、本質的に人間的なことである」(*Ibid.*, S. 618) とはファン・デル・レーウが何度も反復する根本命題である。言い換えれば人間の「投企」あるいは「世界投企」とでも言い得ようか[5]。もちろん「どの人もみずからを取り巻くものから、自分が支配することができると考える一つの世界を作り上げる。一つの世界があるのではなく、人の数と同じ多くの世界がある」(*Ibid.*, S. 614) と彼が言うのはいわば原則論であって、現実には先述のように、人間はその「生」の根本体制からして、独りでは生きてゆけないとされているのであるから、共同態と同じ数の世界があるということになるのであろう。「共同態は本質的にはただ一つであり、その中で力をもつ生もまた一つである」(*Ibid.*, S. 282) と言われているからである。仮に連想が許されるならば、エリアーデの言う「古風な文化」(archaic culture) の人々の「われらの世界」(our world) が作られるということになるであろう (Eliade 1959a: 30)[6]。

ファン・デル・レーウの基本的命題に従えば、人間が周囲において関わるものは「力をもつもの」(das Mächtige) であり、それがそのつど示すそれぞれの「力をもっていること・力動性」(Mächtigkeit) である。そのような見方が近代の人間にも無縁ではないことを、彼は次のような例で示している。「私は警官の指示に従って市街電車の軌道を辿っていこうと決めたときには、一定の力動性に自分を委ねている。すなわち電車の軌道、終着駅、曲がる方向などである」(*Ibid.*, S. 550)。もとより彼は「宗教現象学」の立場にあるので、世界との関わりは「宗教現象」のもとで見られ、これによって「世界」の概念の内容も与えられる。また彼の方法論として、「直接的な世界体験」(*Ibid.*, S. 81) を示す現象を優先するので、先に規定した意味での「未開的」な事例が重視される。身の周りにある事物との関わりについても、近代の精神尊重、人格重視に対して批判的な態度をもち、また近代的機械は「生きた「自己の力をもつ」(selbst-mächtig) 事物から死んだ材料を作り出した」(*Ibid.*, S. 19) といういわば近代批判を抱いているファン・デル・レーウは、むしろ「未開的人間」の態度に目を向け、未開的文化における宗教現象に着目する。彼によれば「未開的人間にとって事物は力の担い手である。事物は何かを生み出すことができ、それ自身の生をもち、これもまた全く経験的にみずからを現す」(*Ibid.*) という。そして事物と直に向き合う例として、アフリカの黒人が重要な遠征に出かける前に、一つの石に向かって「おや、おまえさんそこに居たのか」と声をかけ、それを携行するという行為を挙げている (*Ibid.*)。つまり石は自分には力があることを合図で知らせているというのである。そしてもしもそうしない場合には、「人間のほうで、力があることを事物に知らせれば十分だ」(*Ibid.*) と言い、同じことを示すものとして詩人リルケの「どの物もみな愛する神になれる。ただそのことを物に言わなくてはならない」という言葉を引いている (*Ibid.*)。ファン・デル・レーウはこれを「呪物崇拝」(Fetischismus) の解釈に当て、類似の現象を収集し整理するのであるが、ここではそのようにして類型化されたものから、「世界」に関するものを拾い上げてみたい。すなわち「環境世界」(Umwelt)、「上方世界」(Oberwelt)、「共同世界」(Mitwelt)、「アニミズム」および「母性としての大地」などと類型化された現象が差し当たり材料となる。その際に蛇足を顧みず「世界」の概念について次の点を確認しておきたい。彼は人間と動物との相違を示す目印として、人間はみずからの外界（Umwelt）を「客観化する」のに対して、動物はただ環境（Umgebung）に従うと述べたことに関連して、「未開的人間（primitiver Mensch）にとっては「世界」という概念は本来存在せず、みずからを取り巻くものを対象と見なすことには程遠く、それを即座にみずからの「共同世界」にする」（*Ibid.*, S. 614）と言う。それは「未開的人間は外界に絡まりながら成長し、その外界に力の啓示を見る」（*Ibid.*, S. 67）からであるとされる。彼によればこれは「宗教的世界観」であるが、それは「観」というよりもむしろ「参与」であるという（*Ibid.*, S. 614）。つまり参与は「力の体験」に基づいており、その限りにおいて外界との関わりは人間の内面性の問題であり、たとえば「呪術」は、世界を「内から支配すること」（eine Beherrschung von innen aus）であると彼は述べている（*Ibid.*, S. 615）。これから見ていく「環境世界」の「環境性」（Um）や「共同世界」の「共同性」（Mit）は、次の文に見られるような人間と世界との間の一種の存在論的な「相互内属性」、それもダイナミックなそれを示しているのである。「存在するもの（Wesen）は、近代の原子論者が考えるように、みずからの内に閉じこもってはいない。存在するものは全て環境世界（Umwelt）との関係をもっているだけではなく、それ自身の一部を環境世界の内にもっている。言い換えれば環境世界はいまだ環境世界〔外界〕ではない。みずからの生をもつことが可能であるのは、みずからの身体においてだけでも、また非物質的と考えられる「霊魂」においてだけでもなく、外部においてもそうである」（*Ibid.*, S. 150）。それゆえに力の啓示としての「世界」は次のような意味においてつねに「体験」としてのみ存在していることになる。すなわち「力をもっていること（Mächtigkeit）は体験において人間に立ち現れ、この体験は宗教現象における主体と客体の本質連関に気がつくことを意味している。人間はみずからの生が環境世界の力によって制約され、担われていることを感じる。したがって環境世界は単に外界であるのではなく、〔……〕生の中心である」(*Ibid*., S. 47)。要するに人間にとって世界は「生きられた」(er-lebt) ものとして存在しているということである。ここにはファン・デル・レーウなりに理解された「生活世界」の概念がある。このような「世界」の体験の典型的な例をすぐ次に、人間が樹木と「互いに共に成長する」(Miteinanderwachsen) という観念および慣習において見出すであろう。

ファン・デル・レーウは「聖なる環境世界」という節(§5 & 6)において、いわゆる「自然物」の力を取り上げるが、この狭義の環境世界において出会うもののうち、「石」についてはすでに「呪物崇拝」の事例によって触れた。『旧約聖書』の「ヤコブの石」の話は、「石が体験となり得る」ことを示すものだと彼は解釈する(*Ibid*., S. 39)。そのほか石が性と豊饒に結びつけられたり、石積みが社会の幸福、健康などのための慣習である例が挙げられている。「金属」も力の担い手と見なされ、錬金術は「金属は生まれ、〔……〕結婚することさえできる」という観念に基づき、金属を成熟させ、金にするのだという(*Ibid*., S. 40)。その金を太陽の色と見立て、生命を与える力をそこに見ることもある(*Ibid*., S. 41)。「山」も「日常の彼方にあり、その理由で全く他のものの力をもつ」(*Ibid*.)と見なされる。日本の富士山崇拝を含め多くの文化において、山が修行場や避難所として信仰されていることについて、「人は崇拝を山に捧げるのではなく、その力に対して捧げるのだ」(*Ibid*., S. 42)と彼は言う。

「樹木」については、「繰り返し死を克服する樹木の力の体験」(*Ibid*., S. 43)こそが、ドイツの民俗学者ウィルヘルム・マンハルトが指摘した人間と樹木との「共同成長」にまつわるさまざまな慣習、たとえば後産を埋めた場所に樹木を植えることなどを理解させるとファン・デル・レーウは主張し（*Ibid.*, SS. 43-44）、また「五月の木」や「復活祭の枝」にも共同体との、それのみか「世界樹」の観念にも世界との「共同成長」の体験を彼は想定する（*Ibid.*, S. 45）。

「火」と「水」について、彼は「火はいわば人間学に属し、水は本質的に神学的である」（*Ibid.*, S. 48）と言う。つまり火は人間がそれを作れるが、水はそれができない。前者は人間と動物との相違を示し、後者は万物に等しく恵みを与える神に属することと理解されるからだと言う。また水の力は「生命」のみならず、「永遠」、「奇跡」、「神との交わり」と結びつく力であると解釈されている（*Ibid.*, S. 47）。「火」は熱や光の供給源として崇拝の対象にされるほかに、「生命」とも関連づけられ、火が消えることが死を暗示する不吉な出来事とされる（*Ibid.*, S. 51）。そこからまた家の火、国家の火を絶えず燃やし続けることが、家と国家を繁栄させると言われている（*Ibid.*）。

「上方世界において起こることは自立的なプロセスではなく、力の啓示である」（*Ibid.*, S. 55）という体験を示すのは、「太陽がいつかはその軌道を自由に行けなくなるのではないか」という恐れであるとファン・デル・レーウは見る（*Ibid.*）。それは或るアフリカーナーたちが信じていたような、「どの村にも固有の太陽がある」という環境世界の理解に基づいている。太陽の力を回復させる呪術的あるいは宗教的な行事は世界中に見られる。スフィンクスが示した「生」をめぐる太陽の謎は、上方世界と人間世界との間の本質的な類似性を示唆しているというのが彼の見方である（*Ibid.*, S. 57）。同じ構造連関のもとで、キリスト教においても、たとえばカルヴァンが「毎年、毎月および毎日、いかに神の摂理（providentia）が容易に現れていることか」と述べたことが引き合いに出されている（*Ibid*., S. 56）。死者は「星」として生き続けるという信仰や流星を不吉な兆しとすることは、「星も人間と似ている」という体験に基づいている結果と見なされる（*Ibid*., S. 59）。「天の光」としての「日の出」は人間の生命と結びつけられる（*Ibid*.）。「天の力は雨を分配する。〔……〕雨は大地を実らせる天の力である」（*Ibid*.）。ファン・デル・レーウは天の「力」を人間の生命活動と結びつける一方で、「天の力に直面する際に、人間はみずからの「無なること」（Nichtigkeit）を意識する。これは、世界で起こること全ての永遠の必然性の理念に基づく」（*Ibid*., S. 58, Anm. 4）と言い、天の力を人間の限界意識および偶有性の自覚の根拠の一つと見る。

「動物」について、「人間と生活を共にする動物は、他の「自然」に比べてより本来的な意味において人間の世界、人間自身に属している」（*Ibid*., S. 66）とファン・デル・レーウは言い、動物との間に形成される世界を「共同世界」（Mitwelt）と特記する。未開的人間にとって「動物は、一方では非人間的なものであり、全く他のものであり、薄気味悪いものであるが、他方では全く近いものであり、慣れ親しんでいるものである。この両者の統一からヌミノーゼな対象としての動物崇拝が理解される」（*Ibid*., S. 68）と、彼は動物に対する人間の相反的体験を指摘する。さらに彼によれば野生における動物は「平和が支配しない地上の場所」である荒野に属しており、それを飼育することは「荒野の力とは別の力へと聖別する（weihen）」宗教的な行為であると解釈する（*Ibid*., S. 69）。つまり宗教的な行為は力の変換装置であるというわけである。したがって動物との関係は「力の衝突」（*Ibid*., S. 70）であり、狩猟と肉食とは動物を家族の一員とするか、聖なる食事を目的とするかの違いであり、いずれも人間と動物との「共同作業」(Zusammenwirken)であり、「苦しみの分かち合い」(Miteinanderleiden)であると言われる(*Ibid.*)。そしてこのような見方から彼は、或る動物の「勝れた、しかし服従すべき力の本質への沈潜こそがトーテミズムの本質である」(*Ibid.*, S. 73)という定義を導き出す。また「動物は、人間が人間的なものに飽きたときに、そこへ逃避する全く他のものである」(*Ibid.*, S. 75)という意味深長なことをも述べている。

環境世界で出会うものの「力」を「意志」として体験し、それを形態化する態度を、ファン・デル・レーウは「アニミズム」と見なす。彼はこの概念を「起源」に関する理論的仮説から切り離して、「力」の体験の解釈として捉え直すことを提案する。すなわち「デュナミスムス〔いわゆるプレアニミズムという意味での〕が環境世界の体験をその「力をもつこと」において理解しようとするのに対して、アニミスムスは人間と環境の二つの意志、すなわち霊魂および精霊との出会いとしてその体験を解釈しようとする」(*Ibid.*, S. 77)と述べている。「アニミズム」の事例に関しては多くの精彩に富む解釈が展開されているが、ここでは彼がそのためにピアジェ(Jean Piaget)の著書から引いた例を挙げるにとどめる。或る冬の日に太陽が家の中に差し込んだとき、子供が言う、「やあ、いいぞ。太陽がやってきてわが家の電気ストーブを熱くしてくれる」。別の子供は月に向かって言う、「月は僕らと一緒に歩いて、道案内をしてくれる。月はジュネーヴの道しか知らないんだ。パリには別の月があるよ」(*Ibid.*, S. 81)。「ここにこそ純粋なアニミスムスがある!」(*Ibid.*)とファン・デル・レーウは強調する。なお「いわゆる人格化の誘因は体験のうちにある。そしてこの体験は、いわゆるプレアニミスムスの方向にある研究者たちによって、未開人の生活を脅かす困窮や絶え間ない危険、持続的な危機的状況において見られたのであった」（*Ibid.*）と彼が言うのは、周知のように、マレットが、「宗教」は「考え出された」（thought out）ものではなくして、「踊り出された」（danced out）ものだという言い方で宗教のアニミズム起源説を批判したことを念頭に置いたものと理解されるが、アニミズム学者が一般に呪術や宗教を危機的な「状況連関」から切り離して考察したことを暗に批判している点に留意すべきである。

力を「形態」のもとで体験するもう一つの形式としてファン・デル・レーウが取り上げるのは「母」の形態である。彼によれば「母」の形態の存在論的な根拠は、「力に対する孤独は、母との親密な関係に変わる」（*Ibid.*, S. 86）ことにあるという。しかし「無意識および母の胎内の安全地帯へと逃避したい」という願望は全人類的なものであるが、それはまた死への欲求と区別されないと彼は言う（*Ibid.*, S. 87）。ただし死への欲求は、母の胎内における新しい生の誕生への希望でもあるとされる（*Ibid.*）。また「大地は婦人であり、婦人は大地である」（*Ibid.*）という命題は、実存的体験が、世界の一切の「運動と変化、生成と消滅」を「生まれることおよび母の胎内に再び帰ること」（*Ibid.*, S. 89）として体験することへと変化した結果であると彼は見る。母もしくは婦人は世界の縮小版であり、世界は母もしくは婦人の拡大版であり、人間と世界あるいは宇宙は対応関係のもとにあるというわけである。このような見方から「女性は大地に属している」（*Ibid.*, S. 90）と言われる。もとよりこの「女性」はむしろ「母性」と言われるのが適切であろう。

これらのほかにも「文化英雄」（Heilbringer）がもたらす「恵み」を「良いもののために体験された力」（*Ibid.*, S. 100）と解釈し、それをもたらすものを扱った部分も「世界」の一つの側面を示している。

以上は、人間がどのような「力」によって取り囲まれているかを示す、いわば環境世界の「図」の一部の粗描であるが、種類も性質も作用あるいは価値なども異なる力の羅列の域を出ない。もちろん改めて言うまでもなく、ファン・デル・レーウの『宗教現象学』は「宗教」の現象学的記述を意図したものであって、人間学が主題になってはない。したがってここで試みた人間学的な問題意識からの理解あるいは解釈ならびに記述の仕方は、必ずしも彼の意に沿うものではない。しかし彼が「宗教」を人間の「生」そのものに基礎づけていること、それに見方によっては「生の現象学」としても読めるような内容に仕立てていることに着目すれば、以上の試みはそれほど的外れではないであろう。ただし彼がこの著書で扱っている「生」は「力」の体験として現れ、それとして了解された限りでのものであって、現実の「生」、いわゆる人間の現実生活そのものではない。「生」は力の体験として具体的な「生の状況連関」から切り取られ、体験の形式と種類によって分類され、秩序づけられたものになっている。それは「宗教」を「現象」の類型論的な研究のもとに体系的に理解しようとする立場からなされた研究の方法である。これは「宗教」を俯瞰するには或る程度の有効性をもつものと言ってよい。しかし人間の現実生活においては、個人の場合であれ、集団の場合であれ、さまざまな力が主体各自の利害・欲望ならびに関心などによって、あるいは目下の脈絡においては主体の「力」に応じて、諸々の力の連関の全体のもとで配置され、状況に応じて優先の順位も決められているはずである。それを構造的に把握することも人間学的考察の一つの課題であろうが[7]、「宗教」という視座を構える限り、差し当たっては「信仰」に映ずる世界図を描くことになるであろう。ファン・デル・レーウが扱っている「世界」の宗教的体験についても、ただ単に体験、つまり現象の様相だけではなく、環境世界を認識し、理解するためのカテゴリーとでも言うべき契機もそこに同時に示唆されているように思われる。たとえば空間と時間に関して上方世界や日月および星辰などから知られる方角や位置および季節や時あるいは永遠、金属類が示唆する恒久性や持続、樹木や草類などの植物が示す生長や生滅のリズム、水や火が教える変化あるいは浄化、大地が与える生産などの諸観念もしくはカテゴリーである。このことを材料を替えてエリアーデの宗教類型論に見ようとするのが次章の主題である。

第四章　エリアーデの宗教学の人間学的理解

――「ヒエロファニー」のカテゴリー的解釈の試み

第一節　準備作業としてのエリアーデの宗教学の評価

比較宗教学もしくは宗教現象学の立場に立つ研究者の著書から人間学的な問題領域を引き出そうという本書の意図に基づいて、まずエリアーデ（Mircea Eliade、一九〇七―八六）の宗教学を評価することから始めなければならない。すでに第一章第一節で触れたように、彼はみずからの「宗教学」を表記する際には「the history of religions」という表現を用いざるを得ないが、それは最広義のものであって、諸宗教の比較研究ならびに宗教の形態学および宗教の現象学をも含むものであると規定している（Eliade 1960: 1, n. 1）。彼をこれまで論じてきたルードルフ・オットーおよびヘラルドゥス・ファン・デル・レーウと同列に扱う理由はこれによって裏づけられる。因みにエリアーデは、人間が「実存的、私的な世界および想像上の宇宙の中で生きている」ことのうちに、「宗教的な構造や意味を認め且つそれを解読する」ことが宗教学者および宗教現象学者の特権だと見なしている（*Ibid.*, pp. 8–9）。ここにすでに彼の宗教学がもつ人間学への視線と関心が認められる。

この人間学に対する視線と関心については著書『探求　宗教の歴史と意味』（Eliade 1960）の「序文」（"Preface"）および巻頭論文「新ヒューマニズム」（"A New Humanism"）が参考になる。

（一）「聖なるもの」は意識の構造の一要素（an element of the structure of consciousness）であって、意識の歴史の一段階ではない。言い換えれば宗教的な経験は人間の精神構造のア・プリオリな構成契機である。人間は意味をもつ世界（meaningful world）の中でしか生活することができず、人間はそもそもの元始の文化段階において、超自然的存在者によって啓示された模範的モデルを模倣することを通じて世界ならびにみずからの存在の意味を理解した。したがって人間として生きること（living as a huma being）は、とりもなおさず宗教的な行為であり、人間であること、むしろ人間になることは、それ自体「宗教的」であることにほかならない。つまり人間的存在もしくは人間化そのものと宗教とは不可分に結びついている（「序文」）。

（二）哲学の省察はこのように発生ならびに構造からしても「宗教的」であった意味の世界に向けられ、その論理である弁証法も聖なるもののそれに由来する。宗教学はこのような弁証法の解読の学問であり、それは単にいわゆる「未開的人間」の存在論のみならず、現代人の基礎的な実存状況を開示するものでもある（「序文」）。因みに「聖なるもの」の弁証法とは、言うまでもなく「聖なるもの」は「俗なるもの」を通じてのみみずからを示し、「俗なるもの」は俗のままで「聖なる」

エリアーデの宗教学を人間学的な構想と関連させて論じる際に、彼のもう一つの叙述が注目される。それは彼の大著『世界宗教史』（Eliade 1976）の冒頭で述べられている、彼の人間学的な発想と「人間」の根本条件を示す文章である。すなわち身体的には直立二足歩行によって可能となった視野の極端な拡大が「人間化」（Hominisation）の生物学的条件となった点がまず指摘され、しかしそれに伴って、同時に心理学的条件が発生したという。それは人間の自己定位ということである。人間は方向の喪失状態（Orientierungslosigkeit）、つまりカオスの中では生きていくことができず、みずからを定位することのできなさに由来する不安を解消するために「中心」の設定を必要とする。多くの起源神話に方位卜占が見られるのはその証拠であり、それは聖なるものの顕現と結びつけられ、特定の場所や地点あるいは目印によって象徴され、そこを基点として居住世界が秩序づけられ、構成されているという（Eliade 1978: 15）。別の著作（Eliade 1959a）でエリアーデはこのような方位卜占（oritentatio）の事例を多くの起源神話に求めているが、彼の見方によれば人間は人間として出発したその時から、聖なるものとの関係を不可避もしくは不可欠としたのであり、その意味において人間は本質的に「ホモ・レリギオースス」なのである。

そして最後にエリアーデの人間学的関心を考察する際の最も重要な命題として見逃すことができないのは、彼が人間を「ホモ・シンボリクス」（homo symbolicus）、すなわち象徴人と定義していることである。これは、宗教学の方法論をめぐる諸論考を集めた『宗教学　方法論の試み』（Eliade 1959b）で発表された「宗教的シンボリズムの研究に関する所見」（“Methodological Remarks on the Study of Religious Symbolism”）において提案されたものである（*Ibid*., p. 95）。すなわち彼はみずからが専門とする「宗教学」（the history of religions）を宗教的シンボリズムの解釈学と位置づけて（*Ibid.*, p. 91）、彼が隣接の諸分野と見なす深層心理学、造形美術と詩芸術、民族学、意味論、認識論、哲学とのシンボリズムを介した深い連携の必要性を強調した文脈の中で打ち出されたものである。彼によれば、これら諸分野においては主題は同一であって、すなわち「つねに人間および世界における人間の境位（siutation）を理解すること」（*Ibid.*, p. 88）であるという。この観点からエリアーデは宗教学の課題を、宗教的シンボルを解読することによって、人間が自己自身および世界におけるみずからの境位をどのように理解し、行動しているかを考察することに見る（*Ibid.*）。「人間はホモ・シンボリクスであり、その全ての活動はシンボリズムを捲き込んでいる」（*Ibid.*, p. 95）というのが彼の根本命題であり、これに基づいて、宗教においても宗教的な事実は全てシンボリックな性格を帯びている、言い換えればいずれの宗教的な対象物や宗教的行動もメタ経験的実在（meta-empirical reality）を目指している（*Ibid.*）という命題が導き出される。たとえば或る樹木が儀礼の対象とされるときには、それが崇められるのは樹木としてではなく、ヒエロファニーとして、つまり聖なるものの顕現（manifestation）としてである。そして宗教的な行動も、それが宗教的であるという単純な事実によって、つまり聖なるものに関わる行動であるという理由によって、新しい意味、すなわち超自然的価値ないし存在物（being）に関わるがゆえに、シンボリックな意味が与えられることになるという点に、エリアーデは宗教的シンボリズムの成立の根拠を見る（*Ibid.*）。

そのことはまた「宗教的シンボリズムは直接の経験（immediate experience）のレベルにおいては明証的でないような実在者（the real）もしくは世界の構造の様態を顕示する可能性（capacity）を

もっている」(*Ibid.*, p. 98)ということでもある。彼によればこの可能性のゆえに、「シンボルを理解する人は客観的世界に対して「開けている」(open up)だけではなく、同時にみずからの個別的な境位から抜け出て(emerge)、普遍的なものの把握へと到達する」(*Ibid.*, p. 103)ことができるようにもなる。つまりシンボルを理解することによって人間は世界の超越的な次元に参与することができるようになる。これはシンボルによって直接的な実在も個別の境位も破裂する(burst)ないし爆発する(explode)ことを意味することだとエリアーデは理解する。たとえば或る樹木が宇宙樹を受肉するときには、この対象物の直接的な存在がより深い実在の侵入力(irruptive force)のもとで破裂するのであり、イニシエーションの新参者(neophyte)の個別的な境位も同じように爆発する(*Ibid.*)。このようにして直接の具体的な存在物も個別的な実存の境位もシンボルによって普遍的な範例へと止揚されることになる。「その結果、シンボルによって個人的な経験が「目覚めさせられて」、霊的な行為(spiritual act)へと変換される。シンボルを「生きる」こと、そしてそのメッセージを解読する(decipher)ことはまさしく霊(the Spirit)に向かって開いていること(opening)、そして最終的には普遍的なものへのアクセスを含意している」(*Ibid.*)とエリアーデは人間の普遍的思考への通路と通過の過程を想定する。言い換えれば宗教的シンボルは人間に対して形而上学的な経験を可能にするということでもあるが(*Ibid.*)、彼によればこの経験は「生きた意識(the living consciousness)が反省(reflection)に先立って、シンボルを介して実在(reality)を把捉する」(*Ibid.*, p. 98)ところに成り立つのであり、これによって「世界も構成される」ようになったという(*Ibid.*)。そしてこのようにして構成される世界は「生きた全体としての世界」であり、「定期的に自己自身を再生し、この再生のゆえに継続的に稔りをもたらし、豊饒で尽きることのないもの」（*Ibid.*）として経験されると見なされる。ただしこの経験も反省的な知識ではなくして、「世界の「暗号」の直接的な直観」によるのであり、そこにおいては、たとえば「世界は宇宙樹（the Cosmic Tree）というシンボルを通じて「語る」（speak）のであり、その「コトバ」も直ちに理解される」（*Ibid.*）のだとエリアーデは言う。世界をその全体性と統一性のもとで把握し、このような世界と人間の実存の境位（the existential situation）との間の不可分の関係を定立する（*Ibid.*, p. 100）ための、言い換えれば世界投企のための初次的経験が宗教的シンボリズムによってなされたというのが彼が読み解く宗教的世界観である。そのことを踏まえて、「世界の意味が拡大していくにつれて、『ヴェーダ』からソクラテス以前に至る時期にそのような把捉が世界の究極的な基礎についての最初の省察、すなわち宇宙論と存在論へと導いた」（*Ibid.*）とエリアーデは哲学もしくは形而上学の成立に関する独自の認識をも打ち出している。この文脈のもとで宗教的シンボルとしての諸々のヒエロファニーを読めば、そこに宇宙論ないし存在論および人間論のための諸々のカテゴリーを見つけることができるであろうというのが本章の構想である。

以上の考察から、人間は、いかなるものであれ「宗教」なしには生きていくことができず、逆に言えば宗教はいかなるものであれ、「人間」に対してその「世界内存在」の理解の仕方、つまりは存在論を提示しており、したがって宗教学は人間学を目指し、人間学は必然的に宗教学に学ばなければならない、というのがエリアーデの宗教学の基本的理念ということになるであろう。

第二節　人間の実存的境位　その一――宇宙論のレベル

エリアーデの宗教学的な研究の内に読み取ることのできる人間学の根本テーマは、人間は宗教を通じてみずからの世界内存在をどのように理解するか、という問いに尽きる。この場合の「宗教」とは、彼の宗教学の主要な概念である「ヒエロファニー・聖なるものの顕現」(hierophany) と関わる人間、彼の用語で言えば「宗教的人間」(religious man) の「生」を指す。したがってこの問いは、ヒエロファニーとの関わりを通じて宗教的人間はどのようにみずからの存在を理解し且つ意味を見出しているか、と言い換えることもできる。この問いに対する答えをエリアーデの記述の内に求めると、先に挙げた『聖なるものと俗なるもの』の第三章で試みられている、ヒエロファニーの象徴的な「意味」の解読ないし解釈に目を向けなければならない。そこで彼は、宗教的人間は自然を通じて超自然を理解すると述べて、象徴としての自然の透かし模様 (transparency) を指摘し、ヒエロファニーとしての自然の彼方に透けて直観される自然の聖性 (sacredness) を列挙している。エリアーデはこの聖性を、宗教的人間の宗教を意味するコスモス教 (cosmic religion) の構造契機と見なすのであるが、広い意味での存在論の文脈からすると、それは人間の世界理解もしくは世界投企および自己理解のための普遍的にして客観的ならびに恒久的なカテゴリーとも解釈することができると思われる。本章はこのような理解の可能性を考察することを目的とするが、彼の上述の部分の記述は、言うまでもなく主著である『比較宗教形態論』(Eliade 1958)(原題は『宗教学概論』[*Traité d'histoire des religions*])に依拠したものであるから、何よりもまずこの主著に即して考察を進める必要がある。因みに「カテゴリー」[2]という用語は、フランス語版(Editions Payot, 1949)に「「高み」という超越のカテゴリー」(la catégorie transcendentale de la « hauteur »)(p. 47)と言われていることに拠っている。

1 「超越」のカテゴリーとしての「天空」

エリアーデは『比較宗教形態論』において最初に天空(sky)のヒエロファニーを取り上げているが、その理由については取り立てて説明してはいない。冒頭にヴィルヘルム・シュミットやラファエレ・ペッタッツォーニの原始一神教説に言及していることからすると、いわゆる「神」の観念の起源あるいは原初形態の問題を念頭に置いていると推測されなくもないが、エリアーデ自身はそこではこの説をめぐる論議に直接触れてはいない。当面の課題である人間学的解釈の視点からすると、実はフリードリヒ・マックス・ミュラーの先にも引いた次の言葉が注目を惹く。「人間をして人間たらしめているものが、ひとり人間のみが天に顔を向けることができるということだ、という点は確実である」(Müller 1873[1909])。この命題がミュラー自身の「宗教」の定義、つまり「無限なるものの知覚」や「神」の観念の起源に関する自然崇拝説、すなわち「明るく輝くもの」という印象への語源学的な遡及に基づくことは言うまでもないが、別の観点に立ってこの命題の意味を考えてみると、人間のこの本質的特徴が人間の身体的条件、すなわち直立の姿勢に基づくことは誰にも見やすいであろう。もとよりエリアーデ自身はミュラーのこの文をどこにも引いてはいない。したがって両者の関係は、もしもそれがあるとすれば、偶然のものに過ぎないかもしれないが、事柄に即して考えれば単なる偶然とは言えないものがある。

エリアーデは天空の聖性が未開心性（primitive mind）にとっては一つの啓示であると言う。それのみか「そもそも天空の丸天井に思いを凝らす（contemplate）だけで、未開心性に対して宗教的な経験を生み出す」（Eliade 1958: 38）と言う。それは天空の「高み」、したがって「超越」および「無限」の啓示であり、同時にこの経験とともに与えられる人間の小ささ（tiny thing）の認識および人間のもつ生活空間との隔絶性、「全くかけ離れた何ものか」（something quite apart）の経験でもある（*Ibid.*, pp. 38-39）。それは、「天空は、それがただそこにあるというだけで、超越、力および不変性を「象徴する」」（*Ibid.*, p. 39）からだとされる。言い換えれば人間は天空を見上げることにより、その高さと果てしなさの直感から、超越、無限、力、絶対的実在（absolute reality）および永遠性（everlastingness）という聖なる性質もしくは存在論的カテゴリーを導き出すということである（*Ibid.*, p. 39）。

もとよりこのような直感および観念は、具体的な文化現象としては特定のシンボリズムによって表され、一定の宗教的な脈絡の中に、たとえば神話の中に取り込まれたり、歴史的に変化や発展を遂げることもあり得る。エリアーデの比較宗教形態論はそうしたシンボリズムを対象とすることに主眼を置いているが、それと同時にこのような表層を削り取り、深層に目を向けてもいる。彼の次の人間学的な記述がそれを示している。天空の「シンボリズムは人間、すなわち自己自身を人間として自覚し、宇宙におけるみずからの地位（his place in the universe）を認識する人間の自覚そのもののの直接の観念である」（*Ibid.*）。人間は天空を仰ぎ見ることによってはじめて人間たることの自覚を得たというのである。

さらにエリアーデが、天空の聖性の啓示は人間に対して「全てが一度に」（all at once）、そして「全体としての魂」（his soul as a whole）に対して啓示されるとも述べるとき（*Ibid.*）、彼にとって、天空の聖性の経験は人間の自己認識の基軸であり、それも「全人」に対して直接に与えられる最も重要な契機と考えられている。彼によればそれは原初の認識・悟り（primeval realization）であり、人間の生活と本来的に結びついており、そのシンボリズムは下意識の活動を決定しているだけではなく、精神生活の最も高貴な表現をも決定しているほどだとされているのである（*Ibid.*）。

このほかにもエリアーデは、天空の聖性の経験が世界認識の基軸をなしていると見なして次のように書いている。「世界についての知識、すなわちグローバルな世界理解や自然の統一性の解釈、存在の根拠となる究極の原因の啓示など――こうした事柄は全て天空、天空のヒエロファニーおよび天空の至上神たちについての瞑想によって可能となる」（*Ibid.*, p. 56）。彼はこれによって人間が構築する普遍概念あるいは普遍思想の土台になるものを想定しており、このような知識への開眼の契機を、「宗教」の脈絡の中で「イニシエーション」に見るのである。エリアーデによればイニシエーションとは学習の機会であって、「人々はそこから真の神の顕現、言い換えれば部族の起源の神話ならびに道徳と社会の両面にわたる法の体系、要するにコスモスにおける人間の位置を学び取るのである」（*Ibid.*）という。したがってイニシエーションは人間の実存理解に深く関わる「全人」

の行為にほかならないと見なされるのである（*Ibid.*）。オーストラリアの先住民のイニシエーションにおいて、天空の神格が登場することを彼が指摘するのは（*Ibid.*, pp. 56-57）、その立証の一例である。

最初の「天空および天空の神々」の章から読み取ることのできる人間学のカテゴリーは、一言で言えば「超越」（transcendence）（*Ibid.*, p. 38）である。このカテゴリーによって把握される「空間」の性質は「高さ」と「広さ」および「常住不変」であり、余他一切の空間とは「全くかけ離れたもの」（*Ibid.*, p. 39）である。エリアーデがコスモロジーにおいて重要視する「カオス」（chaios）が、一切の場所的限定を超えた空間と解釈されてよいならば、まさにこのような形而上学的レベルにおける空間をこそ示唆するであろう。このような特徴を考慮すると、直立によって人間が最初に且つ決定的に経験した空間は「空間の空間」、言い換えれば太陽の軌道空間や月の満ち欠けの空間あるいは星辰の運動空間などを成り立たせる空間であり、言うなればそれらの諸空間に対するア・プリオリな空間であるとも言い得るであろう。天空は自己自身を直接に示すことはない。蒼穹は天空の現象であって天空そのものではない。この意味において「天空」の経験は、ア・プリオリな存在者である太陽や月などの存在の経験を条件づけるア・プリオリな「超越論的」なカテゴリーを太古の人間に目覚めさせたということになるであろう。

2　絶対的実在、唯一、絶対的生命力のカテゴリーとしての「太陽」

エリアーデにとって太陽のヒエロファニーの人間学的な原初的意味は、月のそれに比べると至って消極的であるように思われる。「歴史が歩み出した」ところでは王や英雄あるいは帝国などに利用されて、太陽は至上のもの（the supreme）となった（*Ibid.*, p. 124）と述べるとき、彼は歴史社会における太陽のシンボリズムが権力（souvereignity）と結びついた点を指摘しているのであるが、これは同時に、太陽の意味の一種の合理化が太陽のヒエロファニーそのものの原初的意味を不明瞭にした、と彼が考えていることをも示唆している。それは彼がそのことと絡めて次のように言い表していることにも窺われる。「アリストテレス以来の知的な活動の方向性は、太陽のヒエロファニーの全体性に対するわれわれの感受性を著しく鈍化させてしまった」（*Ibid.*, p. 125）。したがってまた「月や水といったほかの自然のヒエロファニーとは違って、太陽において表される聖なる意味は、近代の西洋人の心性にとって必ずしも明瞭ではない。いっそう厳密に言うと、われわれにとって理解しやすいところと言えば、いずれの太陽のヒエロファニーに関しても、長い合理化のプロセスが擦り減らした〔……〕残り滓だけである」（*Ibid.*）と消極的に言われることにもなる。その極端な結果として、ギリシャ・ローマ世界では太陽は「知性の火」と見なされたり、宇宙的原理と成り終り、プラトンにおいては目に見える世界における「善」のイメージと化したとまでエリアーデは言うのである（*Ibid.*, p. 151）。宇宙における最も強力なヒエロファニーであった「太陽」は、まさにそれゆえに少数の権力者によって優先的に合理化され、世俗化されたとも見られている（*Ibid.*）。

エリアーデによれば太陽のシンボリズムは「心の昼の領域」（the diural domain of the mind）を支配してきた（*Ibid.*, p. 126）という。言い換えればそれはしばしば一連の論理的思考（a chain of reasoning）（*Ibid.*）の所産であり、最も未開なヒエロファニーにも理性は現れているとされる。そこから彼は、太陽のヒエロファニーが示しているのは「全体としての実在の把握」(apprehension of reality as a whole) であり、「聖なるものの首尾一貫した、理解可能な構造」であると言う (*Ibid.*)。つまり「太陽」は一点の疑問も抱かせない絶対的且つ全体的な実在を表しているということになるであろう。

太陽が示唆する宇宙論的なカテゴリーについて、エリアーデは月のそれとの比較においても述べている。たとえば「太陽はつねに同じであり、つねにそれ自身であり、いかなる意味においても決して「成る」ということがない」(*Ibid.*, p. 154) と述べるのは、「月は満ちては欠け、そうして姿を消す天体であり、その存在そのものが普遍的な生成の法則、生の法則に従う天体である」(*Ibid.*) という月の特性との比較においてである。また「日没は (月が三日間姿を現さないのとは違って) 太陽の「死」とは見なされない」(*Ibid.*, p. 136) という指摘も同じである。これらを繋ぎ合わせてみると、太陽の意味するカテゴリーは自律性および絶対的な力をもつ常住不変の存在、絶対的な自己同一者、唯一者、したがって「死」を知らない「絶対的生命」に収斂すると見てよいであろう。

3 「月」が示すコスモスの「生成と死と再生」および「秩序と尺度」のカテゴリー

聖なるものそのものとしての「高み」にある「月」は「生成」というカテゴリーを人間に知らせるが、それはまた同時に、月が人間と同じ「死」の運命をもっているという人間学的なカテゴリーともなり得ることを示している。これがエリアーデの月のシンボリズムの基本的解釈である。すなわち「月は人間と同じく悲劇を含む履歴をもっている。〔……〕三日の間星がまたたく天空には月が姿を現さない」（*Ibid.*, p. 153）という言い方でエリアーデはそれを表現している。また太陽との比較において、それが一切のものをそのあるがままに明るみに出し、論理性あるいは合理性のシンボリズムとなるのとは対照的に、月は「心の夜の領域」（the noctural domain）に訴え、たとえばいかに合理主義に浸り切った近代人の心にも、月の神秘はそれとして理解されるし、この点では未開社会の人間も文明社会の人間も同じであると彼は言い（*Ibid.*, p. 125）、月が人間の意識の或る位層、それもこの上ない侵食力をもつ合理主義でさえも触れることのできない位層に訴える（*Ibid.*, p. 126）ところに見ている。言い換えれば月もまた太陽と同じく規則的に運動するが、それがもつ意味は宇宙・人間論的であり、みずからの悲劇性、つまり「死」というカテゴリーを人間に教える。しかしながら言うまでもなく、月の死には新月という再生が続く。つまり月の死は最終のものではない。「新月は定められたみずからの運命に従う中でのみずからの実体（substance）の再生である」（*Ibid.*, p. 154）とエリアーデが言うのは、月の宇宙論的カテゴリーが「始源への回帰」もしくは「永遠の再帰」（everrecurring cycle）（*Ibid.*）であることを示している。このことこそがほかのいかなるものにも勝って、月が「生命のリズム」と結びついたものであることを人間に知らせるのであり、人々が水や雨や植物の繁殖もしくは再生を月と結びつける理由でもある、と彼は「月」がもつ意味の二重性を指摘している（*Ibid.*）。

満ち欠けによる月のこのリズムは人間に対して「具体的な意味での時間」を示したとエリアーデは言うが（*Ibid.*）、さらに言えばそれは「生きた時間」（living time）（*Ibid.*, p. 155）であり、生命と自然の実際の姿、雨や潮、種まきの時、月経の循環などと結びついた時間、つまり生活時間だということでもあるという（*Ibid.*）。そのようなものとしての月が「普遍的な物差し」ともなったのであり（*Ibid.*, p. 155）、また天空の高みにあって完全に別の存在レベルにある月が人間を取り巻く世界の現象に関わってくるのであり、また月のリズムによってそれが支配されているという考えに基づいて、月の「力」に対するさまざまな交流が生み出されていくことにもなると彼は見ている（*Ibid.*）。

さらに月のリズムは、その支配下にあると見られる事物や現象を統合する働き、つまり共通分母としての働きをももつ、とエリアーデは指摘する。これによって「全宇宙が一つのパターンとして、もしくは一定の法則に従っているものとして見られる」（*Ibid.*）ようになると彼は言い、「世界はもはや相互にばらばらな沢山の自律的な被造物の活動で満たされた無限の空間ではない。その空間そのものの内部でさまざまな事物が対応したり合致していると見なされる」（*Ibid.*）とも言う。つまり人間は月のリズムを介して世界の体系的な理解を獲得するということであり、月の「時間」は人間の生活世界に対して「秩序」という観念を植えつけたということである。

エリアーデによれば、このようにして「未開心性にとって宇宙的な月の運命の直観は、人間論（anthropology）の第一歩であり、基礎であった」（*Ibid.*, p. 158）という。言い換えれば「人間は月の「生命」の中に自分自身が映し出されているのを見た」（*Ibid.*）のだという。それは、あらゆる有機体の生命と同様に、人間の生命も終るといらみずからの悲劇性の認識であり、しかし同時にまた新月と同様のみずからの再生への人間の願望、再誕生への希望をも含んでいたとされる（*Ibid.*）。要するに月が示す宇宙・人間論的カテゴリーは「生と死」および「再生」である。突き詰めればそれは「「生成する」（becoming）ということが、事物の月的秩序（the lunar order of thing）である」（*Ibid.*,

p. 176）ということであり、ここから月の形而上学としてエリアーデは次の点を導き出している（*Ibid*., p. 182）。（一）豊饒性（そのシンボルとしての水、植物、女性、神話的な祖先）、（二）定期的再生（そのシンボルとしての蛇や月の動物あるいは洪水を生き延びた新しい人間）、（三）時間と運命（月は運命を計り、織る。異なる宇宙レベルを結合する）、（四）変化（満月と新月。上方世界と下方世界。存在と非存在――光と闇の対立によって象徴化される）（*Ibid*., pp. 182-183）。

最後にエリアーデは月のリズムが「対立」を含み、ドラマないしパトスを伴う生成であり、したがって月に支配される世界は、天空や太陽とは違って「変化」の世界であり、「苦悩」（suffering）の世界であり、「歴史」の世界でもあると言う（*Ibid*., p. 183）。この点では天空に存在するものの中で月はすぐれて人間学的なヒエロファニーだということになるであろう。

4　可能性もしくは潜勢力のカテゴリーとしての「水」

エリアーデは「水は潜勢力の全体（the whole of potentiality）を象徴する」（*Ibid*., p. 188）と言い、あるはまた「水は一切の可能的存在（all possible existence）の源泉（fons et origo）である」（*Ibid*.）とも言う。人間はみずからの周囲に存在するものの始源を問うとき、水のヒエロファニーをそれに結びつける例が多いことを彼は指摘し、神話的表象において宇宙の創成が水や海、洪水などのシンボリズムと結びつけられている事例を数多く挙げている。このように理解される水は「形以前のもの」（the pre-formal）（*Ibid*.）、したがってまた「カオス」を示す宇宙論的カテゴリーである。「形をなさない潜勢的なものの原理、あらゆる宇宙の現象の基礎、一切の種子を孕むものとしての水は、あらゆるものがそこから生まれ且つそこへと回帰していく原初の実体（primal substance）である」（*Ibid.*）とエリアーデは宇宙論における「水」の根源性に注目している。

水は、月のようにそれ自体が「生命」の観念を生み出すのではなくして、あらゆるものを生まれさせる生命の賦与者を示している。「水はそれ自体としてではなくとも、つねに存在する。水はつねに芽生えさせ、それみずからの不断の統一性のもとで、一切の形態の可能性を含みもっているからである」（*Ibid.*）とエリアーデが述べているのはそのことを指している。あるいは「水はそれ自身のうちにあらゆる可能性を含んでいるがゆえに、生命のシンボルともなる」（*Ibid.*, p. 189）とか、「水はそれ自身のうちにあらゆる可能性を含んでおり、この上なく流動的で、万物の発展を支えており、そこからして月と比較されたり、あるいは直ちに同一視されたりする」（*Ibid.*）という叙述もまた同じことを指している。

このような理解に立つならば、カテゴリーとしての「水」が示す「形以前のもの」もしくはカオスという宇宙論的な意味は、水の原初的存在性のみならず、万物の生成の根源もしくは一切の生命の根源にも及ぶことになる。ここから人間にとって「水」は「根源」のシンボルであると同時に、生命の根源に触れることによる「再生」のための回路ともなる。エリアーデはこう述べている。「水に浸ることとは形以前のものへの回帰、全面的な再生、新しい誕生を象徴する。なぜならば水に浸ることは形態の解体を意味し、存在以前の無形の状態（formlessness）への再統合を意味するからである」（*Ibid.*, p. 188）。しかもその解体は「新生」（new born）に接続し、潜勢的なものを豊かにし、増強するものでもある（*Ibid.*, p. 189）。このような水のヒエロファニーの宇宙論的な意味は、たとえばイニシエーションにおいては、灌頂による新しい誕生の実現や呪術における水による癒し、葬式の際の水による再生の期待などの信仰習俗によって人々の生活の中に取り入れられている（*Ibid.*）。

エリアーデによれば、水の形而上学的な力と宗教的な力とは対応していて、たとえば宇宙が水から創造されたという神話的表象には、人間も水から生まれたという信念が対応しているし、大洪水による終末神話には霊魂の第二の死、たとえば葬式の献酒、地獄の湿気、洗礼の儀式、イニシエーションの死などが対応しているという（*Ibid.*, p. 212）。この意味で「水」は宇宙論と人間論との接点に位置していると見ることができるであろう。

5　恒久性と異界性——聖なる「石」のカテゴリー

「未開的人間の宗教的意識においては、物質の固さや凹凸あるいは恒久性そのものがヒエロファニーである」（*Ibid.*, p. 216）とエリアーデは言い、人間にとって石は事物の恒久性を知らせる聖なるものだと見ている。「何よりも石は在る。石はいつでも石で在る。石はそれ自身で存在している」（*Ibid.*）という「石」の本質は、太陽とともに「恒久性」、「不変性」および「常住性」というカテゴリーを人間に与える。しかし石の堅牢さと持続性はまた逆に、人間に対してみずからの不安定さ（precariousness）を自覚させ、それを超える何か、つまり「絶対的な存在の仕方」（the absolute mode of being）に目を向けさせもする（*Ibid.*）。それればかりではなく、石は人間に対して「魅惑すると同時に畏れさせ、惹きつけると同時に脅かす何ものか」（*Ibid.*）として現れる、とエリアーデは「石」がもつ複雑な相反的性格に注意を促している。すなわち石の硬さと強さ、その不動性あるいは巨大さや形の異様さなどの印象が「人間的でない」何ものかを示唆し、人はそれを畏れつつ、しかしそれに引き寄せられるという。つまり石は人間に対して「それ自身を超えた何ものか」(something beyond itself)としてみずからを示すと同時に、そのことによってまた別の世界を指し示している。「人々が石を崇拝したのは、石がいつでも石そのものとは別の何かを表すからにほかならない」(*Ibid.*)と彼は言う。要するに人間のきわめて身近なところに存在していて、しかも人間の世界とは異なる世界を開示するのが「石」であり、それを示す一例として彼は、『旧約聖書』(創世記)に記されている、ヤコブが枕にした神の世界との梯子としての石の話を挙げている(*Ibid.*, p. 229)。そのほか「石」は世界の中心を表すシンボルとされてもいる(*Ibid.*, p. 231)。

第三節　人間の実存的境位　その二——人間論のレベル

1　世界——人間の生活の場としての「大地」

「宗教的な「形」としての大地の原初の直観はおそらく「コスモス——聖なる力の豊かな貯蔵所」と定式化されるであろう」(*Ibid.*, p. 242)とエリアーデは述べて、大地こそ本来の意味での人間の「世界」、つまり居住世界であると見ている。しかも大地のヒエロファニーは、最初は「土」そのものの存在を通じて現れたとも言い、「原始的な宗教的意識にとっては大地は直接に経験され、受け入れられるものであった。つまりその大きさ、固さ、さまざまな風景と植生といったものが一つの生きて活動する宇宙の単位を形成していた」(*Ibid.*) と見ている。しかしながら存在論の文脈で言えば、大地はまずもって「存在の存在」であったと言える。「大地の宗教的意義についての最初の自覚は「不明瞭」(indistinct) であった。すなわちこの自覚は大地そのものに聖性を限定したのではなくして、自然の中にあって、大地の周囲に存在するあらゆるヒエロファニー、たとえば地面、石、樹木、水、影、そのほかの一切のものを全体としてまぜこぜにした」(*Ibid.*) というエリアーデの指摘は注目に値する。すなわち大地はそれとしてみずからを示すことはなく、大地の上に存在するあらゆるものがみずからを示すことを通じてみずからを示している。同じ主旨を示す彼の言い方はほかにもある。「大地の原初の直観は、大地こそ存在のあらゆる表現の基礎だということを示す。大地の上に在る全てがほかのものと結びつけられ、その全てが一つの大きな全体を作り上げるのである」(*Ibid.*)。「大地は、それが支えたり、含みもつ全てのものとともに、そもそもの初めからして汲めども尽きぬ存在の泉と見なされた。さらに言えば人間に対してみずからを直接に啓示する存在の泉であった」(*Ibid.*, p. 243)。これらの記述の意味を解釈すれば、大地はそこに存在する全てのものの存在を支える土台であり、存在の根拠であるということ、大地はそこに存在する全てのものの存在とともにみずからの存在を示すということ、その意味において「大地」はまずもって「全体」として把握されたということになるであろう。やや大げさな言い方をすれば、このような大地の根源性と全体性の認識は、大地の上に存在するもしくは生起するあらゆる事物や事象の認識のア・プリオリな制約として、或る意味において「超越論的」な性格をもつと言い得るであろう。

エリアーデのこれらの記述はまた、人間が宇宙論を構成する際の原点もしくは座標軸がほかならぬ「大地」であることをも意味している。人間は「天空」や「太陽」を座標軸にすることはできないのである。人間は天空を見上げることのできる身体的特徴を獲得したが、その「存在」の基盤はやはりあくまでも「大地」であったし、いまもそうである。このことは、ヨーロッパの或る地方では今日でも子供は水たまりや泉あるいは川や樹木などから「やってきた」とする俗信が生きているというエリアーデの記述にも窺われるが（*Ibid.*, pp. 243-244）、「大地は周囲の世界全体、すなわちミクロコスモスと同一視されているのであって、単に地面そのものと等しいとされていたのではない」（*Ibid.*, p. 244）という抽象的な言い方も同じことを示唆している。大地は全てのものとともに存在しながら、そのいずれにも還元されず、それ自身の独立性を保持しているということである。その意味において「大地」のカテゴリーは「存在の根拠」あるいは「存在の存在」であると言うことができるであろう。

　前述の俗信はまた、人間論的カテゴリーとしての「大地」のもう一つの重要な側面をも表している。それは「子供の起源」、つまり人間の誕生という実存的状況の理解のためのカテゴリーである。エリアーデによれば「妊娠の生理学的な原因が知られる以前には、受胎とは女性の胎内に子供が外から直接に差し入れられた結果だと考えられていた」（*Ibid.*, p. 243）という。つまり「母親とその周囲の土地にある何らかの事物あるいは動物との接触の結果として子供が胎内に置かれたのだと考えられていた」（*Ibid.*）というのである。したがってこのような見方のもとでは、人間は文字通り「土地の民」（the people of the land）であったと彼は言う（*Ibid.*）。

　こうして「大地」は「宗教的経験もしくは神話的直観の最初期にあっては、人間がそこでみずからを発見した「全場所」(the whole place)であった」(*Ibid.*, p. 245)と言われる限りにおいて、最初の人間論的カテゴリーであるだけではなく、「人間は大地の子」であるという意味においてもそうである。それはまた大地の「母性」(motherness)を発見させ、そして何よりも「生産」という観念の原型としての母性のそれを形成させるものともなる。エリアーデによれば「大地そのものの、そしてとりわけ土地としての最初の神的顕現の一つは「母性」、すなわちその尽きることのない豊饒の力であった」(*Ibid.*)という。

2 生命力とその更新――カテゴリーとしての「植物」

「未開的な宗教的心性にとっては樹木は宇宙で「在る」。その理由は、樹木が宇宙を再生することであり、単に宇宙を「象徴する」だけではなくして、あたかも宇宙を統合しているかのごとくである」(*Ibid.*, p. 269)とエリアーデが述べている点に、植物のヒエロファニーがもつ宇宙・人間論的な意味が読み取られる。いわゆる宇宙樹(cosmic tree)は宇宙の「力」を再現しているものとして、宇宙そのものと同一視されるということである。樹木を含めて一切の植物は「生きたコスモス」(living cosmos)を表し、「自己自身を更新し続けるコスモス」の力を再生産していると彼は理解するのである(*Ibid.*, p. 267)。言い換えれば植物の宇宙・人間論的な意味は、その生長と死と復活(再生)という存在形態そのものに由来する「尽きることなき生命力」を表す点にある。「未開的な存在論においては、この尽きることなき生命は絶対的実在の観念を表すものであったので、樹木はそれを表現するシンボル(世界の中心)ともなった」(*Ibid.*)というエリアーデの記述は上記の趣旨の要約である。

人間にとって植物は「「生きた」実在、すなわち周期的に自己自身を更新する生命の現れ」（*Ibid.*, p. 324）であり、人間を産む樹木の神話、春の植物儀礼、薬草の知識、植物と化した英雄譚などに反映する「植物」は、「生命の源になり、疲れを知らずに創造し、無数の形で再生し、決して消耗することのない「実在」を具体的に表している（もしくはそれを意味しているあるいはそれを共有している）」（*Ibid.*）というエリアーデの記述からすれば、植物はなによりも「生命力」というカテゴリーであると言わなければならないであろう。

3 カテゴリーとしての「女性」――性と生産・生殖

大地に対する人間の働きかけは農耕という文化形態を生み出したが、その結果として「土の生産力（fertility）と女性の創造力との間に神秘的な結合」（*Ibid.*, p. 383）が直観されるに至る。エリアーデはこれを「農耕の心意」（agricultural mentality）と呼んでいる（*Ibid.*）。言い換えれば農耕の開始とともに「大地」は人間化され、「女性」は宇宙化され、ともに「生産」というカテゴリーを意味するようになる。

この文脈のもとでエリアーデは農耕以前の文化と以後の社会における「父親」および「男性」の意義と役割の変化を論じている。農耕以前の文化、すなわち人間の子供を含めて地上のものが大地の贈物と見なされていた段階においては、「父」としての特権をまだ有しなかった「男性」が、農耕生産の主役になるとともに「女性」に対して子供を産ませるものともなった。そして外部の世界からやってくると信じられていた段階では、「子供を合法化するだけの父親は、実際には子供をもっていなかったのであり、ただ自分の家族の新しい成員、それも仕事や防衛のための新しい道具を手に入れたに過ぎなかった」(*Ibid.*, p. 245) とエリアーデは、農耕社会以前の「父親」の意義および役割を規定し、農耕社会においては「女性は鋤で耕される土地と同一視され」(*Ibid.*, p. 256)、「男性は自分が土地を豊饒にする種子と同じだと感じた」(*Ibid.*, p. 331) という特徴づけを試みている。さらにこのような革命的な認識の変化によって、「植物の生命および植物世界の聖なる力はもはや人間と無縁のものではなくなった」(*Ibid.*) と、植物が全面的に人間論的なカテゴリーとなり、それと連動して女性が男性ともども「生産」というカテゴリーの担い手になったことを彼は指摘している。そして彼によれば、文化の歴史の段階に入ると、農耕は儀礼であることを止めて、単なる世俗的な技能と化し (*Ibid.*)、僅かに残存形態のみをとどめることになったという。

第四節 「聖なる空間」と「聖なる時間」——世界投企のカテゴリー

『比較宗教形態論』の記述を追う形で「ヒエロファニー」を、存在論を含む人間学的カテゴリーとして読み替えるもしくは解釈する作業はここでひとまず終る。「聖なるもの」の形態論としてのヒエロファニーの類型論が「農耕」、すなわちヒエロファニーとしての「植物」に対する人間の「能動的関与」(intervening actively) (*Ibid.*, p. 331) をもって終るからである。改めて断るまでもなく、エリアーデ自身がヒエロファニーのカテゴリー化を意図しているわけではない。本章の第一節で述べたように、彼が「聖なるもの」は人間の実存の普遍的な次元を指し示すと考えていることに即して、その次元を「人間学」——彼が「人間に関する知」(the knowledge of man)と表現したものを取り込んだ意味での——の視点から開示し、それを「カテゴリー」として分節化しようと試みたに過ぎない。言い換えれば「世界内存在」者としての人間の「世界」理解もしくは「世界」投企のためのカテゴリーを、宗教的な「意味」の文脈に即して構成しようとしたものである。この試みは、そもそも本書の序章で断っておいたように、宗教学の学説史の中で比較宗教学の系譜に属する学者のうちの或る人たちの学問的な関心を、「人間学」に定位するものとして理解しようとする一連の作業の一部分をなしている。このような問題連関のもとでエリアーデの宗教学的人間学を、これまで見てきた学者のそれと比較することが次の課題となるが、これはのちに終章においてまとめて述べることにして、いまは彼が人間の「不安」を宗教に結びつけていることに着目して、「聖なる空間」と「聖なる時間」をカテゴリーとして解釈することを試みたい。

エリアーデが、人間の人間化に伴う「不安」の解消を「宗教」と関連づけて理解しようとしたことは本章の第一節で触れたが、このことを念頭に置くと『比較宗教形態論』における「聖なる空間」ならびに「聖なる時間」の観念およびそこにおける宗教的行動、すなわち「祭儀」の考察をも、人間存在に根源的に伴う不安の解消と結びつけて理解することができるように思われる。すなわち人間の世界投企とその安定化の仕方を読み取ることができるのではないかということである。

「いかなるものであれクラトファニー(力の顕現)(kratophny)およびヒエロファニーは、それが生起する場所を変質させる」（*Ibid*., p. 367）という命題は、エリアーデが繰り返し強調するものである。聖なるものの側でのこのような「空間」の意味づけは、それと関わる人間の側にとっては、その場所が居住を可能にする恒久性を帯びることを意味している。「或る聖なる場所がそれであるのは、最初にそこを聖別したヒエロファニーの恒久的性質による」（*Ibid*., p. 368）と彼は言う。そこは「世界」を表しているが、さらに言えばそれは一定の聖なるものと関わる人々の「われらの世界」（our world）（Eliade 1959a: 30）である。しかしながらその限りにおいてその世界は、実はあくまでも「世界内存在」者としての「人間」の世界であって、聖なるものとの関わりを維持することによってのみ、「世界」たり得るものである。言い換えれば世界は聖なる意味づけに基づく一種の世界投企の結果なのである。そのために聖なるものは反復してその世界に顕現しなければならない。そのことをエリアーデは、「「そこで」、「あの」場所でヒエロファニーはみずからを反復する」（Eliade 1958: 368）と言うが、もとよりこれは祭儀を介してはじめて実現する。

そうするとここには人間にとっての「世界」の多層構造が認められるであろう。すなわちヒエロファニーによって区画され、意味連関の総体として構成される「われらの世界」は、その中心が聖なるものの最も近くにあり、それゆえに最も真実なる（real）世界であり、新鮮で強力な生命に満ちているところと信じられている。「中心は何よりも聖域であり、絶対的実在の地である」（エリアーデ 一九六三：二八）。しかしこの「われらの世界」は唯一の世界なのではない。エリアーデによれば古代の諸神話に見られる「中心」のシンボリズムとしての寺院や神殿などは天上と地上と地下の三つの世界圏の結合点を象徴しているという（同書、二五頁）。つまり「われらの世界」は、どのようなものが存在するにせよ天上の世界と地下の世界とが繋がっており、それらとともに諸「世界」を構成している。たとえば北欧の神話に出てくる巨大な宇宙樹であるトネリコの根は大地のまさに中心部へと伸びていて、そこには地獄と巨人たちの王国があるとされている（Eliade 1958: 276）。これらの「世界」は「われらの世界」にとっては「異界」であり、そことは非連続的に連続している。このような多層的な世界を可能にしている「空間」が広い意味での「コスモス」、すなわち秩序世界であり、その周囲に無限定に拡がっている無秩序の拡がりが「カオス」である。[3] しかし秩序世界としてのコスモスはつねに無秩序空間であるカオスによって脅かされている。その脅威に打ち勝つために聖なるものによる「天地創造」の業が「カオス」を「コスモス」に変え、そしてその業を模倣する形で人間はそれぞれの「われらの世界」を建設し、また定期的に創造の業を反復することによってそれを安定化させる。神話的表象においてはカオスは怪物や大蛇などのさまざまな「魔」として具象化され、それらが退治されたり追放される場所が聖化された場所として、言い換えれば有意味な場所として最も確かで安全な人間の居住世界とされる。エリアーデは神話において表象され、祭儀によって反復される天地創造の業に、コスモスに住む人間にとってカオスがつねに存在にまつわる不安の根源として畏れられていることを読み取るのである（エリアーデ 一九六三：第一章参照）。これについては次節においても触れることになる。

「ヒエロファニーとしての時間は、そこで儀礼が行われている時間である。〔……〕それは先行する俗なる継続とは本質的に異なっている」（Eliade 1958: 388）とエリアーデは「聖なる時間」を規定する。人間がその時間を手に入れるのは、儀礼において神話的祖型と同じ行動を模倣して反復することによってである（*Ibid.*）。「聖なる時間」が人間の実存的状況に対して重要な意義をもつのは、反復される「神話の時が宇宙の創造と整備が生起した時であり、神々、祖先あるいは文化英雄による祖型的行動の啓示が起こった時でもある〔……〕という意味において、〔……〕創造的である」（*Ibid.*, p. 395）ことによる。「その時」には「あらゆることが可能であった」（*Ibid.*）し、ファン・デル・レーウの言葉を借りて、「一切の時のモデルであった」（*Ibid.*）とエリアーデは述べている。

それだけではなく神話的祖型の模倣的反復は人間の行動に「意味」を与えもする。「そのような有意味な行動の枠組に収まらないもの、したがって超人間的なモデルのないものは全て名前も価値ももたない」（*Ibid.*, p. 396）という理由によって、聖なる時間における人間の行動は、「世界内存在」としての人間存在にとって最も根源的なものと見なされることになる。しかもこの根源性は存在論的な意味のものにとどまらず、祖型的な行動は「始め」（beginning）を創造し、「一連の有意味な出来事」である「歴史」をも生み出した（*Ibid.*）という点においては、歴史的な意味をももっている。こうしてエリアーデは空間的な意味連関の総体である「世界」と同じく、時間的な意味連関の総体である「歴史」というカテゴリーをそこから導き出すのである。しかしながらこの「歴史」は「祖型的な行動が〔……〕、俗なる時間に闖入してきて、神話の時をそこへ持ち込んだ」（*Ibid.*）結果であるから、これもまた反復されることによってはじめてその連続性を獲得することができる。言い換えれば反復のその「時」において、永遠なる神話的な「時」と同時代的となることができるのであって、キルケゴールがイエスとの同時性を主張したのはそれほど革命的なことではなく、むしろ未開的人間にとってはごく当たり前の理解であった、とエリアーデは事もなげに断言するのである

(*Ibid*., pp. 393-394)。したがってこの「歴史」は、俗なる時間において生起する出来事の連続として、逆転不能で一方向にのみ経過する歴史とは本質的に異なっている。因みにエリアーデは『永遠回帰の神話』(Eliade 1954) において、この二種類の「歴史」の関係を「苦悩」の意味づけという弁神論的な視点から興味ある論述を試みている。

それにしても「聖なる時間」はまさしく逆説的に現実化する。なぜならばそれは人間の実存そのものの枠組のもとで時間の内にありながら、しかもその時間の不利益を被ることなしに、つまり「時計の針を巻き戻す」ことなしに現実化し、人間に対して理想をもたらすからである (*Ibid*., p. 408)。エリアーデによればこのことが示しているのは、人間が楽園への郷愁とともに「永遠への郷愁」をも抱いており、「具体的な楽園を追い求め、それが「ここ」地上で、しかも「今」、この現在において手に入る」という信念をもっていることであるという (*Ibid*.)。ここには人間の実存が「宗教的実存」においてこそ十全な充実をみる、という彼の人間学の根本命題が示唆されているように思われる。そのように理解することができるとすれば、エリアーデの言う「郷愁」は、文字通りに「楽園」および「時の始源」へのそれであるのではなくして、むしろ近代になって失われつつあると見られる「ホモ・レリギオースス」としての「人間性」そのものへの郷愁ではないのか。「古風な文化」(archaic culture) への彼の眼差しは、人間の根源的人間性もしくは全人性へと目を向けさせる文化的回路ではないだろうか。彼の近代批判の一端として考慮に値する問題提起だと思われる。そのことを節を改めて考察したい。

第五節　ホモ・レリギオーススの原型と変容

エリアーデの宗教学を人間学的に理解する際に最も重要視されるべき概念には、第一節で指摘した「ホモ・シンボリクス」のほかに、人間の類型概念、彼の理念からすればむしろ人間の本質概念としての「ホモ・レリギオースス」（宗教人）および歴史的もしくは経験的概念としての「宗教的人間」（religious man）がある。そこで触れたように、彼が人間の人間化（Hominisation）の契機と見なしている直立二足歩行という身体組織的進化が、視野の自由度の拡大に伴う心理的不安の解消のために聖なるものとの不可避的な出会いを準備したという発想そのものがすでに、人間は宗教人（homo religiosus）として出発した、したがって宗教人であらざるを得ないという彼の思想を示唆している。そしてその出会いの経験はまた人類における「宗教」の起源をも意味していた。最初の居住空間のト定（orientatio）が聖なるものの顕現に導かれたという想定に基づけば、人類はそもそもの誕生から「宗教的人間」としてヒエロファニーの啓示のもとに歩み出したのである。その意味において改めてこの重要概念に言及しておく必要があるであろう。

想像するに、「宗教」の起源に関わるこの仮説を構想するに際してエリアーデも、オットーと同様に、ピテカントロプスの宗教生活を思い描いていたに相違ないが、後者がそれにアプローチするために幼少年期におけるヌーメン感覚の発動とそれに伴う独特の宗教的な感情や体験に関する経験的事例を援用したのに対して、エリアーデは「未開的」(primitive) あるいは「古風な」(archaic) 文化の人々の宗教的経験に拠所を求めている。彼が未開社会としてイメージしているのは、たとえば「農耕文化の辺境の彼方に一つの全体世界が拡がっている――それは遊牧をする牧畜民、トーテミズムをもつ狩猟民、いぜんとして採集と小さな獲物を獲る人々の真に「未開的」な世界である。ホモ・レリギオーススの精神世界を知るようになるためには、何よりもこのような人々を考慮に入れなければならない」(Eliade 1959a: 164-165) という記述に窺うことができる。したがってエリアーデの場合には、宗教のア・プリオリは認識論的もしくは心理学的にではなく、歴史学的もしくは人類学的あるいは民俗学的に扱われ、宗教的経験の範例 (paradigm) として、たとえば「範例的モデル」(*Ibid.*, p. 95) とか「範例的身振り」(*Ibid.*, p. 168) として提示されることになる。しかもその範例は単に宗教的経験のそれにとどまらず、人間の全人格あるいは全人 (the total or whole man) という「人間」の理念を支えるものでもある。未開な社会および古風な文化の「宗教的人間 (religious man) によって引き受けられた (実存の) 境位を知ること、その霊的宇宙 (spiritual universe) を知ることは、要するに人間についてのわれわれの一般的知識を前進させることである」(*Ibid.*, pp. 201-202) というのが、エリアーデの人間学的関心を支える基本命題である。第一節で示したように、「全人」は「知性と魂」(intelligence and soul) という人間の全体性を意味しており、エリアーデにとっては、これから見るように、「魂」とはすぐれて「霊」(the Spirit) あるいは「霊的なもの」(the spiritual) を志向的対象とする人間の部分を指している。言い換えれば、「全人」とは「知性」が関わる「俗なるもの」と「魂」が関わる「聖なるもの」との統合あるいは統一のもとにある人間の在り方を意味しているのである。このことを彼の著書『聖なるものと俗なるもの』をテキストとして考察することにしたい。因みにエリアーデはこの著書において聖と俗との対立（opposition）を例証し、定義することを試みると述べているのであるが（*Ibid*., p. 10）、読み進めば分かるように、この題名にある「と」は単なる並列や対照ではなく、統合あるいは統一を、それも矛盾・逆説を孕むダイナミックなそれを表していると理解しなければならない。

この本の第一章「聖なる空間および世界を聖とすること」は、「宗教的人間にとっては空間は均質的（homogeneous）ではない」（*Ibid*., p. 20）という命題から書き出されている。この文は「宗教的人間」が本書の主題であることを示すが、それだけではなくして宗教的人間こそが「人間であること」（human being）の本来の在り方を示すものだというエリアーデの主張を述べたものでもある。彼は宗教的人間の対立概念として「非宗教的人間」（nonreligious man）を立てて、前者が世界の聖性を認めるのに対して、後者はそれを排除して俗なる世界に生きる点に両者の本質的相違を見るのであるが、後者はその排除を徹底することができないという見方をしている（*Ibid*., pp. 22–23）。つまり彼にとっては非宗教的人間とは実は宗教的人間の歴史的な変容態なのである。人間はもとはホモ・レリギオースとして出発し、最も未開的な社会や古風な社会の人間、すなわちホモ・レリギオースを体現していた人間は宗教的人間として振る舞っていたが、歴史の経過や文明化の発展のもとで世界の非聖化（desacralization）が進行するにつれて、とりわけ近代世界（modern world）の成立とともに非宗教的人間が登場するようになった、というのが彼の想定なのである。たとえば「非宗教的人間はホモ・レリギオースの系統を引いているのであって、好むと好まざるとにかかわらず宗教的人間の作品（work）である。その形成は祖先たちから引き受けられた境位から始まっている。つまり非宗教的人間は非聖化のプロセスの結果なのである」（*Ibid.*, p. 203）と明言するがごとくである。したがってエリアーデにおいては「宗教的人間」の理念が人間学的な優位ないし特権をもっていることになる。

ホモ・レリギオーススとして出発した人間は、はじめに宗教的人間として、何よりもまずみずからの居住空間を決定し、固定しなければならなかったというのが、先の命題から導かれる論旨に続く次の展開である。エリアーデによれば均質な空間とは絶対的な定点（fixed point）が見出せない相対的な空間であり、宗教的人間にとっては「相対性と方向感覚の喪失（disorientation）によって引き起こされる緊張と不安に終止符を打つために——つまり絶対的な支点を顕示するために目印（sign）が求められる」（*Ibid.*, pp. 27-28. 傍点は原文イタリック、以下同）という事態が起こり、そこで聖なるものが直接に出現した場所とかその目印になる物体あるいは動物の動きなどが利用されたという（*Ibid.*）。宗教的人間はこれらの場所や目印になるものを聖なるものの顕現、すなわちヒエロファニーと見なし、もっぱらそれらを拠所として居住地を探し求めるのであって、みずからがそれを任意に選ぶことが許されないという考えをもっているとされる（*Ibid.*）。

このことは宗教的人間が「聖なるもの」を「力」（power）と同一視し、真実在（reality）と同じ価値を有し、それには「存在」（being）が染み込んでいると考えていることに裏づけられているとエリアーデは見る（*Ibid.*, p. 12）。すなわちヒエロファニーは同時にまた「力の顕現」（kratophany）であり且つ「存在の顕現」（ontophany）でもある（*Ibid.*, p. 117）。それゆえに宗教的人間はその力にあずかり、みずからの生活に実在性を賦与し、確かな存在を獲得するために、「できるだけ聖なるもののもとに住み、聖別された事物の近くに居たいと希求する」（*Ibid.*）。こうして未開なあるいは古風な伝統的社会に住む宗教的人間は、そのようにヒエロファニーによって画定されたみずからの居住地域（territory）とその周囲に拡がる未知の不確定な空間を峻別し、前者を世界、「われらの世界」（our world）、コスモスとして認識し、後者を「別世界」（other world）、異界（foreign）、カオスの空間と見なし、そこに棲むのは幽霊やデーモンあるいはデーモンや死者の霊と同一視される「よそ者」だとして恐れる（*Ibid.*, p. 29）。エリアーデによれば、そのように居住地域がコスモスと見なされるのは、そこが神々の業として創られ、神々の世界と通交しているがゆえに、まず最初に聖別された場所であると信じられているからだという（*Ibid.*, p. 30）。宗教的人間にとって、「世界（すなわちわれらの世界）は、その中にすでに聖なるものがみずからを示顕している宇宙（universe）であり、そこでは地平から地平への突破が可能であり且つ反復されているところ」（*Ibid.*）なのである。言い換えれば、「聖なるものは絶対的真実在を啓示すると同時に、方向づけを可能にし、そのようにして限界を固定し、世界の秩序を確立するという意味において世界を創建するのである」（*Ibid.*）。

聖なるものがみずからを啓示することによって世界が創建されるという信念を、未開的および古風な文化の宗教的人間は具体的に「神々の業」として受け止め、それを「神話」という形式で記憶するとともに、それを「祭儀」という具体的な行動で反復・再現したというのが、エリアーデが神話と儀礼を研究材料に選ぶ理由である。因みに「神話」を定義して彼は次のように言う。「神話は神聖な歴史を物語る、それは原初の時、「始め」の神話的時に起こったできごとを物語るものである。

いいかえれば、神話は超自然者の行為を通じて、宇宙という全実在であれ、一つの島、植物、特定な人間行動、制度のような部分的実在であれ、その実在がいかにしてもたらされたかを語る。そこで、神話は常に「創造」の説明であって、あるものがいかに作られたか、存在し始めたかを語る」(エリアーデ 一九八六：一二)。これによれば「神話」は「神聖な歴史」を物語ることのできる人間、つまり宗教的人間のみが語ることができる固有の物語であり、それ固有の表現によって語られているものである。ホモ・レリギオーススとしての人間である宗教的人間は、みずからの世界、コスモス、すなわち居住空間を始め、そこに存在して人間と関わりをもつ全ての事物や現象および生活の秩序や手段などの総体の成立を「神話」という固有の表現形式によって記録し、伝えたという限りでは、ホモ・レリギオーススはまた人間学的に「神話人」(homo mythologicus)と称されてよいものである。神話人の立場から見るとき、「人は神話の教えに合致することによって、すなわち神々を模倣することによってのみ真に人間となる」(Eliade 1959a: 100)のである。それゆえに「神のまねび」(imitatio dei)はきわめて重い責任を意味するだけではなく、みずからの行為の正当化の根拠でもある(*Ibid.*)。「宗教的人間は、狂気、悪行もしくは犯罪すれすれの行為に耽るときでも、みずからの神々を模倣しようとし、また模倣しているのだと信じるのである」(*Ibid.*, p. 104)。

古風な社会の宗教的人間の視野(perspective)のもとにわれわれが身を置くときにはじめて、世界が神々によって創建されたがゆえに存在するということが理解されるが、そのことはそのような人間にとっては「世界そのものの存在が何事かを「意味している」ということである」(*Ibid.*, p. 165)とエリアーデは言う。言い換えれば「宗教的人間にとってはコスモスは「生きている」し、「話しかけている」(speak)ということである」(*Ibid.*)と彼は解釈する。そしてコスモスが生きているのは、それが神々によって創造されたということに由来し、神々がコスモスの生命を通じてみずからを示しているからであるとされる(*Ibid.*)。エリアーデによれば、人間がみずからをミクロコスモスとして認識するようになったのは、のちの哲学的省察の結果であるが、その人間学的経験はすでにこのような神話的表現の中に見出すことができる。すなわち宗教的人間はみずからが神々の創造の一部をなしていることを経験し、コスモスに認められるのと同じ聖性(sanctity)をみずからの内にも認め、みずからの「生命」(life)をコスモスのそれと同化する(homologize)。こうして神の作品としてのコスモスは人間の実存(human existence)の範例的イメージとなる(*Ibid.*)。エリアーデは、人間がみずからの実存的境位(existential situation)を自覚する端緒をそこに見るのである。宗教的人間にとってみずからの「生活」は「コスモス的」という付加次元(additional dimension)をも併せもち、したがってそれはまた「超人間的」(transhuman)な構造を備え、それゆえに「開かれた実存」(open existence)である(*Ibid.*, p. 166)。この観点から「宗教的人間は生きていることにおいて単独(alone)ではなく、世界の部分がその人の内で生きている」(*Ibid.*)のであって、『宗教哲学講義』においてヘーゲルが考えたように、未開の人々は無自覚的に「自然の中に埋もれている」というような生き方をしているのではない、とエリアーデは反論している(*Ibid.*)。たとえば古風な文化における農耕民の信じるところによれば、畑は女性と、それを耕す鋤は男性の生殖器と、そして農耕の作業は天と地との聖婚(hierogamy)にそれぞれ同化されているという。こうして彼によれば「コスモスのシンボリズムは或る事物や行動に対して、それ特有の且つ直接的な価値に何ら影響を与えることなく、新しい価値を付け加える」(*Ibid.*, p. 167) のであり、宗教的人間が「開かれた世界」の中で生きているということは、このようなシンボリズムに導かれて「世界を知ることにおいて自己自身を知ることを可能にするということであり、この知識が貴重であるのは、それが宗教的だからであり、その知識がまた存在すること (being) に付属しているからである」(*Ibid.*) という。このようにエリアーデは宗教的人間における世界認識と自己認識とのホモロジー、すなわち本質的相関性を強調するのである。

さらにこのホモロジーが、世界が神々の創建によって成立したという信念に基づいて、人間の「生」の聖化 (sacralization) に導いていくことへとエリアーデの筆は進んでいく。すなわち「生は人間の実存としてそのコースを辿ると同時に、超人間的な生、つまりコスモスもしくは神々の生を分担している」、したがって「生は二重の地平で生きられる」(*Ibid.*) という人間の実存的境位が考察される。未開的および古風な文化においては、このことが「かの時に」(in illo tempore) 神々あるいは文化英雄が人間の全ての行為、食物の入手方法や食べ方、愛し方、考えや感情の表し方などを制度化したことを語る「神話」を通じて宗教的人間によって確信される (*Ibid.*, pp. 168-169)。ここからまたそのような文化においては人間の生理的機能が「サクラメントになり得る」(*Ibid.*, p. 170) ということも出てくる。食べることが一種の儀礼であり、食材が聖なるものと見なされたり、性行動もまた聖婚に結びつけられる。それぱかりではなく、人間とコスモスのホモロジーは「身体―家屋―コスモス」のそれをも生み出すことをエリアーデは詳しく例証している。その資料に選ばれたのはインドの宗教思想で、それによれば「身体は、コスモスと同じように、一つの「場」(situation)

であって、個人が身に着けている条件付けの諸々の影響力（conditioning influences）の一つのシステム」（*Ibid.*, p. 173）であり、たとえば背骨はコスモスの柱（skambha）と、息は風と、鼻や心臓は世界の中心とそれぞれ同化されている（*Ibid.*）。これは「人間は自己自身を、あらかじめ定められているかのような範例の場に意識的に定立することによって、みずからをコスモス化する」ということであり、逆に言えば「世界を特徴づけ且つ構成している、つまり宇宙（universe）を規定しているリズミックで再帰的な条件付けの影響力を、人間のスケールで再生産している」（*Ibid.*）ことでもあるとエリアーデは理解している。

このホモロジーはまた人間を範例として家屋や寺院などの建築物の部分をも意味付けることをも生み出し、たとえば寺院などの丸天井に付けられた「目」が伝統的な建築には見られること、またインドの塔の上方に設けられた開口部が、頭蓋骨の最上部を表すブラフマランドラ（brahmarandhra）という呼称で呼ばれていること、そしてヨーガ・タントラの技術でそれが重要視され、死の瞬間に魂はこの部分を通って飛び去っていくとされていることが例証とされている（*Ibid.*, p. 174）。エリアーデがこの後者の事例にとくに注目するのは、それがヨーロッパおよびアジアに広く見られる信念、すなわち「死者の魂は煙突〔煙出しの孔〕を通って出ていくとか、屋根もしくはとくに聖なる場所の上部にある屋根の部分を通って出ていくという信念」と対応していると見なすことによる（*Ibid.*）。インドの神秘主義においてはこのホモロジーに基づいて、神秘的根本経験である「人間の制約からの超越」が屋根を破ることと飛行すること（flight）という二重のイメージのもとで表現されているが、このことは二重の解釈を含んでいるとされる。すなわち神秘主義の地平における「エクスタシー」およびブラフマランドラを通過する魂の飛行として解釈されると同時に、さらに「形而上学の地平における制約された世界の廃棄」および「存在論的な地平の突破、一つの存在様式から別のそれへの通過、より正確には制約された実存から無制約的な存在様式、つまり完全なる自由への通過」とも解釈されるとエリアーデは言う（*Ibid*., p. 175）。彼の主たる関心は、人間の住居と結びつけられたこれらのソフィスティケートされたシンボリズムの中に、古風なシンボリズムの、長い間保持されてきた生命を読み取ることにあり（*Ibid*., p. 176）、それらのシンボリズムを貫通しているものとして次の点が挙げられている。「居住地域、寺院、家、身体は全てそれぞれコスモスである。しかしそのコスモスのどれもが開口部を――この観念はさまざまな文化のもとで表現されてはいるものの（寺院の目、煙突、煙出しの孔、ブラフマランドラなど）――もっている。その仕方はあれこれあるが、人間が住むコスモス――身体、家、部族の地区、この世界全体――は、それにとっては超越的（transcendent）である異なる上方の地平と通交している」（*Ibid*., p. 177）ということである。このように「生は二重の地平で生きられる」という人間の実存的境位は、その本質的契機として「超越」（transcendence）を付帯しているのである。

しかしこの超越の契機は以上のような存在論的な局面においてのみ認められるのではない。コスモスが「開かれた世界」であり、重層的な構造をもち、異なる存在の地平と通交することができる空間であるということは、そこに住む人間の実存の境位もまた開放性と重層性をもっているということであり、異なる存在の地平と通交することができるということが「人間」の本質規定をなしているということである。「超越」を「通過」（passing through or passage）に読み替えながら、エリアーデがさらに続けていわゆる「通過儀礼」に言及する所以である。この展開を導く動機はまたしてもホモロジーであり、それは「人間は生命以前（pre-life）から生命へ、そして最後には死へと通過していく。ちょうど神話的祖先が実存以前（pre-existence）から実存へ、また太陽が闇から光へと通過していくのと同じである」（*Ibid.*, p. 180）という言い方で表されている。これは単なるアナロジーではなくして、コスモスに共通し、遍在する「生命」の共有に基づくホモロジーである。エリアーデの通過儀礼論の枠組は、たとえば月や植物のシンボリズムで表されるコスモスの生成や年毎の生命の更新といった宇宙論的なシステムであり、その一部として人間社会の通過儀礼が解釈されるのである（*Ibid.*）。「生まれたときには人間はまだ完全になっていない。人間は二度にわたり、霊的に（spiritually）生まれなければならない。人間が完全な人間になるのは不完全な嬰児の状態から完全な成人（adult）の状態へと通過することによってである。つまり人間の実存は一連の通過儀礼を通じて、すなわち継続的なイニシエーションによって完成（completion）に到達するのである」（*Ibid.*, p. 181）。エリアーデにとってこのような人間の不完全な状態から完全なそれへの移行は、コスモスにおける虚（virtual）から形（formal）へのそれと等価であり、等根源的なのであるが（*Ibid.*）、目下の人間学的な視点からは彼の次の指摘が重要である。長くなるがそのまま引用する。「思春期のイニシエーションの制度のほうが秘密結社のそれよりも古いことは確かである。最も古風な（archaic）文化、たとえばオーストラリアの人々やフィジー島の人々の間にはそれが広まっていて、記録されている。〔……〕われわれの関心を惹くのは、古風な段階の文化においてさえイニシエーションが人間の宗教的形成において指導的な役割を演じていることである。さらにとりわけ本質的にはそれが新参者（novice）の存在論的ステータスにおける完全な変化のもとで成り立つということである。このことは宗教的人間を理解するのに最も大きな重要性をもっているように思われる。未開な社会の人間は、自然のレベルの実存において「与えられている」と自己認識しているような自己自身を「仕上がったもの」（finished）とは考えていないことをそれは示している。本来の意味での人間に成るためにはこの最初の（自然の）生命に死んで、より高い生命、すなわち宗教的であると同時に文化的でもあるそれへと再び生まれ変わらなければならないのである」（*Ibid.*, pp. 186–187）。人間学的にはこの生まれ変わりは「超越」を意味する。なぜなら「自分が到達したいと願う人間性（humanity）の理想を未開の人間は超人間的な地平に置く」（*Ibid.*, p. 187）と言われるからである。「未開の人間が人間性の宗教的理想に到達することを企てる」（*Ibid.*）ことは、実はホモ・レリギオースとしての人間が本来的に宗教的人間に成ろうとすることであり、その本来的な境地、すなわち「完全な自由」に到達しようとすることである。この意味においてホモ・レリギオースは「超越人」（homo transcendens）と称されてよいであろう。イニシエーションとはそのシナリオやそれを実行するための形式と経過はさまざまではあっても、その根本的な意義と機能は人間に超越を経験させる文化的装置だということである。

エリアーデ的人間学から見れば、非宗教的人間（nonreligious man）はホモ・レリギオーススの一種の退落態であり、非本来的な人間像と映らざるを得ないであろう。先に触れたように彼は人間のこの「非宗教的人間化」の本格的な発端を近代という歴史的時期あるいは近代的な社会と文化に見る。その原因もしくは契機について彼はさまざまな見方をしている。たとえば人間の住まいの非聖化に絡めて、「その過程は、産業社会によって企てられた世界の巨大な改造（gigantic transformation）、それも科学思想、とりわけ物理学と化学のセンセーショナルな諸発見に基づいてなされたコスモスの非聖化によって可能となった改造の不可欠の一部分である」（*Ibid.*, p. 5）と見られている。この事態はさらに進展して、未開的および古風な文化の人間がもっていたコスモスを見渡す視野（perspective）が、「コスモスの宗教性（*religiousness*）が失われる」に及んで完全に変化し、「さらに高度に進化した或る社会では知的エリートたちが、伝統的な宗教の諸範型（patterns）から次第に離れていく」（*Ibid.*, p. 107）ことにもなったと言われている。この限りではエリアーデの歴史観は宗教的観点からすれば悲観論的である。

しかし彼はホモ・レリギオーススとしての人類の歴史の中で、非宗教的人間が近代とともにはじめて現れたと見ているわけではなく、「過去の偉大な文化にも非宗教的人間が居なかったということはないし、またこれまでのところその存在を示す証拠は明らかではないものの、そういう人間が古風なレベルの文化にも存在していたということはあり得ないことではない」（*Ibid.*, p. 203）と述べている。しかしながらエリアーデの立場からすれば、そのような人間はいまだコスモスに開かれておらず、コスモスの生命にあずかっていない、したがって宗教的人間が引き受けるべき責任を果たしていない、いわば例外的な存在ということになるであろう。これに対して彼が重視するのは、自覚的に「非宗教的人間」として生きようとする近代的人間であり、それを彼は次のように特徴づけている。「非宗教的人間が完全に発達したのは、西洋の近代社会においてのみである。近代の非宗教的人間は新しい実存の境位を引き受ける。そういう人間は自己自身をもっぱら歴史の主体にして原動者（agent）と見なしている。そういう人間は超越に訴えることを拒む。言い換えればさまざまの歴史的状況のもとで見られる人間の境位の外には人間性（humanity）のいかなるモデルをも受け入れようとはしない。人間は自己自身を創る、そして自己自身と世界を非聖化することに比例して、自己自身を完全に創る。聖なるものはみずからの自由にとって第一の障害物である。そういう人は全面的に脱神秘化される（demysticized）ときにはじめて自己自身になろうとする。その人は過去の神を殺してしまうまでは真に自由になろうとはしない」（*Ibid.*）。

しかしながら人間は本質的にホモ・レリギオーススであるという命題に基づいて、非宗教的人間は宗教的人間の歴史的変容態と見るエリアーデは、非宗教的な文化のもとにある近代社会にもあくまでもホモ・レリギオーススの痕跡を探し求めようとする。彼は「俗なる実存は決して純粋な状態では見出されない」（*Ibid.*, p. 23）ということを繰り返し強調する。「純粋な状態のもとでの非宗教的人間はかなり稀であり、現代社会の最も非聖化されたもののもとでもそうである」（*Ibid.*, p. 204）と強調点さえ付けて言う。あるいは「俗なる生活のためにみずからの選択を行った人間は、どんなに世界を非聖化したとしても、宗教的行動を完全に取り除くことには成功しない。〔……〕この上なく非聖化された実存ですらいぜんとして世界の宗教的な値踏み（valorization）を保持している」（*Ibid.*）とも言われている。この値踏みをエリアーデは『聖なるものと俗なるもの』の第四章の最後の主題「近代社会における聖と俗」において例示しているが、ここでは以上の考察にとって重要なことのみを記述するにとどめたい。

非宗教的人間を宗教的人間の歴史的結果と見なすエリアーデは、現代の宗教的状況について次のように記述する。「大多数の「無宗教の人」(the irreligious)もいぜんとして宗教的に、それと気づかずに振る舞っている。近代人の多くの「迷信」や「タブー」、その全ては構造的に呪術・宗教的(magico-religious)であるが、われわれはそうしたものだけを言っているのではない。みずからは非宗教的だと感じ且つ言い張っている近代的人間もいぜんとして、カムフラージュされた神話や退化した儀礼の大量のストックを保存している。〔……〕新年や新築の家に住むのに伴う祝祭は、俗化されてはいても、いぜんとして更新の儀礼の構造を表している。同じ現象は、結婚、子供の誕生あるいは新しい地位や社会的昇進の獲得などに付随するお祭り騒ぎのもとでも観察可能である」(*Ibid.*, pp. 204-205)。さらに彼は現代人の神話、近代人が楽しむ演劇や読む書物におけるカムフラージュされた神話劇(mythology)を書こうとすれば優に一冊の本になると言う(*Ibid.*, p. 205)。映画は「夢の工場」と言われるが、それが用いるのは英雄と怪物との戦い、イニシエーションの挑戦や試練などといった数え切れないほどの神話のモチーフであり、また少女や英雄、楽園の風景、地獄などの範例的な役柄やイメージである(*Ibid.*)。この点では現代人もいぜんとして「神話人」(homo mythlogicus)のカテゴリーの埒外にはいないことになる。さらに現代人にとっての「読書」が神話劇的機能をもっているとして、その理由を「古風な社会における神話の朗誦およびヨーロッパの農村社会に生き残っている口承文学の代わりを務めているだけではなく、とりわけ読書を通じて現代人が、神話によってもたらされる「時間からの超出」(emergence from time)に匹敵する「時間からの脱出」(escape from time)を手に入れることに成功する」(*Ibid.*)という点に見るとき、エリアーデは現代人の郷愁のみならず、「超越」の可能性をも示唆している。つまり現代人もいぜんとして

「超越人」(homo transcendens) の範疇を出ていないということである。

神話的な範例を喪失した近代的人間がいぜんとして擬似神話や退廃した儀礼から離れられない理由をエリアーデは、「俗なる人間はホモ・レリギオースの後裔であり、自己自身の歴史——すなわちみずからを今日在るようにしている宗教的祖先たちの行動を払拭することができない」からであり(*Ibid.*, p. 209)、いぜんとして「俗なる人間の実存の大部分は、その存在の深層から、すなわち「無意識」と呼ばれてきた領域から現れる衝動(impulses)によって養われている」(*Ibid.*)からであり、そもそも純然たる理性的人間など抽象体であって、「どの人間的存在者も意識的活動と同時に非合理的な経験の組み合わせである」(*Ibid.*)からだと彼は説明する。彼の目から見ると、非宗教的な人間の「無意識の内容と構造が、神話のイメージや登場者と驚くほどの相似を示している」(*Ibid.*)という。無意識の人間学的な意義および無意識がもつ宗教的機能についてエリアーデは重要な指摘をしている。「無意識の内容と構造は遥か遠い昔からの実存的境位、とくに危機的状況の結果であり、無意識が宗教的なオーラをもっている理由がこれである。このことは、古風なレベルの文化においては在ること(*being*)と聖なるものとは一つであるので、実存的危機は、最終的には「宗教的」であることを意味している。すでに見たように、在ることは世界を創建する聖なるものの経験であるとともに、この上なく原初的な宗教でさえ何よりも一つの存在論である。言い換えれば無意識が数え切れないほどの実存的経験の結果である限り、それはさまざまな宗教的宇宙と似ざるを得ないのである。宗教とはあらゆる実存的危機に対する範例的解決だからである。〔……〕宗教的解決は危機を解決することにとどまらず、同時にもはや不確定でも個別的でもない諸価値に向かって実存を「開いた」(open) ものにし、こうして人間が個人的な境位を超越し、最終的には霊の世界へのアクセスを得させるものでもある」(*Ibid.*, p. 210)。おそらく深層心理学の所見がエリアーデに大きな影響を与えていると思われるが、そのことと宗教を人間の超越経験およびそれによる人格の根本的変革に結びつける点に着目しつつ、エリアーデの「宗教論」を論じることは他日の課題にしたい。

最後に現代社会における非宗教的あるいは俗的人間がいぜんとして「ホモ・レリギオースス」であり続けていることに関する彼の所見を取り上げることにする。このような人間も擬似神話、言い換えれば「私的神話」(private mythology) を夢や幻想や空想などの形で抱いているが、それは本来の神話のもつ存在論的地位へと高まることはない。それはそうした神話が全人 (whole man)、すなわち「知性と魂」によって全人格的に経験されていないからであり、それゆえに特殊な状況を範例的である状況へと変換することがないからである。近代的人間が抱く不安および夢や想像における経験も、形の上からは「宗教的」ではあるものの、ホモ・レリギオーススにおけるように、世界観 (Weltanschauung) を形成することには至らないし、行動のシステムに基礎を与えることもない。仮に神話的シンボルが近代の非宗教的人間のイメージ宇宙に現れることがあっても、それはもっぱら深層生活を読み解く暗号であり、無意識の中で演じられるドラマの暗号であるにとどまり、人格的な意識全体を目覚めさせることはないし、それを宇宙に向かって「開く」こともない。それゆえに神話的シンボルは非宗教的人間を個人的な状況から救い出すことがあっても、たとえば深い危機を解決したり、脅かされた心の平衡を回復するに過ぎない。つまり霊性 (spirituality)、言い換えれば真実在的なもの（the real）の諸構造の一つを啓示することがないのである（*Ibid.*, pp. 211-212）。

近代社会の非宗教的人間もいぜんとしてみずからの無意識の活動によって養われ、助けられてはいるものの、本来の宗教的な世界の経験や世界観にまで到達することはない。そのような人間にとって無意識はその生活の諸困難を解決し、宗教が無傷の状態を保証するという限りでは、それは宗教の役割を果たすことにはなる。しかし非宗教的であることを宣言する現代人の場合には、宗教も神話もその個人的な無意識の闇の中に「侵蝕されている」（eclisped）——それはまたそういう人間においては生きること（life）についての宗教的ヴィジョンを再統合する可能性が大いなる深淵（great depth）の中にあるということでもある（*Ibid.*, pp. 212-213）。それは非宗教的人間が宗教を意識的に生きる能力を、そしてそれゆえに宗教を理解し且つ当然のことと考える能力を失ったということであるという理由で、エリアーデはそこにキリスト教的な意味での新たな「堕落」を見るとともに、その結果「宗教的感覚（religious sense）は〔……〕無意識の深淵にまで落ち込んだ。それは「忘れられて」しまった」（*Ibid.*, p. 213）と断ずる。ここに至って「聖なるものはみずからを顕示する」（*Ibid.*, pp. 10, 11）という彼の擬似神学的命題はいっそうキリスト教的命題に接近することになるが、このような非宗教的人間の「復活・再生」についてはついに語らず、彼はそこでみずからの考察に終止符を打ち、哲学、心理学および神学に後を託して筆を擱いている（*Ibid.*, p. 213）。

これまで試みてきたような脈絡のもとでエリアーデ宗教学を人間学的に理解しようとする観点からすれば、その堕落からの復活ないし再生のためにはホモ・レリギオーススとしての「人間」の実存的境位の始源に立ち戻らなければならないであろう。それは単に古風な伝統的な文化や社会およびそこにおける宗教的人間に郷愁を抱き、いわば前近代へと逆行することではなくして、まさに最、、初の人間が直立二足歩行を始めたその時と「同時代的」になることであろう。言い換えれば「相対性と方向感覚の喪失（disorientation）によって引き起こされる緊張と不安」（*Ibid.*, pp. 27–28）――キルケゴールに言わせれば「自由の眩暈」――という実存の危機的状況に対して自覚的に正面から向き合うことである。それは、ファン・デル・レーウの言葉を借りて言えば、生の「全体に拡がるその無制限さ（あらゆることが可能だ、言い換えれば私は無の前に立っている）」（Leeuw 1933[1955]: 531）という「自由」の境位に立って、「無制約的な可能性から目覚めさせられる原体験」（*Ibid.*）である「畏怖」を感じ取るために、何よりも「ヌーメン感覚」を研ぎ澄ますことである。それは、同じことを繰り返すことになるが、オットーによって紹介された、サバンナで或るアフリカーナーが体験した「大きなもの・ますます大きくなっていくもの」、それもゲーテに倣って言えばあらゆる尺度や規模を超える「途方もない・不気味なもの」（das Ungeheuere）を直に感得する宗教的感覚を取り戻すことである。そしてそれによって聖なるものをそれとして経験し、それと和解し、それが示す意味を読み取り、世界の存在とみずからの実存の理解に宛がうこと、まさにそれこそが、エリアーデの言う二度目の「堕落」から「復活・再生する」ためにホモ・レリギオーススとしての人間が辿るべき道でなければならないであろう。

結び

本章はエリアーデ自身の明示的な人間学的探究を対象としたものではないので、できるだけ批判的な論及を差し控え、ひたすら彼の宗教類型論から本書が構想してきた人間学への糸口を見つけることに努めてきた。この点で振り返るならば、第一節で言及したように彼がみずからの宗教学の方向を哲学的人間学へと展開させる可能性を示しながら、実際には「宗教学的人間学」とでも言い得る方向に対してより多くの可能性を示唆したというのが叙上の考察の結論である。それは、宗教的実存に対して開示される「聖なる存在者」、つまりヒエロファニーが啓示する人間学的意味を「カテゴリー」として取り出し、それを人間の自己理解および世界理解の枠組として組織化することを目指すことである。もとよりエリアーデ自身がヒエロファニーが示す宇宙論的および人間論的意味を系統的にもしくは組織的に構築しようとしてはいない。したがってここで試みたことはあくまでも将来の課題のための準備に過ぎない。この試みは、あらかじめ「人間学」の構想を立て、そのカテゴリーに基づいて宗教における人間学を導き出すのではなく、あくまでも宗教が示す「人間」の生（Leben）の諸相を組織的に考察し、それを読み解き、理論的に体系化するためのカテゴリーを創出するものでなければならないであろう。

ところでファン・デル・レーウにしてもエリアーデにしても、それぞれの学問的な方法である類型論は、具体的な諸宗教が示す宗教的事象を言わば横断的に切り取り、たとえば前者は「宗教の現象学」を構成する諸部分に割り当て、そこにはめ込むという形で、また後者のほうは「聖なるもの」のシンボリズムとして解釈し、シンボリズムの類型化の中へ取り込むという形で、いずれも個別の宗教内部の脈絡からは切り離している。これに対して個別の宗教の「担い手」に着目して、その宗教的な生き方に人間学的な問題を見ようとしたのが、ドイツの宗教学者グスターフ・メンシングである。それは諸宗教の人間学的な考察と言い得るものであるが、次章で取り上げることにしたい。

第五章　メンシングの宗教学の人間学的理解

第一節　準備作業としてのメンシングの宗教学の評価

前章の冒頭でエリアーデの宗教学に対して行ったのと同様の作業をここでも繰り返さなければならない。まずはじめにグスターフ・メンシング（Gustav Mensching、一九〇一―七八）の宗教学を、本書の問題圏の中に取り込む理由を挙げておきたい。彼の宗教研究の視点ないし方法と「現象学」との関連についてはいささか微妙な点を指摘しなければならない。この概念の理解に変化が見られるからである。彼は一九四九年に出版した改訂版の『比較宗教学』（Mensching 1949）の序論に当たる「準備としての先決問題」において宗教学の歴史を振り返り、現代の宗教研究の特徴を示すためには、宗教学に大きな影響を与えた二人の哲学者を挙げる必要があるとして、ウィルヘルム・ディルタイとエトムント・フッサールの名前を記している（*Ibid.*, S. 24）。その理由として前者は「了解」

（Verstehen）の概念によって宗教現象の学的理解の方法を示したこと、後者はまさに「現象学」の提唱によって宗教現象における「含意」（das Gemeinte）、つまり志向的意味の把握への道を拓いたことが指摘されている。メンシングはこの二人の哲学者の概念を組み合わせて宗教現象の独自性を明確にするとともに、その理解の方法を確立しようとした。彼によるとこの方法によってかつての合理主義的な「説明」（Erklären）による宗教研究に代わって、「いかなる種類の宗教史の現象もそれ独自の秘められた生命をもっており、この生命こそがその現象においてはじめから「含意されたもの」であった」（*Ibid.*）という認識を得ることができるという。この場合の「含意」は「現象の透かし」（Transparenz der Phänomen）を指し、それは文字通り「現象の中には何かが「現れている」こと」だと彼は解釈するのである（*Ibid.*）。そしてこの「現れている」もの、いわば「透かし絵」を「内から、生命から了解する」こと（ein "Verstehen" von innen, vom Leben her）、言い換えれば「外なる現象の内なる必然性を認識すること」（*Ibid.*, S. 25）が、ほかならぬ宗教学の根本課題と見なされている。因みに最後の引用箇所を見る限りではメンシングの理解が、すでに第一章第一節で言及したオランダの宗教学者シャントピー・ド・ラ・ソーセイの「宗教現象学」の理念を念頭に置いていると見ることができるかもしれない。

すでに明らかなように「現象学」のこのような理解は、メンシングが抱いている「宗教学」の理念に基づくもので、それは「現代の宗教学が目指すのは現象の単なる記述や説明ではなくして、諸現象がそれに内在するいかなる生命の必然性から、経験的宗教学が示すような有機体（Organismus）へと統一されたのか、を理解することである」（*Ibid.*, S. 24）という言い方に要約される。要するにメンシングは「宗教」を全体論的に見る立場に立って、宗教をそれ固有の可能性と統一性をもっていると見なし、経験的宗教学は諸々の宗教現象を一つの有機体として組織的に研究することを目指し、そのために「類型論」を基本的な方法論とすると考えているのである。「われわれの学問は、具体的な宗教史の諸現象を宗教的内実の顕現（Manifestation）として理解することである」（*Ibid.*, S. 28）と彼は言う。これは、或る意味では「比較宗教学」のオーソドックスな方向とも言えるものであるが、その際に宗教そのものを展開可能な有機体と見なし、それに独自の「可能性」を認め、諸宗教および諸宗教現象をそのような「宗教」の可能的な歴史的展開として宗教学的に位置づけようとするのは、多分にルードルフ・オットーの影響によるものと推測される。メンシングが用いる「可能性」の概念はオットーの「ア・プリオリ」のそれに導かれたものであり、宗教史の諸現象を「宗教的内実の顕現」として取り扱う際の「宗教的内実」とは、オットーの「聖なるもの」の概念を想定しているのである。繰り返し述べられている「宗教は聖なるものとの出会いであり、聖なるものによって規定された人間の応答行為である」（*Ibid.*, S. 78）[1]というメンシングの「宗教」の定義づけがまさしくそのことを裏づけている。

ところがメンシングが一九五九年に公刊した『宗教　現象形式・構造類型・生の法則』（Mensching 1959）においては、「現象学」は「類型論」との関係において次のように規定されている。「現象学が取り扱うのは、宗教の現象形態における個別的契機である。たとえば諸宗教を貫いて「聖なる言葉」がヌミノーゼな重要物（numinose Größe）であり、それが多種多様に異なってはいるものの、諸宗教においてそれぞれに産み出される変容あるいは使われ方のもとで現れていることを確認するのが現象学である。現象学の課題ならびに問題領域に属するのは神の崇拝、神の表象などの現象世界の探求と叙述である」(*Ibid.*, S. 71)。要するにメンシングが構想している「宗教現象学」は、諸宗教に並行して見られるもの(das Parallele)、つまり共通契機を明らかにし、それを分類することである。因みにもう一つの方法とされている「類型論」は「宗教を全体(Ganzheit)、有機体として考察の対象とするもので、さらに言えば全体における典型的な共通性と全体性における典型的な一回性(Einmaligkeit)の二つの側面からそうする」(*Ibid.*)と定義されている。このような方法論に関する立ち入った考察は目下の課題ではないので、ここではとりあえず彼の「現象学」の理解が「意味の了解」から「現象の分類」へと変化したことを指摘することにとどめておく。

以上のことから差し当たりメンシングにおける「現象学」の理解のどちらを参照するのかが問題となるが、実はそれはそれほど重要な問題ではない。なぜならば彼の宗教学の基本的なスタイルが「類型論」であり、類型化の操作の際にフッサール的な「現象学」概念を援用することを強調したのが旧著であり、類型化の結果においては両著の間に根本的な相違がないからである。それとともにこれから考察するメンシングの人間学的な関心に関して言えば、むしろ旧著のほうに基本的な原理と材料があって、この点でも新しい著書を優先するとか、それにこだわる必要がないからである。ついでに言えば、メンシングは現象学に関してファン・デル・レーウほどには理論的な関心を示してはいない。概して言えば、宗教の歴史的な研究を専門領域とする宗教学者が現象学を持ち出す場合にしばしば見受けられる、或る意味では安易な借用の域を出るものではなく、これはメンシングに限らず、たとえばフリートリヒ・ハイラーやクルト・ゴルダンマーについても言えることである。

次にメンシングの人間学的関心について同じような理由づけをしなければならないが、これには差し当たり外在的ならびに内在的な二つの理由が考えられる。外在的理由というのは、彼の宗教学が人間学的な立場に立っているという指摘がなされていることである。楠正弘は「仏教的人間の存在と人間学的人間の存在の一考察(上)」という論文(楠 一九五七)において、宗教学を広い意味での「人間学」と理解する視点から、メンシングの宗教学をも人間学と捉えている。すなわち「彼〔メンシング〕はディルタイ、フッセル、オットー等の立場を継承して、宗教現象を比較しようとした。彼の立場は、多くの宗教学者と同様に、すべての人間は本来宗教的であると考へた。この様な人間の把握は、人間存在の究極においては、宗教的であると言ふ一連の人間学的宗教論の立場を是認するものである」(同書、九二頁)と述べている。さらに楠は、とりわけ狭い意味での宗教研究の立場としてはメンシングが、オットーとともに「宗教の根拠を人間学的にもとめ、それを倫理や哲学の層位と異った特殊な宗教的情緒作用の中に、分析的にもとめようとする」(同)と見るのであるが、この場合の「人間学」という用語には二つの意味が含まれている。一つはイギリス経験論哲学者デーヴィッド・ヒュームが言い出した「人間の学(the science of Man)」という意味であり(楠 一九七四:六四)、もう一つは宗教の根拠を、たとえば神学が要求するように「神」に求めるのではなく、「人間の本性」(human nature)に求める立場を指している。楠が前述の論文においてメンシングを「人間学」の系譜に数えたのはこの第二の意味においてである。そのことについて異論はないが、ここでは従前からの脈絡に基づいて、「人間の本性」をあくまでも「宗教」との関連において理解しようとする宗教学の系譜のもとでメンシングをも考察することになる。これまで論じてきたところから察せられるように、「ホモ・レリギオースス」としての「人間」の人間学的な考察を試みることである。

次に内在的理由というのは、メンシング自身の宗教学に即して見る場合に、彼の類型論の根本的な内容をなす「民族宗教（Volksreligion）」と「普遍宗教（universale Religion）もしくは世界宗教（Weltreligion）」という類型が、それぞれの類型の宗教の「担い手」（Träger）に着目したものであるという点に結びついている。すなわちさまざまの具体的な宗教が、その担い手の相違から二つの大きな類型に区分されるというのが彼の宗教学の一貫した枠組をなしている。その最初の提示は一九三八年に出版された『民族宗教と世界宗教』においてであるが、その中ですでに「民族宗教と世界宗教の相違の人間学的前提」という問題が提起されているのである（Mensching 1938: 52）。さらに言えばこの場合の「人間学的前提」というのは、それぞれの類型の宗教における「担い手」の人間的な特性の違い、すなわち集団主義的（kollektivistisch）なアイデンティティをもつ人間のタイプと個人主義的（individualistisch）なそれをもつタイプとの相違を意味しており、それがまた両タイプの「人間の現実の在り方」に関する認識の相違ならびに人間の幸福ないし救いの観念およびその獲得方法の相違と関連づけられて、対比的に論じられているのである。因みにこの類型論は著者の晩年の『宗教　現象形式・構造類型・生の法則』においても変わらずに踏襲されている。このような類型的な「担い手」に即して「宗教」の諸特徴、たとえば神の観念、人間の観念、人間の存在状況、宗教的行動、死生観、幸福と不幸の価値評価などを、あくまでも「宗教」固有の理解の仕方を示すものとして比較・考察しようとするのがメンシングの宗教学のスタイルなのである。このような彼のアプローチをここでは「人間学的」と表現することにする。因みにこのような彼のスタンスはこれまで挙げた彼の概説書においてのみならず、宗教的苦悩、宗教的沈黙、宗教的な罪、奇跡などに関するモノグラフ類の著書や論文においても見られることを付言しておきたい。(2)

第二節　民族宗教と普遍宗教における人間学的前提

前述のように、グローバルな観点から世界の諸宗教を「民族宗教」と「世界宗教」(のちには「普遍宗教」という用語に統一された)とに分類するのは、メンシングの終生変わらぬ学問的作業である。その分類の特徴は彼自身が強調しているように、宗教の地理的もしくは空間的な拡がりではなくして、宗教の「担い手」に着目した点にある。仮に或る宗教の妥当範囲が、大は民族や国家といった規模のものから、小は血族や家族といった規模のものに至る或る一定の集団に限られている場合に、あるいは或る宗教の普及範囲がそのような枠を超えて世界に広く及んでいる場合に、彼はその理由を、たとえば歴史的な経緯や特定の宗教的な活動などの、いわば宗教の外部に付随する条件あるいは要因ならびに宗教の実践に求めるのではなくして、宗教の内部に、彼自身の表現で言えば「構造」(Struktur)に求めるのである。その「構造」は幾つかの契機のもとで見られているのであるが、その最初の、したがって最も基本的な契機とされているのが「担い手」という用語で表されているものである。これは文字通りには宗教を担い、維持している人もしくは人々ないし集団であり、したがって宗教の「主体」を意味するものであるが、しかしまた宗教によって固有の意味を与えられ、生活の方向をも示されるものとして、同時に宗教の「客体」をも指し示している。因みにメンシング自身は「民族」という概念を特別に定義してはおらず、彼が念頭に置いているのは、彼の宗教学に限ってはあくまでも宗教の「担い手」を表している。もとより『民族宗教と世界宗教』が発表された時期などから、そのほかにもさまざまなニュアンスを帯びている可能性はあるが、当面はその穿鑿は控えることにする。彼は民族宗教の担い手を広い意味での「共同体」(Gemeinschaft)に、また世界宗教のそれを「個人」(Individum)に見るのであるが、ここではこのように宗教的に独特に解釈された人間の在り方をメンシングの論述から読み取ることが差し当たりの課題である。彼の宗教学における「人間学的理解」ということをひとまずこのように捉えておくことにする。

ところでこのような捉え方は、実はメンシング自身がこの分類を試みた当初から抱いていたものであった。すなわちすでに指摘したように、『民族宗教と世界宗教』という著書において「民族宗教と世界宗教の相違の人間学的前提」という見出しを掲げて、そのことを論じているのである。彼はこの著書の中で宗教の二つのタイプの構造を比較するとともに、世界における諸宗教の歴史が民族宗教から世界宗教へと移行してきたという見方を示した後で、次のような疑問を提示している。「これまで見てきたような世界宗教は決して民族宗教の連続的な発展ではなくして、核心部分においては明らかに全く別の状況を問題にしている。すなわち民族宗教においては全く問題にされない普遍的且つ実存的不幸(das generelle und existentielle Unheil)を問題にしている。これに引き換え民族宗教において重要視されるのは普遍的な幸福(das generelle Heil)であるという事実はどのように説明されるべきか」(*Ibid.*, S. 52)。世界宗教は人間の「不幸」という実存状況を問題にし、民族宗教のほうは人間の「幸福」という生存状況を問題にするところに構造上の相違があるというのであるが、この問いに対する答えの可能性をメンシングは二つ指摘する。一つは「民族宗教は人間の実存の深みを見ておらず、したがって実存の深い危機的状況をも見ていない。これを見たのは個人によって創唱された世界宗教である」(*Ibid.*)というものである。しかし彼はこの答えには満足することができないと言う。その理由は、民族宗教が長い間にわたってその担い手たちの宗教的欲求を満足させてきたこと、その結果として何百年もの間存続してきたことが、そのような見方では理解されないという点にある。つまり人類が長い間にわたって人間の本来の深い問題について暗いままだったということは認め難いというのである(*Ibid.*)。メンシングは二つのタイプの宗教の違いを、人間の実存意識の深浅の差に求めることには同意しないのである。

もう一つの説明の可能性は、「人間の実存そのものの中で根本的なものが変わったこと、そのために世界宗教が新しいテーマを掲げて、原理的に新しい状況に対応し、根本問題に対してそれまでにない答えを示した」(*Ibid.*, S. 53)というものである。これならば民族宗教も正当化されるだけではなく、それが長い間にわたって存立し得ていること、またそれが世界宗教に移らざるを得なかったことも、内的必然性として理解されるというのがメンシングの見方である。民族宗教と世界宗教を世界の諸宗教の歴史的発展の順序として捉え、人間観の革命的変化がそれをもたらしたというのであるが、宗教の「人間学的側面」(die anthropologische Seite)に対する彼の着眼の源はこのような点にあったのである(*Ibid.*)。

メンシングがこのような点に関心を抱いたのは、実はヘラルドゥス・ファン・デル・レーウの著書『未開人と宗教』（*De primitieve mensch en de religie*, 1937）の影響によるものだったと自分で記している（*Ibid.*, S. 54）。すなわち「初期（Frühzeit）と後期（Spätzeit）における人間の実存の構造が比類なく繊細且つ深遠な仕方で捉えられていること」ならびに「宗教的実存の最も内なる前提を人間学の側面から発見したこと」、そしてさらに「後期の人々が、〔……〕実際に根本的な人間学的変化を経験したこと」をファン・デル・レーウから学んだというのである。これによって世界宗教が可能になったことの前提も明らかにされたとして、メンシングはファン・デル・レーウの業績を高く評価している（*Ibid.*）。要するに後者が「人間学的構造」（anthropologische Struktur）の違いから宗教の類型、たとえば父の宗教、母の宗教、服従の宗教および救済の宗教などを論じていることに刺激を得たとメンシングは述懐しているのである。因みにメンシングが「初期」および「後期」という言い方で表そうとするのは、ファン・デル・レーウではそれぞれ「未開的」および「近代的」という語で表されているものであるが、メンシングはそれが誤解を招きやすいという理由から用いないと断っている（*Ibid.*）。

このようにファン・デル・レーウに導かれて、メンシングは謂うところの「人間学的構造」と宗教の類型、すなわち民族宗教と世界宗教との関係をおおむね次のように組立てている。

一、初期の人間学的構造の特徴は「未分化の生命の統一性」にあり、それには次の三つの契機がある。

(1) 世界との一体性が初期の人間の人間学的構造である。人間は生きた世界の一部であり、みずからを世界と対立したものとは見なさない。したがって初期の人間の実存の特色は主体と客体の距離が短い点にある。ファン・デル・レーウはそれを「未開的思惟と感情との全体性という性格」と名づけるが、それは「初期の人々の眼前にあるものは全体であって個物ではない」という意味だとメンシングは理解する。さらにこれと関連してファン・デル・レーウによれば、初期の人々にとっては世界の事物の輪郭が流動的で、たとえば神のイメージは神そのものではないが、それに参与しており、神も神のイメージそのものではないが、それに参与しているという。要するに彼が未開的思惟において見出すものは、「全てのものが全てのものに参与している」という融即の世界観であり、名指しはしていないものの、これはレヴィ＝ブリュールに影響された見方であるとメンシングは推察している（*Ibid.*, S. 54）。

(2) 主体と客体の距離が短い、極端には同一視されるという事態に関しては、初期の人々が身の周りの事物や人物の背後に、「或る究極的な、深層における本質的同一性を感じたり、体験している」（*Ibid.*, S. 55）ということが付帯しているというファン・デル・レーウの見方をメンシングは手引きとしている。さらに前者がこのことを夢の世界になぞらえ、そこでは目覚めた昼の世界における事物関係とは異質な関係が成り立っており、それは無限界性と同一性のもとで見られている世界であるとする説をも参照している（Mensching 1948: 202）。

(3) 初期の人々の精神的態度は「呪術的性格」ということで表される。それは「所与を自分の中に取り込むことによって、世界をみずからの願望に沿うように形成し、支配しようとする試みである」（*Ibid.*, S. 55）。これもファン・デル・レーウの説に従ったものであるが、批判がましいことを言えば、「初期の人々」と類型化される人間の思惟を「未開的思惟」と規定し、その特性として情緒性のみを強調して論理性や合理性を認めず、欲求行動ももっぱら呪術的だと断定するのは、人類学者ブロニスラフ・マリノフスキーの調査研究（Malinowski 1925[1992] など）を知る者にとってはそのまま容認するわけにはいかないであろう。ただし文化の或る段階においては全体観が相対的に優位を占めていたという仮説は、それとして改めて考察するに値する。

これと比較される後期の人間の人間学的構造の特色を「主体と客体との間の距離が絶えず拡大される」（*Ibid.*）ことに見るファン・デル・レーウは、これをもって「人間化」（Menschenwerdung）と解釈するのであるが、メンシングはこれを「自己意識の登場およびそれとともに与えられる世界の客観化」（*Ibid.*）を意味するものと理解する。またファン・デル・レーウは後期の人間の第一の特徴を「意識的に実存する」（bewußtexistieren）ことにあるとし、この在り方がもつ個人的性格から宗教の個性的な形成、先に挙げた父の宗教などの類型の成立を説明するのに対して、メンシングは同じ発想からみずからの宗教類型である「世界宗教」の構造の特徴を論じていくのである。

二、民族宗教の人間学的前提は「宗教的結合の無反省的統一性で、二次的な個人はそこに組み込まれている」（*Ibid.*, S. 56）というものである。言い換えれば「個人がまだみずからの個別性、つまりみずからの自我を意識するまでに至らず、宗教的集団もまだ民族的集団と合致している」（*Ibid.*）ということである。この場合に「民族集団」ということで念頭に置かれているのは部族（Stamm）および民族（Volk）なのであるが、このメンシングの見方には、ゲマインシャフトがゲゼルシャフトに先行し、前者においては集合的な一体感が支配的であって、個人はあくまでも二次的な構成単位に過ぎないという社会学的な仮説が裏づけになっている。したがってそこに見られる宗教の構造的特徴は、「与えられているのは幸福であり、それは維持されなければならない。孤立していく個人の不幸はあり得るが、しかし稀な例外的事例である」（*Ibid.*）ということになる。この点を『比較宗教学』の記述によって補えば、民族宗教においては生命の一体感に基づく集団的結束が「幸福」と見なされるのであるから、民族宗教はまずもって「幸福」がすでに普遍的に与えられていることを是認する。それに対して「不幸」はそのような結束に加わることのできない孤立した「個人」にのみ起こり得る例外的な出来事と見なされるとして、ゲルマンの伝説に見られる「妬む者」（Neiding）が事例として挙げられている（Mensching 1949: 154）。そのような幸福な実存と集団の持続を確実にしてくれると信じられるのが民族宗教の神ないし神々であり、したがってそれがその担い手の民族的範囲に限定された力しか発揮しない理由は、このような人間学的前提に基づいているからだとメンシングは解釈するのである（*Ibid.*, S. 153）。

この点については別の論文に次のような叙述がある。「初期の宗教は、〔……〕生命の統一性と神聖性に基づいて統一的な行動をする。それに伴い自然も文化も宗教的な刻印を帯びる。すなわち労働、政治、道徳、知識および経済――これら全ての生活分野には宗教的な根拠がある。つまり一切のものが驚異的なものとなり得る。なぜならば周囲の世界の中の限界も輪郭もいまだ流動的だからである。「幸福」を確信する初期の宗教は、その時代の人間の実存の人間学的構造に対応しているのである。すなわち人間はまだ生命の流れの中に埋め込まれており、多様性の深層に安らいでいる大いなる原初の統一性のもとで生きているということである」（Mensching 1948: 203）。

因みに、メンシングが初期の宗教のタイプとして挙げるのは「自然宗教」（Naturreligion）と「民族的な結合をもつ文化宗教」（die volksmäßig gebundene Kulturreligion）である。前者は、純然たる自然状態のもとで生活をし、自然に対してもっぱら受動的な態度をとり、自然に依存している未開的な諸部族（die primitive Stämme）、つまり自然民族（Naturvölker）、さらに言えばその構成単位としての家族および部族を担い手としている。これに対して、後者のほうは、自然に対して能動的な態度をとり、次第に自然を支配するようになった、言い換えれば文化状態（Kulturzustand）のもとで生活するようになった民族（Volk）を担い手とすると説明されている（Mensching 1949: 152–153）。彼はこれらの諸タイプの担い手を一括して「民族」（Volk）という概念で表現するために、表現上の混乱が生ずる可能性を否定することができないとともに、現在ではもはやそのまま受け入れることができない過度に観念論的な理解であると言わざるを得ず、メンシングの宗教学の問題点として指摘しておかなければならない。

三、世界宗教の人間学的前提は「人間はすでにそこに居合わせていることが分かっている不幸の状況から救われて、救済へと導かれるべきだ」（Mensching 1938: 56）という命題にあるとメンシングは見る。その場合にそのような前提のもとで考えられている「人間」は「個人」であり、さらに言えば「みずからの実存のヌミノーゼな背景から孤立している個人」（*Ibid.*）であるとされる。「ヌミノーゼな背景」というのは、ファン・デル・レーウが「近代的心性」（die moderne Mentalität）と名づけたものを、メンシングは「自覚的な個人」と読み替え、それが置かれている精神的境位を次のように解釈することに基づく表現である。「かつてないほどに創造と世界形成、体験と意志の可能性を獲得したが、しかし同時にまた或る点ではそうした力、すなわちみずからの自我のアウタルキーを求めるもしくはそうした自我に役立とうとする力が進む道を誤る、したがってみずからを孤立させる方向によって脅かされている」（*Ibid.*, SS. 56-57）という在り方である。『比較宗教学』では、個人として自立した人間の孤立化（Isolierung）をその「ヌミノーゼな根源」（der numinose Urgrund）からのそれと見なし、そのような実存的状況を「普遍的不幸」（das generelle Unheil）と受け止めて、言い換えれば与えられているのは「不幸」であるという命題を立てて、このように孤立した「個人」を対象とし、そこからの解脱や救済を提示するところに「世界宗教・普遍宗教」の構造的特性があり、この類型の諸宗教においてはじめて「人間が宗教の対象となった」とされている（*Ibid.*, S. 154）。要するに民族宗教においては偶然的で例外的な出来事と見なされる「不幸」が、世界宗教においては例外を許さない普遍的な出来事と受け取られる。それは「個人」が集団的一体感から脱して自我を拠所とするようになったことから生ずる新しい実存の自覚に不可避的に伴うもので、その不幸の原因を人間の本来の実存的根拠からの逸脱あるいはその阻害として捉え直し、実存の根拠を改めて「ヌミノーゼなもの」として提示した上で、それとの関係を修復することを世界宗教は主張するようになった、というのがメンシングが描く民族宗教と世界宗教との構造的な相違であり、この観点からまた前者から後者への展開が世界の宗教の歴史の必然的な過程と見なされるのである。『民族宗教と世界宗教』ではそのことが次のように言われている。「世界宗教は、〔……〕人間の生活における、言い換えれば人間の実存の形而上学的な深みにおける一般的且つ実存的な裂け目について語り、こうした不幸な状況に対して、この裂け目の救いないし癒し（Heil und Heilung）として聖なるものもしくは絶対的なものとの再統合を示している」(*Ibid.*, S. 57)。それゆえに世界宗教は「後期の自我意識に目覚めた人間の、新たに認識されたのではなくして、新たに成立した危機に応えるもの」なのであって、民族宗教はむりやり没落させられたというよりも、このような新しい危機的状況に対応することができなくなったために、おのずから「死んだ」のだとメンシングは世界宗教史の展開を見るのである(*Ibid.*)。グローバルな宗教の発祥ないし成立を進化主義的な知性の進化に見るのではなく、人間の存在状況の変化に応じた知性の新しい働きに求めるのが彼の立場なのである。

諸宗教を民族宗教と世界宗教ないし普遍宗教と二大別し、両者の相違を際立たせることにのみ傾注して、歴史における両タイプの接触や融合あるいは混淆および対立や混乱などの諸現象の考察をなおざりにしているのは、歴史的現実を軽視するという批判を招きかねないが、彼自身は『比較宗教学』の中で、体系的な考察を優先することから「混合形態や細かなニュアンスの差を追加して述べることができず」(*Ibid.*, S. 190)やむを得ないことだと弁解している。目下の人間学的な関心から言えば、彼が人間の幸福と不幸を宗教と、さらに言えば「聖なるもの・ヌミノーゼなもの」と結びつけている点が重要である。彼はそれを個別の宗教における宗教体験と関連付けて論じており、次の課題はこのことを考察することである。

第三節　宗教体験の類型論——実存の根源との一体性とその阻害の体験

メンシングの宗教学および宗教史の研究は如上のような類型論を基盤にして、一方では個別の宗教の特徴を、オットーの用語「個別精神」（Sondergeist）（Otto 1932: 297）を独自に鋳造し直した「生命の中心」（Lebensmitte）という概念を用いて浮き彫りにしようとした。とくに『比較宗教学』の第一部「諸宗教の生命の中心およびその集団形態」と、それをさらに敷衍した『一般宗教史』（Mensching 1940[1949]）においてそれを詳細に試みた。それとともに他方では個別宗教における宗教体験、善と悪、罪、啓示、奇跡などの宗教現象および宗教的観念を比較することも試みている。ここでは後者の諸項目のうち「宗教体験」（das religiöse Erlebnis）に着目して、『比較宗教学』で展開されている人間学的な問題に関連するメンシングの論述を取り上げることにしたい。

彼は個別の宗教の「生命の中心」をそれぞれの宗教における「最高価値」の体験と見なし、未開宗教、インドの宗教、ゲルマンの宗教、ゾロアスター教の宗教もしくはマズダ教（Mazdaismus）、ギリシャの宗教、ローマの宗教、アッシリア・バビロニアの宗教、イスラエルの宗教、エジプトの宗教、密儀諸宗教（Mysterienreligionen）、キリスト教、イスラーム、中国の宗教および日本の宗教におけるそれぞれの最高価値の体験の特徴を要約して列挙している（*Ibid.*, SS. 63-65）。メンシングはさらにこれらの諸宗教における多様な宗教体験を比較して、それが「究極的で主要な共通の根本経験」（die letzte große gemeinsame Grunderfahrungen）へと還元することができるとして、それを（一）最高価値としての「一体性」（Einheit）の経験、（二）実存的不幸としての「一体性」の阻害（Störungen）ならびに（三）阻害の解消（Aufhebung）の三点において試みている（*Ibid.*, S. 179）。これは、諸宗教が人間の実存の本来の根拠をどこに置いているか、またその根拠に対する人間の関わりの実際はどのようなものか、を考察したもので、彼の人間学的な問題追究の中心部分をなしていると考えられる。

1　最高価値としての「一体性」の体験

「あらゆる宗教において、突き詰めれば何が重要であるのかということを考える場合、〔……〕一体性（Einheit）という概念が普遍的な、究極の宗教的願望を表すのにふさわしい」（*Ibid.*, S. 179）というのがメンシングの仮説である。このことはさまざまの事例に照らして立証されるとして、たとえば初期の宗教においては、供犠（Opfer）によって神との接触を確保することが中心をなしており、それは「神格との一体性もしくは神的な力を願い求めている」（*Ibid.*）ことであること、宇宙の根源力との調和に最高価値を見る中国では道教が「道」（Tao）との一体性を理想としたこと、マズダ教ではアフラ・マズダの意志に従って生きることが求められ、インドの神秘主義ではブラフマンとアートマンの一体性が中心思想をなし、キリスト教でも神との交わりという理念において一体性が表現されていること、などが引き合いに出されている（*Ibid.*, SS. 179-180）。

さらに彼はこのような「一体性」の性格をより一般的もしくは抽象的に「無限なるものもしくは聖なるものと有限なるものとの一体性」（*Ibid.*, S. 180）とも表現し、またオットーに従って「全く他のもの（das Ganz-Andere）として、一切のいまここにあるものを超越する聖なるものの経験」（*Ibid.*）とも規定している。因みに言えばここにはメンシングの「宗教」のもう一つの定義がある。すなわち先述のオットーに依拠した定義、「宗教は聖なるものとの出会いであり、聖なるものによって規定された人間の応答行為である」という、いわば理論的な定義のほかに、個別の宗教の事例から帰納的に導き出された、「宗教は最高価値との一体性の体験である」という定義である。もちろん彼自身はこれを表立った定義として主張してはいない。

2　実存的不安としての「一体性」の阻害の諸形態

次にメンシングは諸宗教の歴史に一体性の阻害の体験の事実が普遍的に見られることを確認し、これをも類型論的に考察している。その体験とは「みずからの宗教的状況の意識に目覚めた人間は、いま在るような自己およびみずからの生活をしている自分が、感じとられた永遠なるもの、聖なるものもしくは圧倒的な力をもつものから切り離されていることを発見する」（*Ibid.* 原文の隔字印刷に傍点を付した。以下同）ということであり、神格（Gottheit）との一体性の阻害が「罪」（Sünde）と言われているものに相当すると彼は解釈する。さらにこの阻害には現実的且つ具体的な阻害と一般的且つ実存的な阻害があり、前者は主として初期の宗教を含む多くの宗教に見られ、後者は「普遍的な高度な宗教」（die universale Hochreligion）に認められるとされる。前者は、神格との関係が原則的に遮断されているのではなくして、ときとして具体的で暴力的な妨害によって断絶させられて、何らかの仕方で関係の修復が望まれているというタイプのものであり、その際に「儀礼上のもしくは倫理的な過失」が妨害行為と判断され、しかもその行為が神格に対する集団的な（kollektiv）行為を妨害するものと見なされるところに一体性の阻害の理由が求められる。メンシングによればこの場合の「罪」の観念の特徴は、（一）神格に対する振る舞いは全て集団的であること、（二）それが厳格な規範ないし規則によって規定されていること、および（三）それゆえに阻害あるいは罪はつねに「空間的・時間的なレベルにあって、現実的且つ具体的であり、一回的な行為もしくは事実性のもとにある」（*Ibid.*, S. 181）という点に見られると言い、この点に限っては原始的な環境におけるタブーの規制とイスラエルの初期の宗教における律法の諸規定とを同類のものと見なすことは可能だとされている（*Ibid.*）。

阻害の体験のもう一つの類型はいわゆる「普遍的な高度な宗教」に特有なもので、メンシングはそれを実存的および普遍的阻害（existentielle und generelle Störung）と称することを提案し、次の三点の特徴を指摘している。

（一）「全体状況」（Gesamtsituation）が阻害、宗教的な言い方をすれば、「不幸」（Unheil）として体験される（*Ibid.*, S. 182）。言い換えれば阻害は具体的な事柄として、たとえば行為や心意（Besinnung）としてではなく、「一般的なもの」（ein Allgemeines）、つまりどんな在り方のものであれ「在ること」（Sein）がそもそも阻害と見なされる。彼によればこの阻害の一般性ないし普遍性には二つの意味があって、一つには高度な宗教がその除去に取り組む不幸が人間的主体の内部にある普遍的なものだということである。言い換えれば存在の中にあって、行為の中にあるのではない阻害だという意味で普遍的だということであり、二つにはあらゆる人間が例外なしにこの阻害のもとにあるという意味でそれが普遍的だということであり、この阻害の発端があたかもあらかじめ具わっているかのように、人間の存在一般のもとであらかじめ見出されるという意味でそうであるとされている（*Ibid.*, S. 182）。

さらにメンシングは、普遍的な高度な宗教における全体状況とは、超越的なものもしくは聖なるものに向き合った人間のそれを意味するとし、その場合の「全体状況」にも二重の面があるとする。すなわち一つには人間に結びつけられるもしくはみずからを結びつける超越世界（Überwelt）に向き合っている個々の人間の全体状況という面と全ての人間が神的なるものに対して同じ状況にあるという面であるとする（*Ibid.*）。こうしてこの類型の宗教においては、人間が置かれている全体状況が「宗教的な意味での不幸あるいは神的なるものとの一体性の阻害が、人間の実存における、個別的にはいかなる様相のものであれ、究極のものもしくは最も普遍的なものとして理解されている」（*Ibid.*）という在り方をしており、別の言い方をすれば、それは超越的なものに向き合いつつ、不幸という究極的な在り方に制約され規定されている全体状況に置かれているということになる（*Ibid.*）。メンシングによれば、高度な宗教においては個人は聖なるものもしくは超越的なものに対してつねに全人格的に関わり、しかもその実存の根底においてそれとの一体性が阻害されており、それゆえに不幸のもとにあり、さらにまた全ての人間が例外なく同じ実存的状況のもとにあるということが、普遍宗教の人間観の基本的特徴であるという。

（二）このことからメンシングは第二の特徴を導き出す。すなわち「全体状況のこのような否定的な性格が知られるのは、要求する法（Gesetz）の光によってではなくして、人間が何らかの仕方で触れていく生きた超越的なもの（ein lebendige Transzendente）に照らされることによってだ」（*Ibid.*）ということである。その際に留意すべきことは、「普遍的且つ実存的な不幸からは一切の道徳的内実が捨象されている」（*Ibid.*）ということであり、言い換えれば阻害という全体状況が「一切の行為と心術（Gesinnung）に先立つ存在という類（ein Genus des Seins）に関わる」（*Ibid.*, S. 183）事柄だということである。阻害の基準が現実世界の合理主義的な法にあるのではなくして、ヌミノーゼな実在とその活力にあることがその理由であるとされる（*Ibid.*）。このことは、高度な宗教においてこそ人間がより高い且つ自己の外なる視点を獲得することによって、みずからの実存を見直すことができるようになる、という点において人間学的に重要であることを示唆している。

（三）第三の特徴としてメンシングが指摘するのは、普遍的且つ実存的不幸が「非合理的」（irrational）な性格をもっているということである（*Ibid.*）。すなわちこの性格は「ヌミノーゼな実在との現実的な接触」に由来し、それゆえに「みずからの不幸を認識する人は、たとえ失われていても、神的なものとすでに接触したことのある者だけだ」（*Ibid.*）ということである。宗教的な不幸の体験は理性的認識ではなく、ヌミノーゼの非合理的な体験であり、むしろヌミノーゼの側からの告知だとメンシングは理解するのである。

以上のような実存的不幸の一般的特徴を指摘したあとで、彼はそれを個別の宗教に照らして検証し、それぞれの宗教がこの不幸の原因ないし根源をどこに求めているかを考察する。その結果として実存的不幸の直接の事態は聖なるものからの孤立（Isolierung）に起因するという認識のもとに、その原因ないし根源に関して二つの類型的な見方が区別されるとする。一つは人間が身体をもって実存していること（körperhafte Existenz）にそれを求めるグループで、ギリシャ的・ヘレニズム的密儀宗教群、インドの諸宗教、道教、神秘主義一般などがこれに属する。二つには人間の全本質、さらに言えば個々の人間とその力（Kraft）が無価値な方向に向かっていることに不幸の根源を求めるグループで、マズダ教、イスラエルの預言者の宗教、キリスト教およびイスラームがこれに属するという分類がなされている（*Ibid*., S. 184）。

メンシングによれば、このことをそれぞれの形而上学的な根源に関連させて見ると、第一のグループは「寂静なる存在」（ruhendes Sein）にまつわる不幸であり、第二のグループは本質の動き（die Bewegung des Wesens）にまつわるそれであるという。前者の立場においてはそもそも身体的な存在形態が全て不幸であるとされて、それはひとり人間のみには限られず、形のあるもの全てが不幸であると見なされる。したがって救済は存在一般もしくは存在する世界存在全体（das ganze existierende Weltsein）にまで拡大される（*Ibid*., SS. 184–185）。その意味でこれを「宇宙中心的な救済理念」（eine kosmozentrische Erlösungsidee）（*Ibid*., S. 185）と彼は名づけている。これに対して第二のグループは、みずからの全本質の動きの方向に責任を負えるのは人間だけであるから、人間中心的な（anthropozentrisch）救済理念を示しているとされる（*Ibid*., S. 184）。

さらにメンシングは前者を二つのタイプに分けて例示する。一つは神秘主義的な特徴をもつもので、後期ギリシャ的もしくはヘレニズム的な不幸の見方であり、「肉体は魂の墓場である」（*Ibid*., S. 185）という言葉に示されるとする。プラトンが引用しているオルフェウス教徒の古い言葉「soma sema」（肉体は墓標なり）やポイマンドレスの次の言葉も引かれている。「まず何よりもお前が羽織っている織物〔肉体〕を引き裂かなければならない。それは無知の織物であり、罪の後盾であり、腐朽の枷であり、暗い囲いであり、生きながらの死であり、感覚を与えられた屍であり、抱え込んだ墓場である」（*Ibid*.）。次に、肉体が魂の邪魔をし、魂を神から切り離し、神との合一を妨げるという見方と異なるもう一つのタイプはインドなどに見られるもので、身体をもつ存在を、それが「個別的存在」であるという理由ですでに不幸だと見る立場である。これは肉体の物質性や不浄によるのではなくして、もっと包括的な視点から、総じて個別的である存在そのものが「非実在的」（irreal）であるという理由によって不幸と断定される（*Ibid.*）。すなわち特定の名称や物質的性質によって区別されたり、認識される一切のものが不幸な在り方をしていると見なされ、この立場では人間はそうした存在者の一つに過ぎないとされる。その証言としてメンシングは『サムユッタ・ニカーヤ』（七・一・六）の「魂をもつ肉体が、物質的な意識ともども完全に残りなく滅せられるときに、一切の編み物も引き裂かれる」という言葉を引いている（*Ibid.*）。本来はブラフマンやニルヴァーナと一体であるべきものが、個別的に存在するがゆえにそれから切り離されて、孤立している状態が不幸とされるのである。この点において人間の意識もしくは自我意識（Ichbewußtsein）が、そのような孤立した個別的実存の最たるものを表しているというのがメンシングの理解である（*Ibid.*, S. 186）。

ここから彼はこのタイプのもう一つの特徴として「人間の自我に対する不信」（das Mißtrauen gegenüber dem Ich des Menschen）、したがって「人格性の否定」を挙げる（*Ibid.*）。つまりこの類型の宗教における不幸の原因は「エゴイズム」にあるとする。これに関して彼が参照を促しているみずからの別の著書『自我の形而上学について』では、エゴイズムにおける自我は「経験的自我ないし自己」（empirisches Ich oder Selbst）とも言い表されている（Mensching 1934: 6）。さらにメンシングによればエゴイズムにも二種類のものがあって、一つは「自我の実在性と持続の信仰」（Mensching 1949: 186）であり、たとえばイスラームの神秘主義者アル・ハラジ（All-Hallag）の「あなたと私の間に「私がいる」ということがあり、これが私を悩ませる。それゆえにあなたの善のもとで「私がいる」を取り除いてください」（*Ibid.*）にそれが表明されているという。彼はこれを第一のエゴイズムと呼び、仏教の無我説やドイツの神秘主義者マイスター・エックハルトが自我性（Ichheit）および私有（Meinheit）を神との合一の本来の場所である自己性（Selbstheit）から区別していることもこの種のエゴイズムの解消を説いたものと見る（*Ibid.*）。

実存的不幸という理念のもう一つのグループは、聖なるものからの「孤立」を寂静なる存在からのそれと見るのではなくして、人間の全体状況を根底から規定している「本質の方向づけ」（die Richtung des Wesens）に根ざしていると見る「人間中心的」な見方に立っている。メンシングによればこれもエゴイズムにその原因ないし理由を求めるもので、人間がみずからの自我およびその諸欲求に対して全力を振り向けることがそれと見なされ、その結果として人間が神的なるもの自身に対して自己主張することになるという（*Ibid.*, S. 187）。彼はこれを第二のエゴイズムと名づけているが、この場合には第一のエゴイズムとは異なって、「自我の経験的実在が否認されるのではなくして、まさに前提されている」（*Ibid.*）という。つまり実存的な「孤立」は人間存在そのものの本質的な方向であるとされるのである。

メンシングは、実存的不幸をこのように捉える諸宗教においてはこの孤立が積極的に「不信仰」（Unglauben）と言い表されるとして、マルティン・ルターが「あらゆる罪の始まりは神から離れていき、神を信頼しないことである」と言ったことや『エレミヤ書』の「おおよそ人を頼みにし肉なる者を自分の腕とし、その心が主を離れている人は呪われる」という言葉、それに『コーラン』の「己が主を信じようとしない人々をものの喩えで言おうなら、そのような者どものすることは、嵐の日に風に吹きまくられる灰のようなものか」（井筒俊彦訳）という言葉をその証拠として挙げている（*Ibid.*）。さらに彼によればキリスト教も同じように中心的な阻害を罪と見なしているが、この場合における罪の理解も現実的な罪（peccata actualia）を指すのではなくして、ルターが本質的罪（peccatum essentiale）と名づけたものであり、エゴイズムによる不信仰によって「神から全本質が存在の上で孤立していること」（*Ibid.*）を意味するという。それは孤立の二次的な現れとしての具体的な犯罪ではなくして「原罪」（Urschuld）であり、良心を苦しめ、神に対する罪として経験される普遍的な禍悪（Übel）であるとメンシングは解釈し、『ルカによる福音書』にある放蕩息子の話に窺われるように、死んではじめて知られ、自己を失ってはじめて分かるものであると言う（*Ibid.*）。

次にメンシングが取り扱うのは第二のエゴイズムに基づく実存的不幸の構造（Struktur）であり、それを二つの点で考察している。一つはこの種の不幸を説く諸宗教における「人格的な生き方の優位」（ein Primat des persönlichen Leben）という点で、人格的な神に対する人格的な関係が優位を占めていることである（*Ibid.*, S. 188）。神への信仰や信頼あるいは意志による礼拝は持続的な人格的存在者、つまり自我を担い手として前提しているわけであるから、神との関係を求める前提には現実の自我（das reale Ich）がなければならない（*Ibid.*）。ルターはキリストとの交わりを人格のそれ（una persona）と見たが、同様の人格的な関係はマズダ教にもイスラームおよびイスラエルの預言者たちにも認められるとメンシングは言う（*Ibid.*）。要するに神的なるものに向きながら、しかしそれから孤立しているという不幸な状況である。

第二の点はあくまでも自己中心的なエゴイズムで、本性的な人間の自我（das natürliche und menschliche Ich）が優位を占め、一切の生活傾向の専一的な対象とされ、唯一の信頼の土台とされるものをいう（*Ibid.*）。したがってこのような自我はもともと神性のほうには向いておらず、神性の対極（Gegenpol）をなすが、その自我の在り方が不幸であるのは、それが存在しているもしくはその実在性が信じられているからではなくして、そのような自我およびその力が神性に対して完全なる自主独立・アウタルキーを主張することによる、とメンシングは見る（*Ibid.*）。要するにこの立場においては無神論者は不幸だとされることになる。

以上のような考察からメンシングは「存在」もしくは「生」に対する異なる評価が読み取られると言う。すなわちそれを人格的に見るのと非人格的に見るという二つの観点である。その一つは人格的な存在よりも中立的（neutral）もしくは非人格的なそれを高く評価する見方で、たとえば老子は「道」の中立的存在を人格的な神性から区別し、「それ〔道〕が誰の子であるか私は知らない。それは「主」（Herr）よりも先んじて在る」と言ったという（*Ibid.*, S. 189）。またエックハルトも個別の被造物と対応する人格的な神（deus）よりも非人格的な神性（deitas）のほうを高く評価した（*Ibid.*）。それを示す言葉として次の文が引かれている。「私が神から歩み出た（すなわち多数の中へ）とき、万物は語った、「一なる神まします」と。ところがそれは私を浄福にすることができない。なぜならばそのときには私は自分を被造物と理解するからである。けれども突破（Durchbruch）においては、私はもはや被造物以上のものであり、神でも被造物でもないのだから、私は私であったものであり、いまもまたこれからもずっと私であるものである。そこでは私は何一つ差し引かれないし、付け加えられもしない。なぜならば私は、万物を動かすところの不動なるものだからである」（*Ibid.*）。

これに対して逆に非人格的な存在よりも人格的な生を高く評価する立場は、とくにキリスト教において顕著であり、「言葉が肉となった」という表現は、中立的な存在の仕方に対する人間の人格存在（Personsein）の優位性をきわめて明確に表しているとメンシングは見る（*Ibid.*）。すなわちこの言葉は「神格の豊かさがまさにイエスの個別的および人格的な人間生活の中に現れている」ことを示しており、したがって「人間であること（Menschsein）こそが神のあり得べき深い啓示の条件である」ことを意味しているという（*Ibid.*）。

以上のメンシングの論述に関しては、比較対照を重視するあまり過度の単純化が見られるという指摘も可能であるが、研究の特殊化もしくは専門化が進むにつれて「宗教という人類共通の営みについての全体像が見失われる危険」を絶えず認識し続けていくためには、なお重要な意義をもっていると言うべきであろう（田丸 一九八七：二六二）。内容から見れば、諸宗教が最高価値として最優先で求めるものが聖なるものとの一体性であるということに着目し、その視点から諸宗教における人間学的な問題、すなわちその一体性の実現が幸福をもたらし、反対にそれが阻害されているところに現実の人間の不幸な在り方を見出し、その理由ないし根拠の多元性を明らかにしたことは、それなりに独自な問題提起であると言わなければならない。諸宗教の人間観および幸福観の比較研究はいぜんとして意義と価値を失ってはいない。むしろ諸宗教間の理解と協調が求められている現代の状況に鑑みれば、その重要性はいっそう高まりつつあると言うべきであろう。

3　阻害の克服の諸形態

宗教的阻害を一次的に二つの根本的な形態、すなわち現実的且つ具体的な阻害と普遍的且つ実存的阻害に分類し、二次的に後者をさらに人格的な信仰の在り方（Frömmigkeit）と非人格的なそれとに細分したのに対応して、メンシングはその解消の形態をそれぞれの類型に即して考察する。まず現実的且つ具体的な阻害に対応するのはやはり同じく現実的且つ具体的な解消であり、時空的な（zeiträumlich）レベルにおける神的なるものとの一体性の阻害に対する神の反応である「怒り」と「罰」に対して、その反対の神の恩恵、神性の好意、親切などを引き起こす、これまた時空的に行われる儀礼、祭儀、供犠、禁欲、罪の懺悔、祓浄および改心（Gesinnungsänderung）などが執り行われる（Mensching 1949: 191）。ここに見られる共通項を彼は時空的な手段によって現実的阻害を除去しようとする努力と見る。さらにこのような解消の方法には別の立場からの批判が見られるとして、彼は禁欲行者を批判した仏陀の次の言葉を引く。「その〔禁欲の〕行為によって生じた苦しい、激しい、刺すような感覚を感じた過去の禁欲行者やバラモンたちは、せいぜいのところそこまでは行ったものの、それ以上には行かなかった」（*Ibid.*）。禁欲という時空的な行為のうちでも最も極端な行為でさえ、主観的な感情状態を越えて超越的なものにまでは導かず、あくまでも世界内（innerweltlich）にとどまる、というのがその言葉の原則的な意味だとメンシングは理解している（*Ibid.*）。これは高度な宗教における非人格的な信仰の立場からの批判であるが、人格的な立場からも同じような批判が向けられているとして、彼はルターの次の言葉を挙げている。「みずからの良心の代わりに律法や善行（Werk）に心を費やそうとする人は、それだけいっそう良心を不確かなものにし、混乱させる」（*Ibid.*）。

普遍的且つ実存的阻害を宗教的な不幸と見なす立場においては、その阻害に対応する解消の仕方が見られるが、それは複雑だとメンシングは言う（*Ibid.*, S. 192）。すなわち非人格的宗教と人格的宗教とでは対応の仕方が異なる。それのみならず前者においても、要は非人格的・宇宙論的存在、つまり「純粋存在」（ein reines Sein）に向かうのであるが、その場合でも絶対的存在への帰入（Eingehen）を求めるものや救済の神性との神秘的合一（unio mystica）を追求するものなどさまざまであるという（*Ibid.*）。人格的宗教においても事情は同じであるが、結局は聖なる人格的な存在および意志（Wollen）が求められるとされている（*Ibid.*）。

自我（Ich）の扱いをめぐっても違いがあり、非人格的な信仰の立場においては、そもそも自我の実存が、それも誤って想定された自我のそれが一体性を阻害する元凶と見なされるので、何よりもその除去が関心事となる。つまりこの場合の目的は自我およびその激情（Affekte）の無化（annihilatio）である（*Ibid.*）。これに引き換え人格的信仰の立場においては自我は撥無されてはならない。自我の実存そのものにはいかなる阻害の根拠もなく、ただ自我の諸々の力が自我へと向かうこと、つまり自我の自主独立・アウタルキーが阻害の根源とされているからである。「古いアダムに死ぬ」という言葉の意味は、人間の実存の存在構造（Seinsstruktur）を指すのではなくして、自我への実存の誤った定位（die falsche Orientierung der Existenz am Ich）を指摘したものだとメンシングは解釈している（*Ibid.*）。

このように普遍的且つ実存的阻害に不幸を見る立場では、自我そのものの存在および自我の誤った在り方に阻害の根源を見るのであるから、自我からはその解消の道が閉ざされている。したがってこの立場においては「ヌミノーゼなものの突発的出現」（ein Einbruch des Numinosen）が期待されるほかはない、という点にメンシングは着目する（*Ibid.*, S. 193）。「不幸が全体状況のもとで、すなわち実存的で、しかもあらゆる行為に先立つ存在のもとで認識されるということに応じて、その解消もまた個別の行為のもとでは成り立つことができない。〔……〕そうするとその場合に救いが意味あることとして期待されるのは、ヌミノーゼなものの突発的出現からのものであり、これは聖なる神の干渉（Eingriff）としてもよく現れる」（*Ibid.*）。そのタイプとして次のようなものが見られると彼は言う。

非人格的存在の信仰の立場においてはヌミノーゼなものの突発的出現、つまり救いが、「中立的な一者を体験しつつ認識することもしくは認識しつつ体験すること（erlebendes Erkennen oder erkennendes Erleben des neutralen Einen）において成就するが、この定式的表現は神秘主義の二つの類型、すなわち情緒的認識の作用をすぐれて強調する神秘主義と神的客体を了知する（innewerden）ために感情をさらに強調する行き方とを表しているとメンシングは解説し、体験しつつ認識する宗教の例として仏教およびインドのヴェーダーンタ学派の哲学者シャンカラの信仰の在り方ならびにマイスター・エックハルトを挙げ、認識しつつ体験する宗教の例としてスーフィズムとヘレニズムのエクスタシーの諸宗教を挙げている（*Ibid.*）。いずれにしてもヌミノーゼなものの突発的出現による救いにおいては、自我が完全に滅しており、完全な意識の喪失（Bewußtlosigkeit）が優勢となる。たとえばニルヴァーナとは無（das Nichts）ではなくして、絶対的にして、いかなる規定をももたない存在であり、寂滅という語義が示すように、そこでは自我は完全に滅しているのであって、存在一般が滅しているわけではないとメンシングは理解する（*Ibid.*）。

一方、人格的存在の信仰の立場においてはすぐれて人格的な救済者神性（Heilandgottheit）としてのヌミノーゼなものの突発的出現が起こるとメンシングは見る（*Ibid.*, S. 194）。さらにこれは民族の歴史の中で、すなわち救済という目的のためにみずから受肉した救世主の救済史において、聖なる言葉とサクラメントにおいて、神的なものが人格的に顕現すること（Gegenwartwerdung）において起こる（*Ibid.*）と彼は言い、その典型的な例がキリストの受肉であるとして『ヨハネによる福音書』の次の一節を引いている（*Ibid.*）。「言は肉となって、わたしたちの間に宿られた。わたしたちはその栄光を見た。それは父の独り子としての栄光であって、恵みと真理とに満ちていた」（一・一四、新共同訳、日本聖書協会）。

続いてヌミノーゼなものの干渉の動機に言及するメンシングは、非人格的な存在を拠所とする諸宗教においては、当然のことながら中立的な絶対的存在はいかなる意図をももたないので、それは問題にならないとし、人格的神を信じる諸宗教において最初の動機として現れるのはイスラームに見られる専制的な意志（Willkür）であるとする（*Ibid.*）。ほかに慈悲（Mitleid）と愛（Liebe）があり、前者は大乗仏教およびヴィシュヌ信仰（Vischnutum）に見られ、愛の動機はキリスト教において神の父なる愛というイエスの思想のもとで現れているとする（*Ibid.*）。メンシングによればこれらの宗教において注目されるのは、救済を受け取ることは人間の側でのいかなる仕方の行為や善行にも依存しないので、そこではもっぱら神性の恩寵が話題にされることだという。たとえばヴィシュヌについて言われる次の言葉がそれを裏づけているという。「どうしてそれ〔救い〕を得るのか。いかなる行為もいかなる人間の手段もそれを作り出すことはない。救いは「理由なき働き」であり、その働きは人間の善行には根拠をもたない。ただ Haris〔ヴィシュヌ〕の恩寵からのみ、理由なしに、その働きは汝に授けられる」(*Ibid.*)。

そのようなヌミノーゼなものの突発的出現ないし干渉は、それぞれのタイプの宗教に対して「新しい存在」を打ち立てるように働くとして、メンシングは非人格的宗教においては新しい存在とは自我および自己へと向けられる諸々の力と激情の消滅であり、これによって非人格的存在との一体性が回復される。他方において人格的宗教の場合には、自我が新しい方向へと向け直され、人格的神性との人格的な新しい結合のもとに置かれると理解している(*Ibid.*)。

最後にメンシングが取り上げるのは、宗教史の中で以上の諸類型がどのような関係を示しているかということである。聖なるものとの一体性の阻害が現実的且つ具体的な、つまり時空的な行為によって引き起こされるとするタイプの宗教においては、その阻害はつねに同じく時空的な行為によって闘われ、解消に努められる。これに対して一体性の阻害を普遍的且つ実存的な不幸と見なすタイプの宗教においては、その不幸の最も深い本質が、人間の主体的な行動が左右することのできるような具体的なあれこれの事物や事態にあるのではなく、一切の具体的な現象(Manifestation)に先立っている存在にあるという認識と、この不幸がヌミノーゼなものに対する人間の誤った関係にあるという認識とが決定的な意味をもっている。したがってこのタイプの宗教はその解消の手段としての時空的行為を排除する。それだけではなくこの場合には時空的行為との関係が内なる必然的な関係へと転化し、時空的行為そのものは役に立たないだけではなく、むしろ冒瀆（Frevel）と映らざるを得なくなるとメンシングは言う（*Ibid.*, SS. 195–196）。なぜなら普遍的な不幸の状況から自己自身を救い出そうとする現実的且つ具体的な試みは、実存的不幸について深い認識を獲得した人間にとっては、ヌミノーゼなものからの孤立の典型的な徴候と見なさざるを得ないからだと説明される（*Ibid.*, S. 196）。彼はまたそこから時空的行為を排除する宗教改革の必然的理由をも導き出す。また彼によれば、宗教史の現実においては高度な宗教における具体的な不幸の概念と普遍的な不幸の理解との間に、そしてそれに伴う解消の仕方の間には絶えず繰り返して闘いが見られたという。その際に宗教の発展の過程で二つの不幸の理解とその解消の仕方の関係が乱される場合には、時空的行為による不幸の解消はいつでも冒瀆として認識されて、ヌミノーゼなものからの全体存在の孤立という深い窮状にまで押しやられ、時空的行為の不十分さと「神の喪失」を認識した信仰の立場からはつねに闘いの目標にされたことをメンシングは指摘している（*Ibid.*）。

人間の実存（Existenz）が諸宗教においてどのように理解されているか、という人間学的な問題に関するメンシングの類型論的叙述を粗描してきたが、テキストに使った著書がいわゆる教科書風の概説書であるためもあって、諸現象の解釈もやや図式的で、対照を際立たせることに主眼が置かれ、委細を尽くしていないところがあるのはやむを得ない。またあくまでも比較のために材料が選択され、解釈されているために、一定の限界を認めないわけにはいかない。ただ彼の研究には或る根本的な前提があるように思われる。冒頭に指摘したように、彼の宗教学的関心は早くから「民族宗教」と「世界宗教・普遍宗教」という二大類型にあり、前者から後者への発展を世界宗教史の基本構図と捉えることが前提をなしている。彼の宗教社会学の著書『宗教社会学』(*Soziologie der Religion*, Röhrscheid, Bonn, 1949) においても、「大衆宗教」(Massenreligion) という概念のもとに両類型の接続および混合が論じられているが、それがもっぱら高度な宗教 (Hochreligion) の歴史の中で初期の宗教との混淆によって生じる「民間信仰」(Volksglaube) として扱われていることにも、そのことが窺われるのである。[3] この宗教史の基本構図が、最高価値との一体性の阻害という宗教的不幸の解消をめぐる論述においても、現実的且つ具体的阻害の解消が普遍的且つ実存的阻害のそれによって克服され、結局は後者へと進化もしくは深化していくという一方向的な展開を提示させている。人間学的関心からすれば、彼が指摘している「不幸」の二つの経験が一つの宗教において、あるいは一人の人格の生活においてさえ、ときに矛盾しつつも、ときには相互に補完し合いつつ共存することは可能であるし、また実際に共存していることを確認することができる、改めて二つの経験の因ってきたる理由ないし動機ならびに両者の動的関係を考察することが重要な課題となるであろう。[4]

終章

表立って「宗教現象学」という方法概念を貫徹した学者、それをみずからの研究と接合しようとした学者、それに幅広い定義のもとでその枠に当てはまると見なされた学者、それぞれの違いはあってもいずれも宗教の比較研究を試みた研究者の著作から「人間」の理解に関わる見方を取り出してみた。言うまでもなくそれぞれの学者はそれぞれの研究環境のもとでみずからの研究の立場を構え、その方法を選び、概念を形成し、体系化に腐心した。したがってそれぞれが抱く「人間」に対する関心の向け方も度合も、そして期待された「人間像」も一様ではない。それを一つの俎上に載せて比較対照し、当否を論じ、何らかの統合を企て、一つの思想に収斂させることは本書の意図ではない。むしろそれぞれの学者が「宗教」を介して「人間」のどのような面に照明を当てようとしたか、ということのほうにより直接的な関心がある。

フリードリヒ・マックス・ミュラーが宗教を通じて人間を見ているのは、「彼方」(beyond)へのその眼差しであり、それは宗教を「無限なるものの知覚」と定義したことに現れている。人間は目に見え、手に触れることのできるものの認識の背後に不可視もしくは不可触のものの存在を知覚することができる。それは「超越」への指向であり、この能力は人間にのみ具わっていて他の動物にはなく、彼此の区別の目安になるというのがミュラーの見方である。彼にとって「宗教」は人間の特別の経験を意味していた。ただし彼の論述を辿る限り、この経験は有限なるものの認識の限界の意識とともに生起するものとされている。この点では彼の宗教へのアプローチは哲学的であり、それがまた彼の限界をなしている。

同じように宗教を人間の経験の特殊なケースとして捉えルードルフ・オットーもまた、その核心部分を合理的な理解と表現の埒外に見た限りでは、やはりミュラーと同じように「彼方」もしくは「超越」へと目を向けていた。しかし彼とは異なり、オットーにとってはその「彼方」のものがいわば有限的認識に対する反省を通じてではなく、直接に感じ取られ経験されるものと見なされ、その感情ないし経験の内実の特殊性が注目されて、それを表現するために「ヌミノーゼ」という語が新たに提唱された。またミュラーが「無限なるものの知覚」を人間の精神の能力（faculty）もしくは素質（disposition）と見なしたように、オットーもその感情ないし経験が素質（Anlage）として人間に具わっているという立場を採った。ここにはその理由づけあるいは根拠づけをめぐって哲学的な問題が指摘されたが、彼はのちにはそれを心理学的に裏づけることを試みて、幼少年期における諸経験の実例をもとに宗教的な経験の素地をなすものとして「ヌーメン感覚」（sensus numinis）を想定した。それは他の経験とは異なり、それからは導き出されない独特の経験であり、言葉では言い表せない「何か」を感じ取ることであり、それがまた「不安」を引き起こし、それまでの日常生活に疑問符を付け、ときにはみずからの存在を見直させる契機にもなる感受性もしくは感覚能力とされている。有神論の立場に立つオットーはこの感覚から「神」の観念の目的論的な形成が出発すると仮定し、さらに幼児期の心理と人類の最初期の段階のそれとをほとんど同一視して、人類の宗教史における「神」の観念の発生と発展をも想定したのであるが、この点については、人間学に立脚しようとする限り直ちに従うわけにはいかない。むしろヌミノーゼの感情が不安を引き起こし、それが契機となってみずからの「存在」の根源的な在り方が改めて自覚され、そこから新しい生活の方向づけが生ずるところに宗教経験の人間学的な意義を見出すことのほうが生産的であると考えられる。人間に具わる諸々の「センス」の一つとして「ヌーメン感覚」を位置づけ、その特殊な機能と創造性を追究することが宗教研究の課題となると考えている。

この方向を辿るとファン・デル・レーウの「宗教」の理解に接続していく。彼は人間の「生」を可能性への関わりと規定し、そこに人間の「自由」と「不安」を結びつけた。ただし彼はそれを哲学的存在論として展開するのではなく、生の可能性を「力」として捉え直し、さらに力の属性を「聖」と見なしてそこに「宗教」を結びつけ、力への関わりを「宗教現象」と読み替えて、その類型論を構築した。その構想は実にユニークであり、その独自性は他の追随を許さないほどである。「宗教」という範疇がこれほどの広い射程範囲で人間的諸事象を包括した例は皆無であると言ってよいであろう。しかしそれだけにまた宗教学の学としての厳密さを求める立場からは厳しい批判が浴びせられた。学問的な厳密性を尊重して、その問題設定や方法ならびに概念および評価に関する規格や規制を強化することを要求する筋からすれば、ファン・デル・レーウの「宗教現象学」は歴史的・社会的脈絡の恣意的な無視であり、壮大なフィクションあるいは一篇の「文芸作品」と映ずるかもしれない。とりわけ問題なのは、「宗教」あるいは「宗教性」の根拠を、「生」を可能性と見なし、それと関わるところおよび関わり方に求めようとすることである。詳しく言うと、可能性を無規定性ないし未決定性と解釈し、それに関わるところに生ずるあるいはその関わり方に伴う「不安」を「畏怖」として捉え直す際に、生の可能性を生の継続性の原動力と見なして、それに「力」の概念を接合し、これを客体化するところにある。これによって「生」は存在論的な文脈から切り離されて、力あるいは力をもつものとして「客体」へと転ぜられ、さらにその上にまた、可能性としての「力」の無規定性がその初次的体験においては「他者・他のもの」という性格のものとして受け取られ、それに「聖」(heilig)・ヌミノーゼ」という語が宛がわれるという操作が追加される結果、「生」は「力・客体」と「人間・主体」という主・客関係に取り込まれ、さらにそこに「宗教性」が加味されることになる。言い換えれば彼が理解する現象学的な志向性における客体と主体の関係が、「力をもつもの」としての客体とそれに相応する「身構え」(Benehmen) と「振る舞い」(Begehen) をもって関わる主体との関係に転換されている。方法論から言えば最も重要なこの論理的もしくは解釈的な手続きに関してファン・デル・レーウは原理的な考察を示していない。「生」を「力」に切り替える転轍の論理を徹底すれば、「宗教」の新たな根拠づけの方向が拓かれるかもしれない。たとえば石津照璽がいわゆる「ケーレ」以後のマルティン・ハイデッガーの「存在」の概念に注目していることが参考になる。石津は後者の『形而上学とは何か』およびその『後語』(Heidegger 1976) を手がかりにして次のような解釈を示している。「けだし、存在の領域は、〔……〕存在者にとって絶対的に他者的であり、存在は存在者を絶対的に他者として拒絶する。それは存在者を無化することである。〔……〕この場合、無化は存在者としての人間自身をも無化するはずで、そこに本質的思惟の機制がある。〔……〕それは存在者を事とする計量的で、また表象的対象的な思惟と離別し、飛躍の思惟において、常に既に人間各自の現前の当座に贈られている存在の顕現性にひたすらに思い到ることであり、現成としての存在に参与することである。まことにここには、存在の基礎の機制として、他者性と拒否性とが明らかにされており、神や神的なもの、ないし聖なるものなどの存在者の層位においてではなく、存在の層位において聖性のいわれが示される」（石津 一九八〇：一八二—一八三）。もとよりこれは石津宗教哲学の立場における評価と解釈であるが、その用語である「拒否性」は広義には可能性としての「力」の属性と解され得る。周知のように石津は夙にオットーの聖なるもの・ヌミノーゼの概念に示唆される拒否性という契機を重視してきた。ついでに言えば、或る時期におけるハイデッガーにとって「生」は mysterium tremendum であり、以上の文脈のもとで読めばここにも「拒否性」という属性が含意されている。もとより石津にとって聖の拒否性とは「主体の主体的な迷悟や救いの経緯」に関わるものとされ、そこから「主体の在り方や処し方の問題として追究されるべきであろう」という自身の課題が提起されるとともに、このような問題意識からまた「ハイデッガーはここからさらに詰めることをしない」という批判がなされることにもなる（同書、一八三）。しかしながら「主体の在り方や処し方」という点については、ハイデッガーにもおそらく彼独自の「存在」（Sein）思想に基づく思索があるのであろう。改めて「然らしめられていることを論議するために　思惟についての野の道の会話から」（“Zur Erörterung der Gelassenheit.

Aus einem Feldweggespräch über das Denken")（Heidegger 1959[2012]）における「教師」（Lehrer）の発言が注目される。思惟が本来思惟すべき当処が話題となり、思惟が思惟すべく然らしめられる場に関して、物が「物」として本来思惟されて然るべき場に寄せて議論が進められる中で、研究者（Forscher）がそこについて、「開けているものが開くもの（das Öffnende des Offenen）が広場（das Gegnet）なのですから、私は表象すること（Vorstellen）から解き放たれて、純粋にただその広場に委ねるように努めました」（*Ibid*., S. 44）と発言する。こうして思惟が然らしめられることについて論議が深められ、教師が次のように発言する。「私たちが広場に対して然らしめられている（Gelassenheit）という関わり方をするときには、意欲しないこと（das Nicht-Wollen）をしようとする（wollen）のです」（*Ibid*., S. 57）と。このいわば「無欲の欲」をさらに検討する必要があるであろうが、ここでは本筋に戻らなければならない。

宗教学者（the historian of religions）としてのエリアーデの出発点がどこにあったかという問いにはさまざまな答えがあり得るであろうが、これまでの文脈から推察されるのは著書『聖なるものと俗なるもの』の次の言葉に示唆されている近代批判である。「産業社会のキリスト教、とくに知識人のキリスト教はどうかと言えば、中世時代にはまだ保持していたコスモス的価値をとうの昔に喪失してしまった。われわれが付け加えなければならないことは、そのことは都会のキリスト教が退廃したとか低劣になったということを意味するのではなくして、ただ都会に住む人々の宗教的感覚（religious sense）が著しく貧弱になってしまったということである。コスモス的典礼、すなわち自然がキリスト論のドラマに参与しているという神秘が、近代都市に住むキリスト教徒たちには受け入れられなくなった。彼らの宗教経験はもはやコスモスとは無関係である。つまるところそれはまさしく私的な経験である。救済は人とその神（god）に関わる問題なのである。〔……〕ここから見えてくるのは、真正なキリスト教徒にとっても世界はもはや神（God）の御業とは感じられないということである」（*Ibid*., pp. 178–179）。因みに学説史を振り返れば、「宗教」に視点を合わせたこのような近代批判はすでにシュライエルマッハーに見られた。すなわち「宗教を軽視する教養人に対する講演」という添え書きをもつ『宗教論』の次の文がそれである。「私は知っているのだが、いまではとりわけ教養ある人々の生活は、辛うじて宗教と似ているものからさえも遠のいている。あなたがたは聖なる静寂の中で神性（Gottheit）を崇めることをしないばかりか、見捨てられた神殿を訪れることもなく、あなたがたの趣味の豊かな住まいに家の神々としてあるものと言えば、賢人の格言や詩人の詞章以外の何ものでもない。人類や祖国、芸術や学問が全てを包むことができると信じているので、それらがあなたがたの心情を完全に占領している。そのためにあなたがたにとっては世界の彼方にある永遠にして聖なる存在者を受け入れる余地は全く無くなってしまい、あなたがたはそれに対する感情も共感も持たなくなった。この世の生活を豊かにし多面的にすることに成功したために、あなたがたは永遠性をもはや必要としなくなった。そしてあなたがた自身が宇宙を創造してしまったので、自分たちを創造した存在者を考えることから解放されたのだ」（Schleiermacher 1899[1967]: 18–19）。

しかし両者に共通しているのは近代批判の部分だけではなく、人間の宗教的感覚が鈍化しつつあるという人間学的な懸念と、その結果として予想される人格全体への影響に関する問題意識もそうである。シュライエルマッハーが「宗教」の根拠を改めて「直観と感情」へと取り戻そうとしたのも（*Ibid*., Zweiter Rede, S. 41）、またエリアーデが未開的あるいは古風な文化の人々の直観力（intuition）の意義を再評価することに努力しているのも、そのような配慮に基づいている。そしてオットーが「ヌーメン感覚」（sensus numinis）をことさらに重視しながら、それが幼少年期に比べると成人期においてはその働きの豊かさが減じるという事実を指摘していることについても、このような脈絡のもとで理解することによって、その意義がいっそう幅広く且つ豊かに把握されることになるであろう。この三者が目を向けようとしているのは、人間における「宗教的なるもの」あるいは人間の宗教性ということであり、本書ではエリアーデの宗教学における人間学的関心をこのような脈絡の中に位置づけてみた。なお彼の研究は神話学および人類学や民族学の研究成果に依存しているが、その解釈や扱い方には異論や批判がある。とりわけ人類学の調査の対象地域に住む人々の理解との乖離が指摘され、エリアーデの方法および解釈の恣意性が糾弾されているが、この点についてはディヴィッド・ケーヴ著『エリアーデ宗教学の世界――新しいヒューマニズムへの希望』（一九九六、とくにジョナサン・Z・スミスの批判に対する見解）やJ・A・サリバに詳しい論評（Saliba 1976: 99 ff.）があり、参考になった。しかしその異論や批判が向けられる鉾先は「宗教」の理解ならびに人間学的なスタンスに関連し、とりわけエリアーデの「ヒエロファニー」概念を承認するか否かに依存している面があると同時に、全体論と個別論との視点の相違という方法論に絡む問題でもあるように思われる。また宗教の起源的形態を、人類学が対象とする文化およびそこに住む人々の宗教習俗に求めたがる宗教学者一般に対する疑問もそこには伏在しているように思われる。

グスターフ・メンシングは宗教の担い手（Träger）に着目して諸宗教を「普遍宗教・世界宗教」および「民族宗教」の二大類型に分け、それぞれの類型の特徴を指摘するとともに、それぞれの類型の諸宗教が示す人間にとっての究極的価値もしくは最高の幸福ならびに不幸およびその克服の仕方を典型的に提示した。これは宗教の類型論であるとともに、宗教を担う「人間」の類型論でもある。メンシングの宗教学の全体的な構想からすれば、後者はむしろ副次的なテーマであろうが、人間が宗教によって示される価値体系によって導かれるという観点は人間学的考察にとってのみならず、諸宗教間の複雑な関係を理解するためにも重要な意義をもっている。人間学的にはとくに宗教における「集団主義的」な担い手と「個人主義的」なそれの類型を、人間のアイデンティフィケーションの類型に接続すると、集団主義的なアイデンティティフィケーションと個人主義的なそれの類型を民族宗教と普遍宗教のそれに対応させることができる。言い換えれば人間はみずからのアイデンティティの持ち方によって、一人の人格的主体として民族宗教的な信仰および実践にコミットすることもあれば、普遍宗教的な思想と信念および活動にみずからの全人格を託することもあり得る。それは宗教の両タイプの間のシンクレティズムを考察する際の一つの枠組になり得るとともに、宗教的信仰の多元性とダイナミズムを把握するための理論的基盤ともなり得る。たとえば日本の宗教的な環境と歴史的な宗教文化の特徴に鑑みて、メンシングの類型論に導かれて多元的宗教信仰の実態を考察するということも課題になると考えている（華園　一九八五、一九八七、一九九四、一九九八）。

「人間学的理解」という統一的な視点を提示したものの、実際には個別の研究者の人間学的関心を取り上げることに終始し、組織的ないし体系的な構築は今後の課題として残された。本書は「宗教」という光源によって照射される「人間」の存在および生のさまざまな相貌や特質を、合理的な知や経験にとっての「余剰」あるいは「宗教」が開示する「大いなるもの」を見据えながら闡明するためのささやかな「試み」である。

注

序章　宗教現象学をめぐる動向

（1）たとえば一九七三年にフィンランドのツルクで開催された国際宗教学宗教史学会では宗教学の方法論が中心テーマに掲げられ、そこで宗教現象学も議論の対象になっている（Honko (ed.) 1979）。

（2）この二人の見解は一九七三年に出版された *Religion, Culture and Methodology* (Religion and Reason 8), The Hargue & Parris, Mouton に収められた論文 Th. P. van Baaren, "Science of Religion as a Systematic Discipline, Some Introductory Remarks"; H. J. W. Drijvers, "Theory Formation in Science of Religion and the Study of the History of Religions" によって知ることができる。

（3）Sharpe 1975: 250 に引用されているフルトクランツの見解である。

（4）なおこの論文は一九五〇年以降の宗教史および宗教現象学をめぐる学界の動向を詳細に報告しており、大いに参考になった。

第一章　宗教現象学における人間学的理解――序説

（1）この点に関しては石津 一九六八bの第一章、第五章、第六章に比類のない論述がある。

（2）因みに、同時代のスウェーデンの宗教学者N・ゼーダーブロームにも同様の見解が認められる。すなわちその著書『神信仰の生成』において、宗教の本質を「社会の精神（Geist）の実体化とする社会学的な見方」は、宗教を「理想的に人間的なもの」と見なす点で、「未開宗教さえもの文化価値および真理価値の新しい評価」ではあるが、「惜しむらくはそこには聖性（Heiligkeit）の生命の核心が欠落している。なぜならば聖性は社会的団結とか社会感情の精神の大胆な対象化にあるのではなくして、頑固に非合理性（Irrationalität）のもとにあるのだからである」（Söderblom 1916[1926]: 178）と述べられている。

（3） オットーは宗教みずからが宗教そのものに関して行う考察を「神学的」（theologisch）と名づけ、宗教に由来するカテゴリーを使用するものとする。これが彼の基本的な立場であるが、もちろんこの場合の「神学的」とは、特定の宗教の教学を指すのではない。これに対して宗教を「現象」（Fänomen）と見なし、「外から」考察する方法を「宗教学的」（religionskundlich）と呼び、また「現象学的」（fänomenologisch）という表現を用いている（Otto 1932: 58）。

（4） Gerardus van der Leeuw, *Phänomenologie der Religion*, Tübingen, J. C. B. Mohr (Paul Siebeck), 1933[1955]; Gustav Mensching, *Vergleichende Religionswissenschaft*, Heidelberg, Quelle & Meyer GmbH, 1937[1949]; G. Mensching, *Die Religion, Erscheinungsformen, Strukturtypen und Lebensgesetze*, Stuttgart, Schwab, 1959; Friedrich Heiler, *Erscheinungsformen der Religion*, Stuttgart, Kohlhammer, 1961 などを挙げることができる。

（5） ウィリアム・ブレーデ・クリステンセンはみずからの立場を「宗教現象学」（Phenomenology of Religion）とする理由を次のように説明している。「宗教現象学の代わりに旧くて、もっと親しまれてきた比較宗教（Comparative Religion）という名称を与えてもよい。ただし従来の用法がこの術語に対して、この学問の科学的な活動にほとんどふさわしくない意味を与えてこなかった場合に限ってのことではあるが。比較宗教という術語は一八八〇年頃から使われたが、いつも諸宗教の価値を決定する目的で比較することを意味していた。一九世紀の間に原資料の発見と研究を通じて、それまでほとんど知られなかった多くの宗教が知られるようになった。〔……〕人間の宗教生活の広大で多様な世界が一目で分かるような描写が得られた際に、一般の関心を呼び起こした最初の問題は、それらの諸宗教の相対的な価値は何か、というものであった。つまり諸宗教を比較することにより、各宗教の発達の段階を決定し、どの宗教がより低いか、またどの宗教がより高いか、を決定することができるであろうということであった。そして何よりも重要な問題は、比較によるアプローチがキリスト教の優越性を証明することができるだろうか、というものであった。〔……〕ここではこのような比較のほかに、第二のタイプ、「現象学」という名称によって特徴が示されるのが適切なタイプに進みたい」。ただし注意を要するのは、この著書が公刊されたのは著者の没後であり、クリステンセン自身によってオーソライズされたものではないことである。しかしながら「比較」という方法が学問のそれとして行き詰まりつつあったという事情は十分に察知されるであろう。

(6) なお、この点に関しては楠　一九七四：六四を参考にした。

(7) たとえば谷口茂は、M・シェーラー、H・プレスナー、A・ゲーレン、M・ラントマンといった哲学的人間学を推進しようとした人々の系譜を追いながら、「宗教の全体像の輪郭」(谷口　一九八〇：二八)を描くことを試みているが、このような方向とは異なる。

(8) ファン・デル・レーウは『宗教現象学』の最後の部分において宗教現象学の歴史を概観する中で、ヘーゲルの、とりわけ『精神現象学』の意義を高く評価している。とくに「現象」の概念に注目して次のように述べている。「現象学は「精神の現象学」である。〔……〕その際に重要なことは、みずからを示すものが、カントの場合のように、単に人間の表象の仕方ではなくして、絶対的精神の顕現であることである。〔……〕したがって現象とは、精神の永遠の弁証法的運動が一定の場においてみずからを示すことである。〔……〕宗教は、表象の形式における絶対的精神に対する有限的精神の関係である」(Leeuw 1933[1955]: 793)。

(1) ただしこの原稿は聴取者の速記によるもので、オットーによってオーソライズされたものではない。

(2) これに関しては拙訳『聖なるもの』創元社、二〇〇五年の「あとがき」および華園聰麿・日野紹運・J・ハイジック共訳『西と東の神秘主義』人文書院、一九九三年の「解説とあとがき」を参照されたい。

(3) ただしオットーはのちには「法則」という表現に換えて、「普遍的事実」（die allgemeine Tatsache）という語を用いている（Otto 1932: 282）。

(4) 「das Numinose」には「ヌミノースなもの」という訳語が文法に即しているであろうが、「ヌミノーゼ」という表記が宗教学では定着していると見なされるので、ここではこの表現に統一する。

(5) これについては別に拙稿「聖の経験とその根柢――ルドルフ・オットーの所論をめぐって」（華園 一九六八b：七五―一〇〇）で詳しく論じた。

(6) この点に関してきわめて厳しい批判を展開しているのは Feigel 1948 である。とくに四一頁以下および六六頁以下で詳しく扱われている。

(7) これについては拙稿「宗教史における平行論とその根底――R・オットーの所論を中心として」（華園 一九六八a）で考察した。

(8) 注5に挙げた論文でこの点を論じた。

(9) Otto 1909[1921] 73 に「感情」の作用に関する詳しい考察が見られる。

(10) オットーは一八九九年にその一〇〇年前に出版されたシュライエルマッハーの著作『宗教論』を独自に編集して新版を公刊した（Schleiermacher 1899[1967]）。

(11) Otto 1917[1936] の補遺として出版された『ヌミノーゼに関する論文集』にも次のような文がある。「実際には「対象」（Gegenstand）そのものが〔……〕この本の拠って立つところのものである。この対象を見出すために自己省察の方法が利用され、これから事象（Sache）の省察へと進むのである」、「われわれはいまや事象の経験を見るのではなく、事象自体を見るのであり、一心不乱になって事象自体の本質へと入り込み、その性質（Art）と諸要素を解きほぐすのであり、いまやわれわれは対象に結びついている（gegenstand-bezogen）のであって、もはや自己に結びついている（selbstbezogen）のではない」（Otto 1923a: VI-VII）。

（12）オットー『聖なるもの』前掲書、二九〇頁の注五の補足。

（13）オットーはのちにこの書評に大幅な添削を施して論文集 *Das Gefühl des Überweltlichen*（Otto 1932）に収めたが、ここではもとの書評を参照した。

（14）Liddel & Scott, *Greek-English Lexicon* (Oxford) では「*εὐλάβεια*」に対して、discretion, caution, circumpection, reverence,piety などの語が当てられている。また悪い意味として over-caution, timidity という語も載せられている。

第三章　ファン・デル・レーウの宗教現象学の人間学的考察

（1）ファン・デル・レーウはシェーラーの次の言葉を引いている。「人間であるということは、この種の現実に対して力強い「否」を投げ返すことである」（Leeuw 1933[1955]: 774）。

（2）オットーの『聖なるもの』における彼の宗教学は有神論的宗教を前提しており、すでに指摘したように「神」の観念に予定調和的な発展を想定し、「ヌーメン」という語によってその最も初期の段階を表す。これに引き換え、『宗教現象学』におけるファン・デル・レーウはそのような「発展」や「進化」という視点を排除する。彼にとっては「神」は「力」の体験形式の一つに過ぎず、しかも最初の体験形式とは見なされていない。「宗教においては神は後からやってきたものである」（Leeuw 1933[1955]: 33）と彼は言う。「人間」「力の体験」、つまり「人間の生」から「神」を見る彼のスタンスは次の言葉に端的に表れている。「人間は神の名を知ろうとする。そのときはじめて人間は神と一緒に何かを始め、神と共に生き、神と対決し、場合によっては——呪術において——神を支配することさえできる」（*Ibid.*, S. 157）。

（3）厳密に言えば、「Welt」、「Sorge」あるいは「besorgen」などの用語の使い方は、ハイデッガーの原意に忠実ではなく、それを問題視することも可能であるが、ここは両者の比較を試みているのではないので、これ以上は立ち入らない。

（4）因みに「遊び」はファン・デル・レーウの人間学の重要概念であり、『人間と宗教』においてもそれに一章を当てている（Leeuw 1941: S. 25）。その中には「人間の遊びは、人間に対すると同時に世界に対する労働である」という言葉も見られる（*Ibid.*, S. 31）。なお彼がニーチェの次の言葉を引用しているのは、デュナミスムスの系譜を考える上で興味深い。すなわち「オールを漕ぐときに、舟を動かすのはオールではなく、オールを操るのは、舟を動かすようにデーモン（われわれなら力と言いたい）を強制する呪術的な儀式に過ぎない」（Leeuw 1933[1955]: 620）。

（5）ここには「世界」を「有意義性」（Bedeutsamkeit）から解釈するハイデッガーの影響が推察される。

（6）この連想にはあながち根拠がないわけではなく、ファン・デル・レーウはエリアーデにかなり大きな影響を与えたと思われる。いまは詳論はできないが、たとえば『宗教現象学』における次の言葉は看過することができない。「或る時とは一定の時であり、最初に与えられた、しかしやがては最良の時であり、正しい位置の時、カイロスの時であり、恩寵の時である」（Leeuw 1933[1955]: 434）。

（7）もちろんその場合には、特定の生活主体を設定しなければならず、ファン・デル・レーウから離れなければならないが、仮説として注目しているのは、日常性に着目したアルフレッド・シュッツの「関連性・重要性・有意義性」(relevance) のシステムあるいは秩序に関する考察である (Schutz 1964-76)。

第四章　エリアーデの宗教学の人間学的理解——「ヒエロファニー」のカテゴリー的解釈の試み

(1) この点に関してはM・シェーラーが「人間のあらゆる本質的可能性を実現してみずからの内に包含している人間の理念」と定義した「全人」(Allmensch) の概念を参考にしたい (シェーラー 一九七七：一七六)。ただしエリアーデにあっては「宗教」から見られる「全人」で、「聖」と「俗」という二つの可能的な在り方を実現して内に包含している人間の理念を指している。

(2) この「catégorie」という語彙は、英語版では「quality」と、またドイツ語版では「Begriff」という語で表されている。ついでに言えばケイヴ 一九九六も、エリアーデの「新しいヒューマニズム」の構想の中に「人間の本来性」を見ようと試みたり (第五章)、象徴論としてヒエロファニーを解釈しており、目下の考察と問題関心において重なるところがあるが、ケイヴは、前者に関しては哲学的人間学との関連を重視しているように思われるし、後者に関してはさらに広い意味での存在論的・人間学的カテゴリー論として解釈しようとする本書とは問題関心が同じではない。

(3) 上田 一九九二の第五章に、この問題に関する著者自身の独自の「二重世界」説からの批判的な考察がある。

（1）　Mensching 1959: 15. また同じ著者の Mensching 1949: S. 12 にも同じ定義が見られる。

（2）　単行本のみを挙げる。G. Mensching, *Die Bedeutung des Leidens im Buddhismus und Christendum*, Gießen, 1924; G. Mensching, *Das heilige Schweigen*, Gießen, 1926; G. Mensching, *Die Idee der Sünde*, Leipzig, 1931; G. Mensching, *Zur Metaphysik des Ich*, Gießen, 1934; G. Mensching, *Gut und Böse im Glauben der Völker*, Leipzig, 1941; G. Mensching, *Das Wunder im Volksglauben*, Amsterdam, 1942 など。

（3）　この概念に関しては華園　一九九八で詳しく考察した。

（4）　その試みとして平安時代の貴族の日記を材料にして、仏教、神道、儒教、道教あるいは呪術などのさまざまな信仰習俗に多元的な理由ないし動機から関わっている藤原道長と藤原実資の信仰生活を分析してみた（華園　一九八五および華園　一九八七）。また日本におけるいわゆる「神仏混淆」に関する論文「神の祟りと祟る神」（華園　一九九四）においてもいささかの考察を試みた。

参考・引用文献

Baal, J. van & W. E. A. Beck 1985 *Symbols for Communication. An Introduction to the Anthropological Study of Religion*, Assen, Van Gorcum.

Baaren, Th. P. van 1970 "Systematische Religionswissenschaft," in *NThT*., 24.

——— 1973 "Science of Religion as a Systematic Discipline Some Introductory Remarks", in *Religion, Culture and Methodology* (Religion and Reason 8), The Hague & Parris, Mouton.

Bianchi, U. 1964 *Probleme der Religionsgeschichte*, Göttingen, Vandenhoeck & Ruprecht.

——— 1987 "History of Religions," in *Encyclopedia of Religion,* vol. 6, ed. by M. Eliade.

Bleeker, C. J., Widengren, G. & Sharpe, E. J. (ed.) 1975 *Proceedings of the XVIIth International Congress of the History of Religons*, held in Stockholm 1970, Leiden, E. J. Brill.

Bleeker, C. J., 1959 "The Phenomenological Method," in *Numen,* vol. VI, Chicago.

——— 1971 "Comparing the religio-historical and the theological method," in *Numen,* vol. XVIII, Chicago.

Drijvers, H. J. W. 1970 "Systematische godsdienstwetenschap en geschiedenis der godsdiensten" in Mskr.

——— 1973 "Theory Formation in Science of Religion and the Study of the History of Religions," in *Religion, Culture and Methodology* (Religion and Reason 8).

Eliade, M. 1954 *Myth of Eternal Return*, trans. by W. R. Trask, New York, Pantheon Books Inc.

——— 1958 *Patterns in Comparative Religion*, trans. by R. Sheed, London & New York. Sheed and Ward.

——— 1959a *The Sacred and the Profane. The Nature of Religon*, trans. by W. R. Trask, New York, Harcourt, Brace and Company.

——— 1959b "Methodological Remarks on the Study of Religious Symbolism," in *The History of Religions Essays in Methodology,* ed. by M. Eliade & J. M. Kitagawa, The University of Chicago Press.

——— 1960 *The Quest. History and Meaning of Religion*, The Hague.

——— 1978 *Histoire des croyances et des idée religieuse I*, Parris, Editiones Payot, 1976. übers. von E. Darlap, *Geschichte der Religiösen Ideen I*, Freiburg, Basel, Wien, Herder.

Feigel, F. K. 1948 *Das Heilige Kritische Abhandlung über Rudolf Ottos Gleichnamiges Buch*, Tübingen, J. C. B. Mohr (Paul Siebeck).

Gründler, O. 1922 *Elemente zu einer Religionsphilosopie auf phänomenologischer Grundlage*, München, Verlag Josef Kösel & Fr. Pusstet.

Hegel, G. W. F. 1969 *Vorlesungen über die Philosopie der Religion*, Suhrkampf.

Heidegger, M. 1931 *Was ist Metaphysik*, Bonn, Verlag von Fr. Cohen.

——— 1959[2012] *Gelassenheit*, Stuttgart, Klett-Cotta.

——— 1960 *Sein und Zeit,*Tübingen, Max Niemeyer Verlag.

——— 1976 "Nachwort zu »Was ist Metaphysik?«" in *Wegmerken*, Frankfurt am Main, Klostermann.

——— 1993 *Grundprobleme der Phänomenologie* (1919/1920), GA. Bd. 58, V. Klostermann.

——— 1994[2003] *Beiträge zur Philosophie Vom Ereignis*, GA. Bd. 65, V. Klostermann.

Heiler, Fr. 1961 *Erscheinungsformen und Wesen der Religion*, Stuttgart, W. Kohlhammer Verlag.

Honko, L.(ed.) 1979 *Science of Religion. Studies in Methodology* (Proceedings of the Study Conference of the

International Association for the History of Religion, held in Turku, Finland, August 27–31, 1973, Leiden, E. J. Brill).

Hume, D. 1889[1955] *A Treatise of Human Nature*, London.

King, U. 1983 "Historical Phenomenological Approaches," in F. Whaling(ed.), *Contenporary Approaches to the Study of Religion, vol. I, The Humanities* (Religion and Reason 27), The Hague, Mouton.

Kristensen, W. B. 1960 *The Meaning of Religion*, The Hague.

Lanczkowski, G. (hrsg.) 1974 *Selbstverständnis und Wesen der Religionswissenschaft*, Darmstadt.

Leeuw, G. van der 1925 "Religionsgeschichte," in *RGG*, Bd. 4.

——— 1928 "Strukturpsychologie und Theologie," in *Zeitschrift für Theologie und Kirche*, Tübingen, J. C. B. Mohr (Paul Siebeck).

——— 1933[1955] *Phänomenologie der Religion*, die zweite, durchgesehene und erweiterte Auflage, Tübingen, J. C. B. Mohr (Paul Siebeck).

——— 1938 "Rudolf Otto und die Religionsgeschichte," in *Zeitschrift für Theologie und Kirche* 19, Tübingen, in Lanczkowski, G. (hrsg.) 1974.

——— 1941 *Der Mensch und die Religion*, Basel, Verlag Haus zum Falkan.

Malinowski, B. 1925[1992] *Magic,Science and Religion*, Waveland Press.

Mensching, G. 1934 *Zur Metaphysik des Ich*, Gießen.

——— 1938 *Volksreligion und Weltreligion*, Leipzig, J. C. Hinrichs Verlag.

——— 1940[1949] *Allgemeine Religionsgeschichte*, Heidelberg, Quelle & Meyer.

——— 1948 *Gott und Mensch*, Goslar am Harz.

——— 1949 *Vergleichende Religionswissenschaft*, Zweite, neubearbeitete Aufl., Heidelberg, Quelle & Meyer.

——— 1959 *Die Religion Erscheinungsformen, Strukturtypen und Lebensgesetze*, Stuttgart, Curt Schwab.

Müller, F. M. 1867[1914] *Chips from a German Workshop*, London.

——— 1873[1909] *Introduction to the Science of Religion*, London.

——— 1881[1975] *Physical Religion*, London, AMS Press, New York.

——— 1889[1975] *Natural Religion*, London, AMS Press, New York.

——— 1892[1975] *Anthropological Religion*, London, AMS Press, New York.

——— 1893[1975] *Thesophy or Psychological Religion*, London, AMS Press, New York.

Otto, R. 1909[1921] *Kantisch—Fries'sche Religionsphilosophie und ihre Anwendung auf die Theologie*, Tübingen, J. C. B. Mohr (Paul Siebeck).

——— 1910 "Mythos und Religion in Wundts Völkerpsychologie," in *Theologische Rundschau*, 13 Jg.

——— 1917 *Das Heilige. Über das Irrationalen in der Idee des Göttlichen und sein Verhältnis zum Rationalen*, Breslau, [1936]23. bis 25. Auflage, C. H. Beck'sche Verlagsbuchhandlung, München.

——— 1920 *West—östliche Mystik*, Gotha, Leopold Klotz Verlag.

——— 1923a *Aufsätze, das Numinose betreffend*, Gotha.

——— 1923b *Vischnu—Nārāyana*, Jena.

——— 1925 "Religiöses Menschheitsbund," in *Die Religion in Geschichte und Gegenwart (RGG)*., 2. Aufl., Tübingen, J. C. B. Mohr (Paul Siebeck).

——— 1932 *Das Gefühl des Überweltlichen (sensus numinis)*, München, C. H. Beck'sche Verlagsbuchhandlung.

——— 1981 "An Inter-religious League," in *Aufsätze zur Ethik*, hrsg. von J. S. Boozer, München, Verlag C.

H. Beck.

Pettersen, O. & Åkerber H. 1981 *Interpreting Religious Phenomena Studies with Reference to the Phenomenology of Religion*, Stockholm, Almquist & Wiksell International.

Rudolph, K. 1971 "Besprechung über "Religionsphänomenologie" von G.Widengren," in *Theologische Literaturuzeitung*, 1971, April.

——— 1985 *Historical Fundamentals and the Study of Religion*, London, Macmillan P. C.

Saliba, J. A. 1976 *'HOMO RELIGIOSUS,'* in *Mircea Eliade*, Leiden, Netherland, E. J. Brill.

Sausaye, Ch. de la P. D. 1891 *Manual of the Science of Religion*, trans. by B. S. Colyer, Née Max Müller, London.

Schleiermacher, F. D. 1967 *Über die Religion Reden an die Gebildeten unter ihren Verächtern*, In der Ausgabe von Rudolf Ottto, 1899, Göttingen, Vandenhoeck & Ruprecht.

Scheler, M. 1954 *Vom Ewigen im Menschen*, GW. 5, Bern.

Schutz, A. 1964-76 *Collected Papers*, I, II, III, Martinus Nijhoff.

Sharpe, E. J. 1975 *Comparative Religion. A History*, London, Duckworth.

Söderblom, N. 1916[1926] *Das Werden des Gottesglaubens* (übers. Von R. Stübe), Leipzig, J. C. Hinrichs'sche Buchhandlung.

——— 1931 *Tiele—Söderblom Kompendium der Religionsgeschichte*, Berlin.

Spiegelberg, H. 1982 *The Phenomenological Movement*, The Hague, M. Nijhoff Pub.

The Asiatic Society of Japan 1912 *Transactions of the Asiatic Society of Japan*, vol. 12, Yokohama & Tokyo.

Tiele, C. P. 1904 *Grundzüge der Religionswissenschaft*, Tübingen, J. C. B. Mohr (Paul Siebeck),.

Waardenburg, J. 1972 "Religion between reality and ideas," in *Numen*, vol. XIV.
——1986 *Religion und Religionen, Sammlung Göschen*, Berlin, W. de Gruyter.
——1993 *Perspektiven der Religionswissenschaft*, Würzburg, Echter Verlag.
Wach, J. 1924 *Religionswissenschaft Prolegomena zu ihrer wissenschafttheoretischen Grundlegung*, Leipzig.
——1951 *Types of Religious Experience*, Chicago, The University of Chicago Press.
——1958 *The Comparative Study of Religion*, ed. by J. Kitagawa, Columbia University Press.
Widengren, G. 1969 *Religionsphänomenologie*, Berlin, Walter de Gruyter Co.
——1974 "Einige Bemerkungen über die Methoden der Phänomenologie der Religion," in G. Lanczkowski (hrsg.) 1974.
Wobbermin, G. 1913 *Die Religionspsychologische Methode in Religionswissenschaft und Theologie*, J. C. Hinrichs'sche Buchhandlung.

石津照璽　一九六八ａ『宗教哲学の場面と根底（宗教哲学研究Ⅱ）』創文社。

——一九六八ｂ『宗教経験の基礎的構造（宗教哲学研究Ⅲ）』創文社。

——一九八〇「現代の宗教哲学」『宗教的人間（宗教哲学研究Ⅴ）』創文社所収。

上田閑照　一九九二『場所』弘文堂。

エリアーデ、Ｍ　一九六三『永遠回帰の神話』堀一郎訳、未來社。

——一九八六『神話と現実』中村恭子訳、せりか書房。

楠正弘　一九五七「仏教的人間の存在と人間学的人間の存在の一考察（上）」東北大学文学会『文化』第二一巻第五号。

―――　一九七四『理性と信仰　自然的宗教』未來社。

ケイヴ、D　一九九六『エリアーデ宗教学の世界――新しいヒューマニズムへの希望』吉永進一・奥山倫明訳、せりか書房
ゲーレン、A　一九七〇『人間学の探究』亀井裕・滝浦静雄他訳、紀伊國屋書店。

シェーラー、M　一九七七「哲学的世界観」亀井裕・安西和博訳、『シェーラー著作集一三』白水社所収。

薗田稔　一九八〇「宗教学と現象学――日本の宗教文化論をめざして」『講座　現象学四』弘文堂所収。

谷口茂　一九八〇『宗教の人間学』（UP選書）、東京大学出版会。

田丸徳善　一九八七『宗教学の歴史と課題』山本書店。

華園聰麿　一九六八a「宗教史における平行論とその根底――R・オットーの所論を中心として」『論集』創刊号、東北印度学宗教学会。

―――　一九六八b「聖の経験とその根柢――ルドルフ・オットーの所論をめぐって」日本宗教学会『宗教研究』一九五号。

―――　一九八五「多元的信仰生活の構造――藤原実資の場合」『論集』第一二号、東北印度学宗教学会。

―――　一九八七「平安貴族における神祇信仰と仏教信仰――道長と実資の多元的信仰を中心として」『日本仏教学会年報』第五二号、日本仏教学会。

―――　一九九四「神の祟りと祟る神」『日本文化研究所年報』第三〇集、東北大学日本文化研究施設。

―――　一九九八「「庶民信仰」概念の周辺――メンシングとタウラーの所論に寄せて」『東北大学文学部研究年報』第四八号、東北大学文学部。

『コーラン』井筒俊彦訳、岩波文庫。

『コーラン』藤本勝次編、世界の名著一七、中央公論社。

あとがき

本書はすでに発表した次の諸論文を組み替え、これに添削を加えるとともに、第二章の第五節および第四章の第五節ならびに終章を新たに書き加えて構成した。

序章――「G・ヴァン・デル・レーウの「宗教現象学」再考」（『東北大学文学部研究年報』第三九号、一九八九年）。

第一章――「宗教現象学における人間学的理解――マックス・ミューラーとオットーを中心にして」（『東北大学文学部研究年報』第四九号、一九九九年）。

第二章――第一章の論文に同じ。「オットーにおける「畏怖」の人間学的解釈」（『東北宗教学』第五号、東北大学宗教学研究室、二〇〇九年）。

第三章――序章の論文に同じ。「ヴァン・デル・レーウの宗教現象学の人間学的理解――「生」および「世界」の概念を中心にして」（『論集』第三四号、印度学宗教学会、二〇〇七年）。

第四章――「エリアーデ宗教学の人間学的理解――ヒエロファニーのカテゴリー的解釈の試み」(『論集』第三二号、印度学宗教学会、二〇〇五年)。

第五章――「メンシングの宗教学における人間学的理解」(『論集』第二六号、印度学宗教学会、一九九九年)。

本書は筆者の東北大学における学生時代および文学部に奉職中に指導をいただいた石津照璽先生、堀一郎先生および楠正弘先生のご指導およびご鞭撻ならびに郡山女子大学大学院の開学以来「宗教学的人間論」の講義を担当させてくださった学長関口富左先生のご高配の賜物である。いずれの先生もすでに鬼籍に入られてしまい、この小書を直接に報告申し上げ、謝意をお伝えすることができないことを残念に思うと同時に、筆者の怠慢に対するご寛恕をひたすら願う次第である。

そのほか先輩や同僚の方々の激励と慫慂に対して、そして何にもまして研究を共にした学生諸君に対して感謝を申し上げなければならない。

なおこの出版に際して平凡社の松井純氏より綿密な校閲をいただいた。心より御礼申し上げる。

華園聰麿

二〇一六年四月

や行

ら行

わ行

な行

は行

ま行

た行

さ行

事項索引

ワ行

タ行

ナ行

ハ行

マ行

ヤ行

ラ行

人名索引

ア行

カ行

サ行

著者略歴

華園聰麿（はなぞの・としまろ）

1936年山形県生まれ。東北大学大学院文学研究科博士課程中退。東北大学名誉教授。専門は宗教学。訳書に、R. オットー『聖なるもの』（創元社）、同『西と東の神秘主義』（共訳、人文書院）、論文に「「シンクレティズム」概念の再考」、「欧米における“Popular Religion”の研究動向」、「日本における霊地と霊場」、「「巡礼」研究の多元的視座」ほかがある。

宗教現象学入門 人間学への視線から

2016年8月10日　初版第1刷発行

著　者　華園聰麿
発行者　西田裕一
発行所　株式会社 平凡社
〒101-0051 東京都千代田区神田神保町3-29
電話 03-3230-6579（編集）
03-3230-6573（営業）
振替 00180-0-29639
装幀者　間村俊一
DTP　平凡社制作
印　刷　株式会社東京印書館
製　本　大口製本印刷株式会社

平凡社ホームページ　http://www.heibonsha.co.jp/

ISBN978-4-582-70353-5　C0014
NDC分類番号161　四六判（19.4cm）　総ページ310